XBRL 分类标准与实施案例

刘承焕 著

科学出版社
北京

内 容 简 介

本书系统阐述了 XBRL 基本原理、源代码结构、会计准则通用分类标准基本架构、实施 XBRL 的五步法原理、工具软件的使用；系统阐述了公司基本情况、合并利润表、重要的会计政策和会计估计、货币资金明细表 4 个重要会计信息模块的 XBRL 化实现过程；阐述了基于关键指标法的 XBRL 数据质量分析；以广西为例，分析企业实施 XBRL 工作中遇到的典型问题并逐一提出相应对策。

本书所选案例涵盖了通用分类标准的四级披露过程，包含了维度和非维度建模方式的应用，既可作为企业实施 XBRL 的工具用书，也可作为高等院校财务管理与会计类学生学习研究会计信息化的辅助用书。

图书在版编目（CIP）数据

XBRL分类标准与实施案例/刘承焕著. —北京：科学出版社，2017.3

ISBN 978-7-03-052168-2

I. ①X… II. ①刘… III. ①可扩充语言－应用－会计报表－研究 IV. ①F231.5-39

中国版本图书馆 CIP 数据核字(2017)第 053765 号

责任编辑：郭勇斌 曾小利 欧晓娟/责任校对：李 影
责任印制：张 伟/封面设计：蔡美宇

科 学 出 版 社 出版
北京东黄城根北街 16 号
邮政编码：100717
http://www.sciencep.com

北京凌奇印刷有限责任公司 印刷

科学出版社发行 各地新华书店经销

*

2017 年 3 月第 一 版 开本：720×1000 1/16
2017 年 3 月第一次印刷 印张：14
字数：272 000

POD定价： 75.00元
（如有印装质量问题，我社负责调换）

序　言

可扩展商业报告语言（XBRL）是新一代的商业报告标准电子格式，自 1998 年诞生以来，在国际上发展迅猛。财政部于 2010 年 10 月颁发了基于 XBRL 的企业会计准则通用分类标准，并于 2011 年起在部分企业试点。财政部《会计改革与发展“十二五”规划纲要》提出“全面推动会计信息化标准体系建设。以财务报告为切入点制定和完善基于 XBRL 的企业会计准则通用分类标准，逐步建成一套覆盖会计信息生成、报告、披露与利用全过程的、比较完整的 XBRL 分类标准体系，并不断推进中国企业会计准则通用分类标准与国际财务报告准则基金会的相关分类标准的持续趋同；修订完善会计软件数据接口标准，制定会计信息资源元数据标准等其他会计信息化标准”。在 2016 年底颁布的《会计改革与发展“十三五”规划纲要》中再次强调“持续推进企业会计准则通用分类标准有效实施，引导企业以可扩展商业报告语言（XBRL）提升内部管理信息标准化，促进财务、业务数据的融合与互联”。

广西壮族自治区财政厅积极响应财政部号召，高度重视区内 XBRL 试点工作。通过积极动员宣传、成立组织机构、制定实施方案，搭建交流平台，连续 6 年顺利完成了广西的 XBRL 试点工作，做到“宣传在全国有影响，工作思路始终明确，政企校相互配合，实施工作呈广西特色”，工作成果得到财政部会计司的充分肯定。自治区财政厅指定桂林电子科技大学作为区内 XBRL 试点工作技术服务单位。2012～2016 年，广西先后选择了 15 家基础扎实、会计信息化程度高的大中型企业遵循会计准则通用分类标准，进行 XBRL 试点工作。每年 6、7 月份组织企业将上年度财务报告数由传统格式向 XBRL 格式转换。每年 8、9 月由桂林电子科技大学 XBRL 技术团队对参与实施企业的 XBRL 数据进行省级质量校验，组织技术人员采用人工和计算机相结合的校验手段，检查和发现企业实施中存在的技术性问题，并将问题反馈给企业实施人员，及时进行整改。每年 10 月份将整改后的数据提交财政部管理机构。每年 12 月举办区内 XBRL 高级研修班，由区内会计主管机构、桂林电子科技大学 XBRL 团队、各企业代表、软件商代表、广西会计“十百千”学员共同参与，针对本年度 XBRL 实施工作中遇到的新问题、新情况及实施中的典型技术问题进行技术总结和经验交流。通过这些措施，提升了区内实施 XBRL 企业的报送质量。

在过去的 5 年试点工作中，我们发现 XBRL 技术的欠缺是最大瓶颈，国内缺乏理论联系实际的 XBRL 技术分类标准实施方面的书籍。本书作者作为广西壮族自治区会计信息化咨询专家，常年从事会计信息化领域的教学与研究工作，作为桂林电子科技大学 XBRL 技术团队的骨干成员，连续 5 年全程参与了广西壮族自治区的 XBRL 试点工作和省级校验，掌握了大量一手资料，积累了丰富的实施经验。经过 2 年时间的精心准备，编写了本书，希望对学习和参与 XBRL 分类标准实施的各相关人员带来帮助。

桂林理工大学总会计师
广西会计学会副秘书长
2017 年 2 月

前　言

2010 年 12 月，我国财政部颁布了基于 XBRL 技术的《企业会计准则通用分类标准》，从 2011 年开始在全国部分企业进行试点。参与实施 XBRL 的会计人员，对 XBRL 知识的获取主要来自财政部、各省（自治区、直辖市）财政厅举办的短期 XBRL 知识培训班，缺乏系统的 XBRL 和企业会计准则通用分类标准的知识，特别缺乏能指导 XBRL 数据转换实践的知识。国内外已有的关于 XBRL 的书籍主要有三大类：一是单纯介绍 XBRL 原理；二是介绍基于 XBRL 语言的系统开发；三是介绍通用分类标准体系架构。对于基层参与实施的会计工作者而言，这三类书籍都存在一定欠缺。基层会计人员急需一本集 XBRL 基本原理、通用分类标准知识体系、XBRL 的工具软件应用、企业实施案例于一体的工具书。

笔者从 2012 年开始参与广西 XBRL 的试点工作，了解实施人员的实际需求。经过 2 年时间的酝酿写成此书。本书共分 10 章。第 1 章介绍 XBRL 产生的背景、原理、优势、潜力和国内外发展应用概况；第 2 章从程序代码的角度解读 XBRL 的文件构成；第 3 章系统介绍财政部颁发的基于 XBRL 技术和具体会计准则的通用分类标准，包括内容构成、建模方式、五步法实施原理；第 4 章系统阐述用浪潮 XBRL 工具软件生成实施 XBRL 必须完成的 7 个物理文件；第 5 章系统阐述公司“基本情况附注信息”的 XBRL 化实现过程；第 6 章系统阐述公司“合并利润表信息”的 XBRL 化实现过程；第 7 章系统阐述“公司中重要的会计政策和会计估计信息”的 XBRL 化实现过程；第 8 章系统阐述“货币资金明细表信息”的 XBRL 化实现过程；第 9 章对 2014 年广西实施会计准则通用分类标准的 7 家企业的 XBRL 数据进行统计分析，将校验的典型问题归纳为七大类 34 个子类并分析各类问题的表现形式及产生原因；第 10 章结合近年来广西实施 XBRL 的工作实践，设计问卷调查了解企业实施 XBRL 的具体困难，凝练出在实施中遇到的思想认识问题、技术人才问题、工作组织问题、工具软件问题、成果校验问题，分类标准和编报规则问题，分析各类问题的产生原因，并针对问题逐一提出相应对策。本书所选案例具有代表性，涵盖企业实施 XBRL 的四级标注，所有案例既可独立成章，又可合并使用，是一本实施 XBRL 必备的工具用书，适合会计信息化研究人员、财政部门会计信息化管理工作者、会计类相关专业的师生、XBRL 实施企业的财务工作者、从事 XBRL 工具软件及应用平台开发的人员学习使用。本书力求以通俗易懂的语言将 XBRL 基本原理、工具软件使用和企业具体实施工作紧密结合起来，具有一定的前瞻性和探索性。由于成熟经验的探索与总结是一个长期的过程，本书的疏漏之处在所难免，敬请读者批评指正。

本书受广西战略性新兴产业发展研究中心资助，写作过程中得到了桂林电子科技大学商学院袁胜军院长和案例中心主任谢海娟老师的大力支持，在此一并表示感谢！

2017 年 2 月

目　　录

第 1 章　XBRL 概述

1.1　XBRL 产生的背景

随着计算机信息技术的飞速发展，电子数据的生成、传递、交换、加工、展示日趋重要。特别是要在不同的媒体、系统、行业、单位、字处理软件之间进行数据的交互处理，就需要一种通用便捷的、能被各方面广泛接收的电子数据格式数据。由此，产生了地理标记语言（geography markup language，GML）、标准通用标记语言（standard generalized markup language，SGML）、超文本标记语言（hyper text markup language，HTML）、可扩展标记语言（extensible markup language，XML）等数据标准。这些数据格式标准在特定的时期解决了特殊领域的数据存取的要求，数据得到了广泛应用，但是它们都没有从根本上解决财务报告数据特殊的标记要求。

1.1.1　XBRL的诞生

企业财务报告已被公认为是最重要的经济信息。它是各国各项经济指标计算统计的基础。在没有计算机的时代，财务报告只能以纸质存储交流，大大降低了其利用效率。随着计算信息技术和磁介质技术的发展，企业越来越多地使用电子格式来存储、加工、交流财务报告，这些格式常见的有 PDF、DOC、XLS、HTML、TXT 及结构化的数据库格式等。这些电子格式的财务报告传播速度快、成本低、便于复制和保存，逐渐取代了传统的纸质财务报告，成为财务报告编制者和使用者最常用的形式。但是这些电子格式的财务报告，在给财务报告编制者和使用者带来诸多便利的同时也面临着交换困难、质量低下及利用率低等问题，限制了其进一步发展。在信息化环境下财务报告的编制者和使用者通常借助各种信息系统开展工作，出于信息披露和监管的目的，经常需要在不同的信息系统间交换电子财务报告。由于不同信息系统支持报告格式不同，财务报告编制者和使用者不得不按照不同信息系统的要求分别编制不同格式的电子财务报告，将财务报告重复地在不同信息系统间转换、录入。这既给财务报告编制者和使用者带来沉重的负担，也不利于保证数据质量。为此，开发一种计算机可以识别的电子格式财务报告实现财务报告数据在不同信息系统间的无缝链接和互联互通，成为财务报告编制者和使用者的共同心愿。

美国注册会计师霍夫曼（Hoffman）提出使用 XML 技术来处理电子格式财务报告的构想。这就是以后可扩展商业报告语言（extensible business reporting language，XBRL）技术的前身，XBRL 是一种基于 XML 技术的标记语言，用于商业报告信息的定义和交换。该技术使用 XML 技术中为数据打标记的方法，对财务报告中的数据打上各种会计概念的标签，实现了财务报告数字的自我描述，使计算机能够将财务报告中的数据和财务报告所使用的会计概念建立对应关系，从而识别财务报告。XBRL 提供了将电子格式财务报告由静态变为动态的途径，它不要求财务报告的编制者和使用者精通 XBRL 技术，就如我们平常浏览网页，并不需要掌握网页代码的编写技术。XBRL 格式财务报告是由一系列 XML 标记代码组成的电子文档，供计算机处理分析，报告使用者无须直接阅读这些代码，而是借助工具软件，将这些代码按照习惯使财务报告样式展示，并可以按需组合拆分。XBRL 可有效减少数据的重复录入，有助于提升数据的一致性和可比性，让财务报告在编制者和使用者之间的流转变得顺畅，将人们从低效率的数据录入工作中解放出来，借助计算机强大的计算功能，实现对财务报告的深度分析和利用，将大量的数据转化为对决策有用的信息，充分挖掘财务报告数据的价值。

1999 年 7 月，美国注册会计师协会（American Institute of Certified Public Accountants，AICPA）高科技特派组与多家跨国公司合作成立了 XBRL 指导委员会，之后随着越来越多的国家和地区开展 XBRL 的研究和实践，又成立了 XBRL 国际组织 XII（XBRL International Inc）。2000 年 7 月，XBRL 的研究开始取得初步成果。XBRL 指导委员会发布第一份 XBRL 财务报表规范：XBRL V1.0 规格书，以及 XBRL 分类标准（Taxonomy），该分类标准根据美国制造业和商业适用的公认会计原则制定。2001 年 12 月，XBRL 指导委员会正式颁布了 XBRL V2.0 规格书。与 XBRLV1.0 相比，XBRLV2.0 提供更加标准的结构，首先，它能够从特定的行业，如工商业中将会计的核心概念分离出来，其次，它增强了分享其他团体发展的分类标准的能力。XBRL 技术的成功开发，为 XBRL 在全球范围推广奠定了基础，这项技术还在不断地推广与完善中，目前最新的版本是 2003 年 12 月发布的 V2.1。

1.1.2 XBRL究竟是什么

XBRL 是一种新兴的电子财务报告格式，它产生的目的在于解决传统电子财务报告在转换和利用上的低效率。学者们从不同的角度去理解 XBRL 可以得出不同的认识。

观点 1：XBRL 是一门语言。它通过特定的词汇和规范的语法来描述财务报告的内容和结构，使计算机能够识别财务报告内容。

观点 2：XBRL 是一种格式。如同 DOC、XLS、PDF、HTML 等文件类型，XBRL 是储存和传递财务报告的另一种形态，具有其他格式无可比拟的优势，更适于财务报告。

观点 3：XBRL 是一套标准。XBRL 的应用建立在一套标准体系之上，包括技术层面和业务层面标准。XBRL 应用软件和电子财务报告共同遵循这些标准，从而实现 XBRL 的优势。通过专门的 XBRL 软件或者财务软件中的 XBRL 模块，企业可以制作生成 XBRL 格式财务报告。

1.1.3　XBRL技术架构

XBRL 的技术架构如图 1-1 所示。首先，要想以计算机自动化识别和处理的方式分析财务报告，要求财务报告必须用计算机能够识别的方式描述出来，这就需要有一套计算机逻辑规则，称为 XBRL 技术规范。XBRL 技术规范是 XBRL 语言的语法规则，描述计算机用什么样的语法规则来读 XBRL 格式的财务报告。其次，还得使计算机了解财务报告的概念，这就需要将编制财务报告所依据的业务规则（即会计准则）用计算机语言重新描述一遍，这就是 XBRL 分类标准。最后，将财务报告用计算机能处理的方式描述出来，这就是 XBRL 实例文档。技术规范、分类标准、实例文档环环相扣，构成一套严谨的技术规则体系。

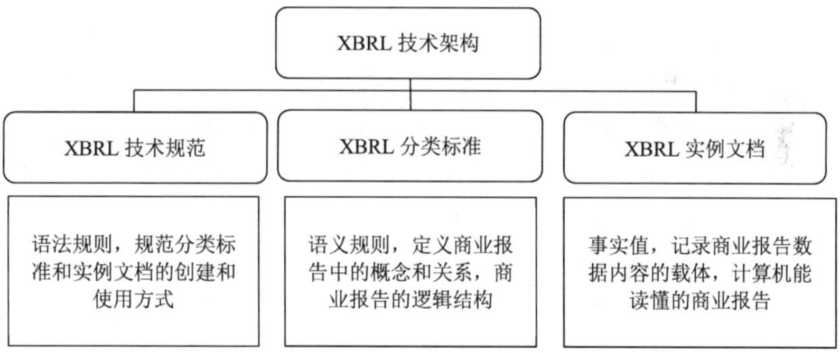

图 1-1　XBRL 技术架构

1.1.4　XBRL的特点

1. 颗粒化

XBRL 把财务报告内容分解成一个个信息元素（元素可以简单理解为一个数

字或者一段文字），每个元素可以单独从财务报告中提取出来进行分析处理。

2. 关系型

XBRL 不但包含财务报告信息元素，而且描述了元素间的业务逻辑关系，包括钩稽关系、层级关系、列报顺序、表格关系等。依据这些关系，计算机可以“理解”报告内容，从而进行智能处理。

3. 标准化

传统文件格式仅是技术层面的标准化，对于文件所表述的内容，即业务层面缺乏统一规范。XBRL 则实现了业务层面标准化，对财务报告共同元素（如“货币资金”）进行统一定义，实现不同企业、不同系统中的会计信息可比。

4. 可扩展

在原有财务报告内容基础上，可以根据不同需求对报告内容进行扩展定义。扩展对原有内容的使用不造成影响。这既保证了财务报告通用内容的可比性，又兼容了特殊信息需求，使一份报告可以同时满足多种使用需要。

1.2　XBRL 如何表达财务报告

人们在阅读财务报告，获取财务报告信息时，应先掌握财务报告中的会计概念。与此类似，为使计算机识别财务报告，首先应该以计算机能够处理的方式描述财务报告中的会计概念，使计算机建立起对这些会计概念的语义认识，之后计算机将财务报告中的金额等信息与会计概念对应，还原财务报告所要表达的内容。为了描述财务报告中的会计概念，XBRL 技术将财务报告划分为一个个具有会计含义的信息元素，之后再给各元素打上计算机能够识别的“标记”，这些信息元素通常被称为 XBRL 元素。传统财务报告和 XBRL 标记关系如图 1-2 所示，图中需要标记的事项有：报告主体、报告时期、币种及金额单位、科目名称、科目间的关系、报告的事实值等信息。

XBRL 格式财务报告包含丰富的会计概念的关系信息。图 1-2 隐含 5 种关系：第 1 种关系是资产负债表项目在列报上的先后顺序，代表了资产流动性由强到弱的变化；第 2 种关系是会计概念数值上的计算关系，如流动资产合计等于所有流动资产明细项目金额的加总；第 3 种关系是会计概念的层级关系，如存货是一种流动资产；第 4 种关系是前面定的计算机能够处理的元素与人类可读的“名称”（标签）之间的对应关系；第 5 种关系是会计概念与其所依据的会计准则间的对应关系。

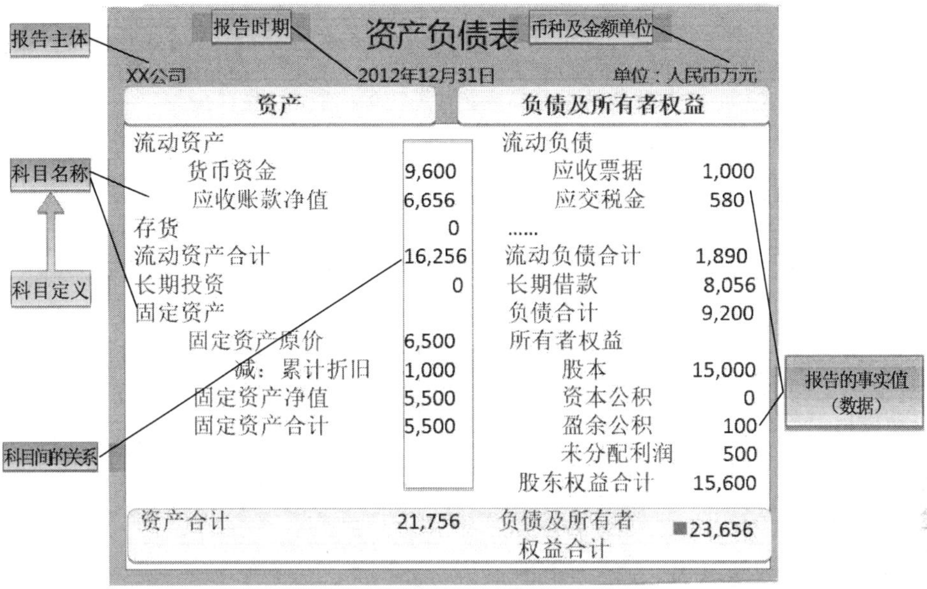

图 1-2　财务报告中需要标记的事项

1.3　XBRL 的优势和应用潜力

1.3.1　XBRL的优势

相对于其他电子数据格式 GMAL、SGML、HTML、XML 而言，XBRL 的优势是使信息传递加工更加顺畅、可靠和廉价。具体有如下几点。

1. 通用高效，解决多头报送和交叉报送难题

图 1-3 描述了非 XBRL 数据的缺陷，使用前存在多头报送和交叉报送，图中每个箭头代表公司需要报送的一份文档，那么在实施 XBRL 之前，公司需要报送 15 份内容相近、格式不同的文档给不同的需求者。

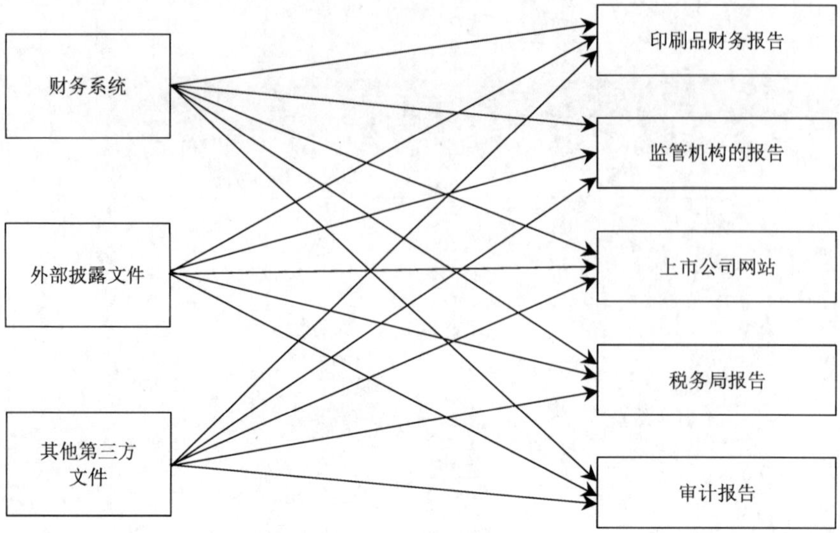

图 1-3　实施 XBRL 前的多头报送

使用 XBRL 数据后，企业的报送内容大为精简，如图 1-4 所示。

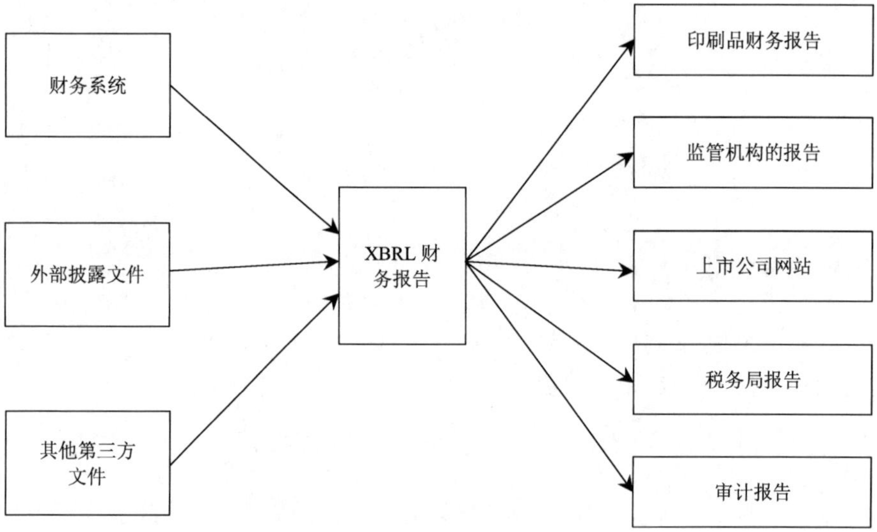

图 1-4 使用 XBRL 后企业精简报送

从某种意义上讲，XBRL 提供的是一种数据元，是数据领域的“标准件”，企业也只需要按照规范，把所有信息使用者需要的信息分解为一个个标准件，统一提供，其他信息需要者只要按需取舍，得到各自需要的标准件，之后通过工具再进行组装，得到最终的报告信息。这样，大大减少了多头报送的压力，真正做到了数出一门，同时还避免了重复提供数据可能产生的信息失真。

2. 国际认同，可靠可比

XBRL 确立了不同应用程序之间进行数据交换的标准格式，提高了数据的共享程度。通常财务数据只需键入一次，降低了输入错误的风险。因为在 XBRL 的使用过程中可以减少重新输入，将大大降低数据输入错误的风险，更排除了多种不同格式数据相互转换带来的风险，还大幅度节约了用于整理收集数据及制作报表的时间，这不仅可以适应财务制度的不断变化，也降低了大量人工采集数的风险，提高了风控管理。

3. 信息传递成本低

XBRL 是一个开放的、平台独立的国际标准，使用者不需要支付任何版权费用。过去人们进行商业报告数据编制、整理、分析和交换时费时费力，采用 XBRL 后，商业报告和财务数据信息交换变得简单了。由于 XBRL 是开放、免费的公开标准，任何财务人员都能在不同软件平台上免费、便捷地交换财务分析信息，但是现在企业所用的财务软件（如用友、金蝶）基本上都是收费的，因此 XBRL 的出现不仅给企业节约了一笔很大的开销，还为 XBRL 的推广提供了很好的发展环境。

4. 实现了数据的内容和格式相分离

XBRL 只负责数据本身的事实值，不包含数据的展示格式，从而起到了高效精简的效果，更便于数据在不同平台间的交互传递。

1.3.2 XBRL的应用潜力

XBRL 技术解决了长期困扰人们的企业报告数据交换和利用中的数据标准问题，大大提高了财务报告及相关数据加工整理和深度分析利用的准确性、可比性和统一性，对企事业单位尤其是大型企业、境外上市公司、跨国经营企业、会计中介机构、软件开发商、投资者、债权人、政府宏观经济管理部门和监管机构提升科学化、精细化管理水平，适应日益激烈的国际竞争环境，提升我国核心竞争力都具有十分重要的意义。今后 XBRL 将在企业管理、审计、企业信用等级评估、证券市场、贸易与纳税、金融行政等领域发挥更大作用。

1.4　XBRL 的发展和应用现状

1.4.1　XBRL的发展历史

1. 萌芽阶段

XBRL 的构想最早由美国华盛顿州的注册会计师查尔斯·霍夫曼于 1998 年 4 月提出。他于同年 12 月提出了 XBRL 的原型方案。

1999 年 1 月，AICPA 决定投资创建可扩展财务报告标记语言（extensible financial reporting markup language，XFRML）。

1999 年 6 月，AICPA 牵头成立 XFRML 指导委员会。五大会计师事务所、计算机软件公司、计算机硬件公司和计算机咨询公司等 13 家公司加盟。

1999 年 10 月，查尔斯·霍夫曼等研制完成 XFRML 测试用原型，对 10 家公司采用 XFRML 进行财务报告的模拟测试，AICPA 将 XFRML 更名为 XBRL。

2. 标准制定完善阶段

2000 年 7 月，XBRL 指导委员会发布第一份 XBRL 财务报告的 XBRL 技术规范 1.0，决定成立 XBRL 国际组织（XII）。

2001 年 2 月，XBRL 国际组织召开了第一次全球大会。XII 是一个非营利组织，主要任务是制定 XBRL 技术规范，推动 XBRL 在全球的应用。XII 现在已经是一个超过 571 个成员组成的联盟。

自 2000 年发布 XBRL V1.0 规格书以来，XII 已经发布了 3 个版本的 XBRL 技术规范，最新的版本是 2003 年 12 月发布的 2.1 版。

由于 XBRL 在实际应用中的优势，在全球得到了广泛的应用，也形成了很多分类标准。在全球财务报告领域，这些分类标准之间交互性比较弱，对未来 XBRL 进一步推广和应用构成障碍，也与建立全球统一的高质量会计准则发展趋势不相适应。因此美国证券交易委员会、日本金融厅、国际财务报告准则基金会于 2007 年 10 月共同发起了互操作分类标准架构（independent television authority，ITA）项目。该项目旨在使国际财务报告准则分类标准、美国公认会计准则分类标准和日本投资者网络电子信息披露分类标准三套 XBRL 分类标准的架构趋于一致，改善不同分类标准之间的互操作性，并为其他分类标准的构建者提供参考。

3. XBRL 标准应用阶段

2008 年 5 月，美国证券交易委员会（U. S. Securities and Exchange Commission，

SEC）发布互动数据（XBRL）议案，并于 2009 年 1 月发布题为“应用交互式数据改善财务报告”的最终规定，要求美国和外国公司在向 SEC 提交财务报表的同时提供一张包括财务报表附注和明细表在内的以交互式数据格式编制的主表。

2010 年 10 月 ITA 项目发布 XBRL《全球报送手册》，标志着上述三套分类标准的架构上实现了统一。

2013 年 4 月，国际财务报告准则基金会发布了《2013 年国际财务报告准则分类标准》。

1.4.2 XBRL在世界范围内的发展应用

1. 美国

目前 XBRL 的应用已取得长足进展：在数据报送方面，从外挂实施方式逐步过渡到内嵌式报送，XBRL 数据质量显著提升；在数据分析方面，越来越多的 XBRL 数据分析软件不断涌现，对 XBRL 数据的分析能力不断提升；在政府推进方面，美国联邦政府准备使用 XBRL 来全面提升信息透明度，提高企业报送效率和问责能力；在审计方面，基于 XBRL 全球账簿的审计数据标准（XBRL GL）为公司内部和外部审计师提供了一种标准化的数据访问方式。在未来，将不断扩大 XBRL 报送范围，推进网页内嵌式 XBRL（iXBRL）和 XBRL GL 的研发和应用，并不断提高 XBRL 数据的质量。

2. 欧洲

受制于欧盟 27 个成员国之间特殊的国家治理结构，XBRL 的应用尚不能在泛欧洲层面统一推进，但三大监管行业（银行、证券和保险）已经分别对 XBRL 的应用提出了初步的路线，欧洲银行监管委员会（Committee of European Banking Supervisors，CEBS）已经开始要求银行报送 XBRL 报告，关于保险监管和证券监管领域的 XBRL 报送预期分别于 2014 年和 2020 年开始。与此同时，欧盟内部各成员国对于 XBRL 的应用方兴未艾，目前有 15 个成员国已启动至少 50 个 XBRL 应用项。

3. 日本

日本是亚洲地区最先应用 XBRL 技术的国家，早在 2001 年就建立了 XBRL 地区组织。日本由金融厅（Financial Services Agency，FSA）主导 XBRL 计划。根据《日本金融工具与交易法》，日本金融厅于 2001 年 6 月启动了 EDINET（Electronic Disclosure for Investors’ NETwork）信息披露的平台项目，该系统报送的范围包括年报、半年报、季报、证券登记表等。为了改变 HTML 等格式存放的数据无法重复使用、使用者进一步分析所需使用的数据仍需要重新输入的情况，日本金融厅启动了 EDINET 革新计划，通过提供下载 XBRL 的功能，使用者可以有效地分析财务信息。2008 年 4 月新系统启动，新的 EDINET 能够向公众提供约 5000 家公司（大部分是上市公司）、3000 家投资基金的 XBRL 格式的财务信息。目前，新 EDINET 已成为世界上最大的 XBRL 系统之一。

4. 韩国

韩国的 XBRL 应用项目始于 2007 年，目前共有 3 个机构开展了 XBRL 应用项目。韩国金融监督院（Financial Supervisory Service）在 2007 年基于韩国公认会计原则（K-GAAP）分类标准建立了金融监管报送系统 DART，用于收集韩国金融机构的财务报告等监管信息，并于 2010 年基于国际财务报告准则分类标准对该系统进行了升级。升级后的 DART 系统于 2011 年 5 月上线，目前有 1800 家上市公司通过该系统进行报送，共收集了 14 400 份财务报告。韩国企划财政部（Ministry of Strategy and Finance）负责韩国不同部门间的账户结算，由于结算延迟，在国民大会上经常受到指责。为此，韩国企划财政部于 2012 年建立了基于 XBRL 的账户结算填报系统，该系统所采用的分类标准基于 DART 系统的分类标准扩展制定，有效解决了账户清算不及时的问题。此外，韩国证券交易所在 2007 年也建立了基于 XBRL 的上市公司信息披露系统。上述系统目前应用良好，相关数据也在彭博新闻社（Bloomberg News）等信息服务商中获得了应用，但也面临报送企业扩展工作量大、财务报告信息不完整（缺乏附注信息）和报送软件易用性差等问题，这些问题限制了 XBRL 数据在韩国的深入应用。为解决这些问题，韩国开发了新的基于 Excel 的报送软件，并从 2013 年开始提供给上市公司使用。

5. 印度

印度在 2008 年由印度注册会计师协会成立了 XBRL 地区组织，负责 XBRL 分类标准的制定，应用项目主要由印度公司事务部（Ministry of Corporate Affairs）推动。目前印度已经制定完成了工商业企业分类标准，该分类标准基于印度《公司法》、会计准则和印度注册会计师协会发布的财务报告指引等制定，已经在印度公司事务部的 XBRL 项目中应用。印度公司事务部的 XBRL 项目分为 2 个阶段。在第一阶段（2010～2011 年），要求所有上市公司及其子公司、实收资本超过 5000 万卢比或收入超过 10 亿卢比的公司，共计约 30 000 家公司报送 XBRL 格式财务报表；在第二阶段（2011～2012 年），除第一阶段的 3 类公司外，要求所有在印度发行证券的公司及其子公司、所有需要报送 2010～2011 年度财务报表的公司，共计约 32 000 家公司报送 XBRL 格式财务报表。除印度公司事务部外，XBRL 印度地区组织还与印度银行和保险监管部门合作，推动相关分类标准的制定和实施。

6. 马来西亚

马来西亚公司委员会（Companies Commission of Malaysia）是推动 XBRL 应用的主要部门，该部门在 2010～2014 年的战略规划中把启动 XBRL 应用作为其重要工作之一。由马来西亚公司委员会正在制定 XBRL 分类标准。该分类标准将涵盖公司需要报送的财务报告和非财务报告内容，其中财务报告部分基于国际财务报告准则和马来西亚的私营主体财务报告准则制定，非财务报告部分基于马来西亚《公司法》制定，财务报告部分的分类标准基于 2012 版国际财务报告准则分类标准制定，已经正式发布。在实施方面，马来西亚公司委员会启动了上市公司和非上市公众公司的 XBRL 志愿填报活动，部分公司使用委员会发布的财务报告分类标准编制和报送 XBRL 格式财务报告。

7. 澳大利亚

澳大利亚财政部是推动 XBRL 应用的主要部门，标准商业报告系统（SBR）是澳大利亚主要的 XBRL 应用项目。标准商业报告系统是一项由多个政府机构共同参与的计划，目的在于通过 XBRL 方式简化企业和政府间的报送操作。SBR 项目由澳大利亚财政部牵头，参与部门包括澳大利亚税务局（ATO）、澳大利亚证券和投资委员会（Australian Securities and Investment Commission，ASIC）、澳大利亚审慎监管局（Australian Prudential Regulation Authority，APRA）、澳大利亚所有州和地区的税务机构（SROS）及澳大利亚统计局（Australian Bureau of Statistics，ABS）。通过这个项目，所有的澳大利亚企业将能登录一个单一、安全的系统，向澳大利亚税务局、澳大利亚证券投资管理委员会、澳大利亚审慎监管局、澳大利亚统计局报送监管要求的数据，而不用分别向这几家机构报送。SBR 项目通过开发一套统一的报告语言（SBR 分类标准）来完成项目的目标。SBR 分类标准是一个汇集报告术语、会计概念，以及其他监管指标的集合，SBR 项目通过规范这些术语的定义，消除了报告中很多不必要的或重复的数据。截至 2013 年，共有 109 家软件企业参与该项目，收集了约 127 000 份报告。

1.4.3 国内XBRL应用进展情况

我国 XBRL 应用经历了证券监管应用和通用分类标准的制定实施两个阶段。

1. 证券监管应用阶段

2002 年 5 月，中国证券监督管理委员会（以下简称证监会）在研究上市公司电子化信息披露问题时，将 XBRL 选定为电子化披露的格式标准。

2004 年，上海证券交易所（以下简称上交所）选择了 50 家沪市上市公司开展

2003 年度报告摘要 XBRL 格式报送试点。

目前，沪市所有上市公司季报、中报、年报摘要和全文报送都采用 XBRL。通过该所网站[①]，公众可查阅报告全文，进行同行业公司财务数据横向比较分析。

深圳证券交易所于 2005 年 1 月实现深市全部上市公司利用 XBRL 制作年度报告。

深圳证券交易所建立的 XBRL 互动平台咨询系统[②]提供深市上市公司定期报告数据的展示、财务数据的横向、纵向比较分析和部分公司实例文档下载。

证监会于 2008 年 1 月启动基金信息披露 XBRL 项目。目前，所有基金管理公司管理的基金都已实现了从净值日报到季报、半年报和年报报送的 XBRL 化。证监会还建立了基金信息披露网站[③]，专门用于 XBRL 格式基金信息发布。

2. 通用分类标准的制定实施阶段

2009 年 11 月 12 日，中华人民共和国财政部（以下简称财政部）发布《关于就〈中国 XBRL 分类标准架构规范〉等 3 个规范标准征求意见的函》(财办会〔2009〕12 号），就《中国 XBRL 分类标准架构规范》《中国 XBRL 分类标准基础技术规范》《财会信息资源核心元数据标准》公开征求意见。

2010 年 10 月 19 日，第 21 次国际 XBRL 大会在北京召开，会上，财政部发布了《企业会计准则通用分类标准》，国家标准化管理委员会发布了《可扩展商业报告语言（XBRL）技术规范》（GB/T 2500—2010）系列国家标准。

本着“积极稳妥、先行试点、总结经验、分步推进”的原则，2010 年 12 月 9 日，财政部发布《关于实施企业会计准则通用分类标准的通知》（财会〔2010〕23 号），要求 13 家企业和 12 家会计师事务所自 2011 年起实施企业会计准则通用分类标准。

2011 年 1 月 10 日，财政部和证监会联合发布《关于企业会计准则通用分类标准实施若干事项的通知》（财会〔2011〕2 号），就企业会计准则通用分类标准在上市公司的实施进行布置。

2011 年 1 月 12 日，财政部在北京召开了企业会计准则通用分类标准贯彻实施会议，通用分类标准首批实施工作正式启动。

2011 年 5 月 11 日至 12 日，财政部在北京举行企业会计准则通用分类标准贯彻实施工作会议，对实施单位进行培训。

2011 年 6 月，通用分类标准首批实施单位完成 XBRL 格式财务报告的报送工作。

2011 年下半年在中国石油天然气股份有限公司、中国石油化工股份有限公司

---

① 官方发布网站：http：//listxbrl.sse.com.cn/ssexbrl。

② 官方发布网站：http：//xbrl.cninfo.com.cn。

③ 官方发布网站：http：//fund.csrc.gov.cn。

和中国海洋石油股份有限公司的协助下，财政部制定的《石油和天然气行业扩展分类标准》于 2011 年 12 月 16 日正式发布，成为通用分类标准在行业层面的首份扩展分类标准，为提高 XBRL 格式财务报告的行业可比性，降低实施单位的扩展工作量奠定了坚实的基础。

2011 年 12 月 23 日，全国会计信息化标准化技术委员会成立大会暨 2011 年会计信息化委员会全体会议在北京召开，会上对企业会计准则通用分类标准实施工作进行了总结和表彰。

2012 年 2 月 28 日，财政部发布《关于地方国有大中型企业实施企业会计准则通用分类标准的通知》（财会〔2012〕4 号）。

2012 年 12 月 24 日，财政部、中国银行业监督管理委员会（以下简称银监会）联合《关于印发银行业扩展分类标准的通知》（财会〔2012〕23 号），要求按照企业会计准则编制财务报告的银行业金融机构，在编制 XBRL 格式的财务报告实例文档时，应当遵循银行业扩展分类标准。

2013 年 5 月 23 日，第四届 XBRL 亚洲圆桌论坛在苏州举行。与会者讨论了加强本地区 XBRL 合作及建立亚洲 XBRL 地区组织（暂定名）的可行性。此建议得到了澳大利亚、中国、印度、日本、韩国和新加坡 XBRL 地区组织的一致支持。会议发布了《第四届可扩展商业报告语言（XBRL）亚洲圆桌论坛联合声明》。

2013 年 6 月 3 日，财政部下发《关于印发〈企业会计准则通用分类标准编报规则〉的通知》①（财会〔2013〕11 号）。

2014 年 8 月 4 日，国务院国有资产监督管理委员会（以下简称国资委）、财政部下发《关于印发国资委财务监管报表 XBRL 扩展分类标准的通知》②（国资发评价〔2014〕110 号），并从 2014 年开始在部分中央企业试点实施，鼓励非试点中央企业和地方国有企业积极参与。

2015 年 3 月 24 日，财政部发布《关于发布 2015 版企业会计准则通用分类标准的通知》③（财会〔2015〕6 号），同时更新了企业会计准则通用分类标准、企业会计准则通用分类标准指南、企业会计准则通用分类标准元素清单、企业会计准则通用分类标准版本变更说明、企业会计准则通用分类标准编报规则。

3. 我国 XBRL 数据平台

目前国内已经建立的 XBRL 数据平台④有 3 个，任何企业和个人都可以通过互

① 官方发布网址：http：//kjs.mof.gov.cn/zhengwuxinxi/zhengcefabu/201306/t20130603_902498.html。

② 官方发布网址：http：//www.sasac.gov.cn/n1180/n1566/n258203/n258329/16033978.html。

③ 官方发布网址：http：//kjs.mof.gov.cn/zhengwuxinxi/zhengcefabu/201504/t20150407_1213301.html）。

④ 三个平台网址为：上海证券交易所 XBRL 数据平台网址：http：//listxbrl.sse.com.cn/，深圳证券交易所 XBRL 数据平台网址：http：//xbrl. cninfo.com.cn/jsp/xbrpage/welcomepage。jsp，中国证监会基金信息 XBRL 数据平台网址：http：//fund.csrc.gov.cn。

联网访问平台，免费进行 XBRL 数据财务分析。

利用 XBRL 数据平台进行同行对标分析，方便灵活，不受操作系统和数据格式的限制。但是目前的 XBRL 数据分析平台在管理维护和个性化需求等方面存在较多问题，亟待改进。

2016 年 10 月 8 日，财政部印发了《会计改革与发展“十三五”规划纲要》，明确提出以下两点。

（1）继续推进企业会计准则通用分类标准有效实施。不断更新企业会计准则通用分类标准，推动监管部门在监管领域制定和实施监管扩展分类标准，形成各部门协调配合的财务报告数据交换标准体系，适时推动建立以披露财务报告数据为主的社会化会计信息公共服务平台。研究制定企业账户层面和交易层面会计数据及相关业务数据交换标准，降低会计信息生产成本和企业内外部交易成本，促进企业数据的深度利用。积极参与 XBRL 等国际标准制定工作，全面提升我国在会计信息化领域的国际影响力。

（2）不断提高单位会计信息化水平。认真抓好《企业会计信息化工作规范》等制度的贯彻落实，在不断提高企业会计信息化水平的同时，积极探索推动行政事业单位会计信息化工作，推动基层单位会计信息系统与业务系统的有机融合，推动会计工作从传统核算型向现代管理型转变。引导企业以可扩展商业报告语言提升内部管理信息标准化，促进财务、业务数据的融合与互联。同时，密切关注大数据、“互联网+”发展对会计工作的影响，及时完善相关规范，研究探索会计信息资源共享机制、会计资料无纸化管理制度。

这为我国今后的会计信息化发展特别是 XBRL 的发展指明了前进的方向。国内企业应当顺时应势，加大 XBRL 的实施力度。

第 2 章　XBRL 文件代码解析

企业要将传统的财务报告数据转成 XBRL 格式，需提交的 7 个文件其实质都是基于 XML 的标记语言源代码，那么对 XBRL 的代码的解读是十分必要的。它是未来进行 XBRL 数据分析取数、开发 XBRL 系统的基础。本章选取 abc 公司存货模块对应的所有 XBRL 源代码，对其进行必要的注解。

例 2-1　已知 abc 公司财务年报中的存货附注披露内容如表 2-1 所示。

表 2-1 abc 公司 2014 年度存货附注　　（单位：元）

项目	原材料	在产品	库存商品	其他商品	合计
存货账面余额	15 000	22 000	38 000	49 000	124 000
存货跌价准备	5 000	2 000	8 000	9 000	24 000
存货期末账面余额	10 000	20 000	30 000	40 000	100 000

针对表 2-1，运用工具软件，生成对应的 5 个 XBRL 文件（核心模式、便签链接库、列报链接库、定义链接库、实例文档）代码展示如下。

2.1　核心模式文件代码

****

以下代码是核心模式的固定用法，指明引用 XBRL 的链接地址及技术标准、国际标准（international financial reporting standards，IFIS）中国版本（chinese accounting standards，CAS）的时间和版本号信息。

****

```
<?xml version="1.0" encoding="utf-8"?>
<xsd: schema targetNamespace="http: //www.abc.com/cas/2014-12-31"
elementFormDefault="qualified" xmlns:xsd="http://www.w3.org
/2001/XMLSchema"
```

```
xmlns: link="http: //www.xbrl.org/2003/linkbase"
xmlns: xbrli="http: //www.xbrl.org/2003/instance"
xmlns: xlink="http: //www.w3.org/1999/xlink"
xmlns: abc="http: //www.abc.com/cas/2014-12-31"
xmlns: cas="http: //xbrl.mof.gov.cn/taxonomy/2015-03-31/cas"
xmlns: num="http: //www.xbrl.org/dtr/type/numeric"
xmlns: nonnum="http: //www.xbrl.org/dtr/type/non-numeric"
xmlns: xbrldt="http: //xbrl.org/2005/xbrldt"
xmlns: negated="http: //www.xbrl.org/2009/role/negated"
xmlns: xl="http://www.xbrl.org/2003/XLink"
xmlns: info="http://xbrl.iasb.org/info"
xmlns: net="http://www.xbrl.org/2009/role/net"
xmlns: ifrs-full="http://xbrl.ifrs.org/taxonomy/2014-03-05/
 ifrs-full">
  <xsd:annotation>
<xsd:appinfo>
```

****

以下代码规范链接库文件的命名：

定义链接库文件 abc 公司-123456789012345-20141231_def.xml；

列报链接库文件 abc 公司-123456789012345-20141231_pre.xml；

计算链接库文件 abc 公司-123456789012345-20141231_cal.xml；

中文标签链接库文件 abc 公司-123456789012345-20141231_lab_cn.xml；

英文标签链接库文件 abc 公司-123456789012345-20141231_lab_en.xml。

****

```
<link: linkbaseRef xlink: type="simple"xlink: href="abc 公司
-123456789012345-20141231_def.xml"
xlink: arcrole="http: //www.w3.org/1999/xlink/properties/lin
kbase"
xlink: role="http: //www.xbrl.org/2003/role/definitionLinkba
seRef"/>
     <link: linkbaseRef xlink: type="simple"xlink: href="abc 公司
-123456789012345-20141231_pre.xml"
xlink: arcrole="http: //www.w3.org/1999/xlink/properties/lin
kbase"
xlink: role="http: //www.xbrl.org/2003/role/presentationLink
```

```
baseRef"/>
     <link: linkbaseRef xlink: type="simple"xlink: href="abc 公司
-123456789012345-20141231_cal.xml"
xlink: arcrole="http: //www.w3.org/1999/xlink/properties/lin
kbase"
xlink: role="http: //www.xbrl.org/2003/role/calculationLinkb
aseRef"/>
     <link: linkbaseRef xlink: type="simple"xlink: href="abc 公司
-123456789012345-20141231_lab_cn.xml"
xlink: arcrole="http: //www.w3.org/1999/xlink/properties/lin
kbase"
xlink: role="http: //www.xbrl.org/2003/role/labelLinkbaseRef"/>
     <link: linkbaseRef xlink: type="simple"xlink: href="abc 公司
-123456789012345-20141231_lab_en.xml"
```

****

这段代码规范所有要用到的扩展链接角色（extended link role，ELR）命名及定义规则，本案例的 ELR 是[208084]Details-Inventories。

****

```
xlink: arcrole="http: //www.w3.org/1999/xlink/properties/lin
kbase"
xlink: role="http: //www.xbrl.org/2003/role/labelLinkbaseRef"/>
     <link: roleType id="RT_40"
roleURI="http: //www.abc.com/role/cas/801110/208084">
       <link: definition>[208084] Details-Inventories</link:
definition>
       <link: usedOn>link: definitionLink</link: usedOn>
       <link: usedOn>link: calculationLink</link: usedOn>
       <link: usedOn>link: presentationLink</link: usedOn>
     </link: roleType>
   </xsd: appinfo>
  </xsd: annotation>
  <xsd: import namespace="http: //www.xbrl.org/2003/instance"
schemaLocation="http: //www.xbrl.org/2003/xbrl-instance-2003
-12-31.xsd"/>
  <xsd: import namespace="http: //www.xbrl.org/dtr/type/non-
```

```
numeric"
schemaLocation="http: //www.xbrl.org/dtr/type/nonNumeric-
2009-12-16.xsd"/>
  <xsd: import namespace="http: //www.xbrl.org/dtr/type/numeric"
schemaLocation="http: //www.xbrl.org/dtr/type/numeric-2009-
12-16.xsd"/>
  <xsd: import namespace="http: //xbrl.mof.gov.cn/taxonomy/
2015-03-31/cas"
schemaLocation="http: //xbrl.mof.gov.cn/taxonomy/2015-03-31
/cas/cas_core_2015-03-31.xsd"/>
  <xsd: import namespace="http: //xbrl.org/2005/xbrldt"
schemaLocation="http: //www.xbrl.org/2005/xbrldt-2005.xsd"/>
  <xsd: import namespace="http: //www.xbrl.org/2009/role/net"
schemaLocation="http://www.xbrl.org/lrr/role/net-2009-12-16.
xsd"/>
  <xsd: import namespace="http: //www.xbrl.org/2009/role/negated"
 schemaLocation="http: //www.xbrl.org/lrr/role/negated-2009
-12-16.xsd"/>
```

****

以下这段代码定义所有要用到的元素信息，此处只列示企业扩展元素的名称、属性等。本案例的元素是标题元素“InventoryDetailsAbstract”。

****

```
<xsd: element id="abc_InventoryDetailsAbstract" type="xbrli:
stringItemType"
substitutionGroup="xbrli: item"xbrli: periodType="duration"abs
tract="true" nillable="true"name="InventoryDetailsAbstract">
<xsd: element id="abc_OtherInvetoriesMember" type="nonnum:
domainItemType"
substitutionGroup="xbrli: item" xbrli: periodType="duration"ab
stract="true" nillable="true" name="OtherInvetoriesMember">
  </xsd: element>
```

2.2　英文标签链接库文件代码

****

以下这段代码标明所有要用到的标签属性的定义及出处。

****

```
<?xml version="1.0" encoding="utf-8"?>
<link: linkbase xmlns: xsi="http: //www.w3.org/2001/XMLSchema-
instance"
xsi: schemaLocation="http: //www.xbrl.org/2003/linkbase
http: //www.xbrl.org/2003/xbrl-linkbase-2003-12-31.xsd"
xmlns: link="http: //www.xbrl.org/2003/linkbase"
xmlns: xlink="http: //www.w3.org/1999/xlink"
xmlns: xbrli="http: //www.xbrl.org/2003/instance">
   <link: roleRef
xlink: href="http: //www.xbrl.org/lrr/role/net-2009-12-16.
xsd#netLabel"
  <link: labelLinkxlink: role="http: //www.xbrl.org/2003/
role/link" xlink: type="extended">
```

****

以下这段代码定义了两个扩展元素的英文标签。

****

```
<link: labelArc xlink: type="arc"
xlink: arcrole="http: //www.xbrl.org/2003/arcrole/concept-label"
xlink: title="label: InventoryDetailsAbstract to label_Inven
toryDetailsAbstract"
use="optional"priority="0"order="1"xlink: from="InventoryDe
tailsAbstract"xlink: to="label_InventoryDetailsAbstract"/>
<link: labelArc xlink: type="arc"
xlink: arcrole="http: //www.xbrl.org/2003/arcrole/concept-label"
xlink: title="label: OtherInventoriesMember to label_OtherIn
ventoriesMember"
use="optional"priority="0"order="1"xlink: from="OtherInvent
oriesMember"
```

```
 xlink: to="label_OtherInventoriesMember"/>
<link: label xml: lang="en"xlink: label="label_InventoryDeta
ilsAbstract"
xlink: role="http: //www.xbrl.org/2003/role/label"
xlink: title="label_InventoryDetailsAbstract" xlink: type="
resource">Inventory details[abstract]</link: label>
<link: label xml: lang="en" xlink: label="label_OtherInvento
riesMember"
xlink: role="http: //www.xbrl.org/2003/role/label"
xlink: title="label_OtherInventoriesMember" xlink: type="
resource">Other invetories [member]</link: label>
</link: labelLink>
</link: linkbase>
```

2.3 中文标签链接库文件代码

```
***************************************************************
以下这段代码定义了两个扩展元素的标准中文标签及其属性。
***************************************************************
<link: label xml: lang="zh" xlink: label="label_InventoryDet
ailsAbstract"
xlink: role="http: //www.xbrl.org/2003/role/label"
xlink: title="label_InventoryDetailsAbstract" xlink: type=
"resource">存货（详细披露）[abstract]</link: label>
<link: label xml: lang="zh" xlink: label="label_OtherInvento
riesMember"
xlink: role="http: //www.xbrl.org/2003/role/label"
xlink: title="label_OtherInventoriesMember" xlink: type="res
ource">其他存货 [member]</link: label>
***************************************************************
```

2.4　列报链接库文件代码

2.4.1　工具软件展示的存货模块的列报关系（图2-1）

图 2-1　XBRL 工具软件展示的存货 ELR 列报链接库结构

2.4.2　列报链接库文件的代码

```
<?xml version="1.0" encoding="utf-8"?>
<link: linkbase xmlns: xsi="http: //www.w3.org/2001/XMLSchem
a-instance"
xsi: schemaLocation="http: //www.xbrl.org/2003/linkbase
http: //www.xbrl.org/2003/xbrl-linkbase-2003-12-31.xsd"
xmlns: link="http: //www.xbrl.org/2003/linkbase"
xmlns: xlink="http: //www.w3.org/1999/xlink"
xmlns: xbrli="http: //www.xbrl.org/2003/instance">
  <link: roleRef xlink: href="http: //www.abc.com/abc-12345678
9012345-20141231.xsd#RT_40"
roleURI="http: //www.abc.com/role/cas/801110/208084" xlink:
type="simple"/>
  <link: presentationLink xlink: role="http: //www.abc.com/
 role/cas/801110/208084" xlink: type="extended">
<link: presentationArc xlink: type="arc"
```

****

以下代码指明元素“InventoryDetailsAbstract”和元素“ChangesOfInventoriesAbstract”的父子关系及属性。

****

```
xlink: arcrole="http: //www.xbrl.org/2003/arcrole/parent-child"
xlink: title="presentation: InventoryDetailsAbstract to
ChangesOfInventoriesAbstract"use="optional"priority="0"
order="1.0"
xlink: from="InventoryDetailsAbstract" xlink: to="ChangesOfI
nventoriesAbstract"/>（从 1 级标题到 2 级标题元素的关系）
    <link: presentationArc xlink: type="arc"
xlink: arcrole="http: //www.xbrl.org/2003/arcrole/parent-child"
xlink: title="presentation:  ChangesOfInventoriesAbstract to
ChangesOfInventoriesTable"use="optional"priority="0"
order="1.0"
xlink: from="ChangesOfInventoriesAbstract" xlink: to="Change
sOfInventoriesTable"/>（从 2 级标题元素到表元素的关系）
    <link: presentationArc xlink: type="arc"
xlink: arcrole="http: //www.xbrl.org/2003/arcrole/parent-child"
xlink: title="presentation: ChangesOfInventoriesTable to
ClassesOfInventoriesAxis"use="optional"priority="0"
order="1.0"
xlink: from="ChangesOfInventoriesTable" xlink: to="ClassesOf
InventoriesAxis"/>（从表元素到轴元素）
    <link: presentationArc xlink: type="arc"
xlink: arcrole="http: //www.xbrl.org/2003/arcrole/parent-child"
xlink: title="presentation: ClassesOfInventoriesAxis to
 InventoriesMember"
use="optional" priority="0"order="1.0" xlink: from="Classes
OfInventoriesAxis"
xlink: to="InventoriesMember"/>（从轴元素到汇总域元素）
    <link: presentationArc xlink: type="arc"
xlink: arcrole="http: //www.xbrl.org/2003/arcrole/parent-child"
xlink: title="presentation: InventoriesMember to RawMaterial
Member" use="optional" priority="0" order="1.0" xlink: from=
```

```
"InventoriesMember" xlink: to="RawMaterialMember"/>（从汇总域
到子域 1）
    <link: presentationArc xlink: type="arc"
xlink: arcrole="http: //www.xbrl.org/2003/arcrole/parent-child"
xlink: title="presentation:  ChangesOfInventoriesLineItems to
 InventoryBalance" use="optional" priority="0" order="1.0"
xlink: from="ChangesOfInventoriesLineItems" xlink: to="Inven
toryBalance"/>（从行标题到实元素 1）
<link: presentationArc xlink: type="arc"
xlink: arcrole="http: //www.xbrl.org/2003/arcrole/parent-child"
xlink: title="presentation: InventoriesMember to WorkIn
ProcessMember"
use="optional" priority="0" order="2.0" xlink: from="Invent
oriesMember"
xlink: to="WorkInProcessMember"/>（从汇总域到子域 2）
    <link: presentationArc xlink: type="arc"
xlink: arcrole="http: //www.xbrl.org/2003/arcrole/parent-child"
xlink: title="presentation: ChangesOfInventoriesAbstract to
ChangesOfInventoriesLineItems" use="optional" priority="0"
order="2.0"
xlink: from="ChangesOfInventoriesAbstract"
xlink: to="ChangesOfInventoriesLineItems"/>（从 2 级标题到行标题）
    <link: presentationArc xlink: type="arc"
xlink: arcrole="http: //www.xbrl.org/2003/arcrole/parent-child"
xlink: title="presentation: ChangesOfInventoriesLineItems to
ProvisionForImpairmentOfInventory"use="optional"priority=
"0" order="2.0"
xlink: from="ChangesOfInventoriesLineItems"
xlink: to="ProvisionForImpairmentOfInventory"/>（从行标题到实
元素 2）
    <link: presentationArc xlink: type="arc"
xlink: arcrole="http: //www.xbrl.org/2003/arcrole/parent-child"
xlink: title="presentation: InventoriesMember to FinishedGoo
dsMember"
use="optional" priority="0" order="3.0"xlink: from="Inventor
```

```
iesMember" xlink: to="FinishedGoodsMember"/>（从汇总域到子域 3）
   <link: presentationArc preferredLabel="http: //www.xbrl.
org/2003/role/periodEndLabel" xlink: type="arc"
xlink: arcrole="http: //www.xbrl.org/2003/arcrole/parent-child"
xlink: title="presentation: ChangesOfInventoriesLineItems to
Inventories"
use="optional" priority="0" order="3.0"
xlink: from="ChangesOfInventoriesLineItems" xlink: to="Inven
tories"/>（从行标题到实元素 3）
   <link: presentationArc xlink: type="arc"
xlink: arcrole="http: //www.xbrl.org/2003/arcrole/parent-child"
xlink: title="presentation: InventoriesMember to Other Inven
toriesMember"
use="optional" priority="0" order="8.0"
xlink: from="InventoriesMember" xlink: to="OtherInventoriesM
ember"/>（从汇总域到子域 8）
```

****

这段代码用来指定各元素的首选标签，本案例的元素都采用标准标签作为首选标签。

****

```
 <link: loc xlink: label="InventoryDetailsAbstract" xlink:
 type="locator"
xlink: title="InventoryDetailsAbstract" xlink: href="abc 公司
-123456789012345-20141231.xsd#abc_InventoryDetailsAbstract"/>
（指定第一个元素的首选标签属性）
   <link: loc xlink: label="ChangesOfInventoriesAbstract"
xlink: type="locator"
xlink: title="ChangesOfInventoriesAbstract" xlink: href="http:
//xbrl.mof.gov.cn/taxonomy/2015-03-31/cas/cas_core_2015-
03-31.xsd#cas_ChangesOfInventoriesAbstract" />（指定第二个元素
的首选标签属性）
   <link: loc xlink: label="ChangesOfInventoriesTable" xlink:
type="locator"
xlink: title="ChangesOfInventoriesTable"  xlink: href="http:
//xbrl.mof.gov.cn/taxonomy/2015-03-31/cas/cas_core_2015-
```

03-31.xsd#cas_ChangesOfInventoriesTable"/>（指定第三个元素的首选标签属性）

```
<link: loc xlink: label="ClassesOfInventoriesAxis" xlink: type="locator"
xlink: title="ClassesOfInventoriesAxis" xlink: href="http: //xbrl.mof.gov.cn/taxonomy/2015-03-31/cas/cas_core_2015-03-31.xsd#cas_ClassesOfInventoriesAxis"/>
<link: loc xlink: label="InventoriesMember" xlink: type="locator"
xlink: title="InventoriesMember" xlink: href="http: //xbrl.mof.gov.cn/taxonomy/2015-03-31/cas/cas_core_2015-03-31.xsd#cas_InventoriesMember"/>
<link: loc xlink: label="RawMaterialMember" xlink: type="locator"
xlink: title="RawMaterialMember"
xlink: href="http: //xbrl.mof.gov.cn/taxonomy/2015-03-31/cas/cas_core_2015-03-31.xsd#cas_RawMaterialMember"/>
<link: loc xlink: label="WorkInProcessMember" xlink: type="locator"
xlink: title="WorkInProcessMember"
xlink: href="http: //xbrl.mof.gov.cn/taxonomy/2015-03-31/cas/cas_core_2015-03-31.xsd#cas_WorkInProcessMember"/>
<link: loc xlink: label="FinishedGoodsMember" xlink: type="locator"
xlink: title="FinishedGoodsMember"
xlink: href="http: //xbrl.mof.gov.cn/taxonomy/2015-03-31/cas/cas_core_2015-03-31.xsd#cas_FinishedGoodsMember"/>
<link: loc xlink: label="OtherInventoriesMember" xlink: type="locator"
xlink: title="OtherInventoriesMember"xlink: href="abc公司-123456789012345-20141231.xsd#abc_OtherInvetoriesMember"/>
<link: loc xlink: label="ChangesOfInventoriesLineItems" xlink: type="locator"
xlink: title="ChangesOfInventoriesLine Items"
xlink: href="http: //xbrl.mof.gov.cn/taxonomy/2015-03-31/cas/ca
```

```
s_core_2015-03-31.xsd#cas_ChangesOfInventoriesLineItems"/>
   <link: loc xlink: label="InventoryBalance" xlink: type="
 locator"
xlink: title="InventoryBalance"
xlink: href="http: //xbrl.mof.gov.cn/taxonomy/2015-03-31/cas
/cas_core_2015-03-31.xsd#cas_InventoryBalance"/>
   <link: loc xlink: label="ProvisionForImpairmentOfInventory"
 xlink: type="locator" xlink: title="ProvisionForImpairmentO
fInventory"
xlink: href="http: //xbrl.mof.gov.cn/taxonomy/2015-03-31/cas
/cas_core_2015-03-31.xsd#cas_ProvisionForImpairmentOfInven
tory"/>
   <link: loc xlink: label="Inventories" xlink: type="locator"
xlink: title="Inventories"
xlink: href="http: //xbrl.ifrs.org/taxonomy/2014-03-05/full_
ifrs/full_ifrs-cor_2014-03-05.
xsd#ifrs-full_Inventories"/> </link: presentationLink>
</link: linkbase>
```

2.5　定义链接库文件代码

2.5.1　工具软件展示的存货模块的定义链接库关系

工具软件展示的存货模块的定义链接库结构见图 2-2。

图 2-2　XBRL 工具软件展示的存货 ELR 定义链接库结构

2.5.2 定义链接库文件代码

****

这段代码用于规范存货 ELR 的维度关系，设计到表元素“Table”、轴元素“Axis”、域元素“Member”、行标题元素“Line Item”、实元素等信息，以及层级关系、顺序关系、默认维度“default”关系。和列报链接库相近但不完全相同！

****

```
<?xml version="1.0" encoding="utf-8"?>
<link: linkbase xmlns: xsi="http: //www.w3.org/2001/XMLSchem
a-instance"
xsi: schemaLocation="http: //www.xbrl.org/2003/linkbase
http: //www.xbrl.org/2003/xbrl-linkbase-2003-12-31.xsd"
xmlns: link="http: //www.xbrl.org/2003/linkbase"
xmlns: xlink="http: //www.w3.org/1999/xlink"
xmlns: xbrli="http: //www.xbrl.org/2003/instance"
xmlns: xbrldt="http: //xbrl.org/2005/xbrldt">
  <link: roleRef
xlink: href="http: //www.abc.com/abc-123456789012345-20141231.
xsd#RT_40"
roleURI="http: //www.abc.com/role/cas/801110/208084"xlink:
type="simple"/>
  <link: arcroleRef arcroleURI="http: //xbrl.org/int/dim/
arcrole/all"
xlink: type="simple" xlink: href="http: //www.xbrl.org/2005/
xbrldt-2005.xsd#all"/>
  <link: arcroleRef arcroleURI="http: //xbrl.org/int/dim/
arcrole/dimension-default"
xlink: type="simple"
xlink: href="http: //www.xbrl.org/2005/xbrldt-2005.xsd#dimen
sion-default"/>
  <link: arcroleRef
arcroleURI="http: //xbrl.org/int/dim/arcrole/hypercube-dimension"
xlink: type="simple"
xlink: href="http: //www.xbrl.org/2005/xbrldt-2005.xsd#hyper
cube-dimension"/>
```

```
  <link: arcroleRef
arcroleURI="http: //xbrl.org/int/dim/arcrole/dimension-domain"
xlink: type="simple"
xlink: href="http: //www.xbrl.org/2005/xbrldt-2005.xsd#dimen
sion-domain"/>
  <link: arcroleRef arcroleURI="http: //xbrl.org/int/dim/arc
role/domain-member"
xlink: type="simple"
xlink: href="http: //www.xbrl.org/2005/xbrldt-2005.xsd#domain-
member"/>
  <link: definitionLink xlink: role="http: //www.abc.com/role
/cas/801110/208084" xlink: type="extended">
    <link: definitionArc xlink: type="arc"
xlink: arcrole="http: //xbrl.org/int/dim/arcrole/domain-member"
xlink: title="definition:  InventoryDetailsAbstract to
ChangesOfInventoriesAbstract" use="optional" priority="0"
order="1.0"
xlink: from="InventoryDetailsAbstract" xlink: to="ChangesOf
InventoriesAbstract"/>（从 1 级标题到 2 级标题）
    <link: definitionArc xlink: type="arc"
xlink: arcrole="http: //xbrl.org/int/dim/arcrole/dimension-domain"
xlink: title="definition:  ClassesOfInventoriesAxis to
InventoriesMember" use="optional" priority="0" order="1.0"x
link: from="ClassesOfInventoriesAxis" xlink: to="Inventories
Member"/>（从轴到汇总域 1）
    <link: definitionArc xlink: type="arc"
xlink: arcrole="http: //xbrl.org/int/dim/arcrole/domain-member"
xlink: title="definition:  InventoriesMember to RawMaterial
Member" use="optional" priority="0" order="1.0" xlink: from=
"InventoriesMember"
xlink: to="RawMaterialMember"/>（从汇总域到子域 1）
    <link: definitionArc xlink: type="arc"
xlink: arcrole="http: //xbrl.org/int/dim/arcrole/hypercube-
dimension"
xlink: title="definition: ChangesOfInventoriesTable to
```

```
ClassesOfInventoriesAxis" use="optional" priority="0"
order="1.0" xlink: from="ChangesOfInventoriesTable" xlink:
to="ClassesOfInventoriesAxis"/>（从表元素到轴元素）
    <link: definitionArc xlink: type="arc"
xlink: arcrole="http: //xbrl.org/int/dim/arcrole/domain-member"
xlink: title="definition:  ChangesOfInventoriesLineItems to
InventoryBalance" use="optional" priority="0" order="1.0"
xlink: from="ChangesOfInventoriesLineItems" xlink: to="Inven
toryBalance"/>（从行标题到实元素 1）
    <link: definitionArc xlink: type="arc"
xlink: arcrole="http: //xbrl.org/int/dim/arcrole/domain-member"
xlink: title="definition: InventoriesMember to WorkInProcess
Member" use="optional" priority="0" order="2.0" xlink:
from="InventoriesMember"
xlink: to="WorkInProcessMember"/>（从汇总域到子域 2）
    <link: definitionArc xlink: type="arc"
xlink: arcrole="http: //xbrl.org/int/dim/arcrole/dimension-
default"
xlink: title="definition:  ClassesOfInventoriesAxis to Inven
toriesMember_2" use="optional" priority="0" order="2.0" xli
nk: from="ClassesOfInventoriesAxis" xlink: to="InventoriesMe
mber_2"/>（从轴到汇总域 2）
    <link: definitionArc xlink: type="arc"
xlink: arcrole="http: //xbrl.org/int/dim/arcrole/domain-member"
xlink: title="definition: ChangesOfInventoriesLineItems to
ProvisionForImpairmentOfInventory" use="optional" priority=
"0" order="2.0"
xlink: from="ChangesOfInventoriesLineItems"
xlink: to="ProvisionForImpairmentOfInventory"/>（从行标题到实
元素 2）
    <link: definitionArc xlink: type="arc"
xlink: arcrole="http: //xbrl.org/int/dim/arcrole/domain-member"
xlink: title="definition: InventoriesMember to FinishedGoods
Member" use="optional" priority="0" order="3.0" （子域 3）
xlink: from="InventoriesMember"
```

```
xlink: to="FinishedGoodsMember"/>
   <link: definitionArc xlink: type="arc"
xlink: arcrole="http: //xbrl.org/int/dim/arcrole/all" xlink:
title="definition: ChangesOfInventoriesAbstract to Changes
OfInventoriesTable"use="optional" priority="0" order="3.0"
xlink: from="ChangesOfInventoriesAbstract"
xlink: to="ChangesOfInventoriesTable" xbrldt: contextElement="
scenario"xbrldt: closed="true"/>
   <link: definitionArc xlink: type="arc"
xlink: arcrole="http: //xbrl.org/int/dim/arcrole/domain-member"
xlink: title="definition: ChangesOfInventoriesLineItems to I
nventories" use="optional"priority="0" order="3.0"
xlink: from="ChangesOfInventoriesLineItems"xlink: to="Invent
ories"/>
   <link: definitionArc xlink: type="arc"
xlink: arcrole="http: //xbrl.org/int/dim/arcrole/domain-member"
xlink: title="definition:  ChangesOfInventoriesAbstract to
ChangesOfInventoriesLineItems" use="optional" priority="0"
order="4.0" xlink: from="ChangesOfInventoriesAbstract"
xlink: to="ChangesOfInventoriesLineItems"/>
   <link: definitionArc xlink: type="arc"
xlink: arcrole="http: //xbrl.org/int/dim/arcrole/domain-member"
xlink: title="definition: InventoriesMember to OtherInventor
iesMember" use="optional" priority="0" order="8.0"  xlink:
from="InventoriesMember"
xlink: to="OtherInventoriesMember"/>
   <link: loc xlink: label="InventoryDetailsAbstract" xlink:
type="locator"
xlink: title="InventoryDetailsAbstract" xlink: href="abc 公司-
123456789012345-20141231.xsd#abc_InventoryDetailsAbstract"/>
   <link: loc xlink: label="ChangesOfInventoriesAbstract"
xlink: type="locator" xlink: title="ChangesOfInventoriesAbstr
act"
xlink: href="http: //xbrl.mof.gov.cn/taxonomy/2015-03-31/cas/
cas_core_2015-03-31.
```

```
xsd#cas_ChangesOfInventoriesAbstract"/>
    <link: loc xlink: label="ClassesOfInventoriesAxis"xlink:
type="locator"
xlink: title="ClassesOfInventoriesAxis" xlink: href="http:
//xbrl.mof.gov.cn/taxonomy/2015-03-31/cas/cas_core_2015-
03-31.
xsd#cas_ClassesOfInventoriesAxis"/>
    <link: loc xlink: label="InventoriesMember"
xlink: type="locator" xlink: title="InventoriesMember"
xlink:href="http://xbrl.mof.gov.cn/taxonomy/2015-03-31/cas/
cas_core_2015-03-31.xsd#cas_InventoriesMember"/>
    <link: loc xlink: label="RawMaterialMember"xlink: type=
"locator"
xlink: title="RawMaterialMember"
xlink: href="http: //xbrl.mof.gov.cn/taxonomy/2015-03-31/cas
/cas_core_2015-03-31.xsd#cas_RawMaterialMember"/>
    <link: loc xlink: label="WorkInProcessMember"xlink: type=
"locator"
xlink: title="WorkInProcessMember"
xlink: href="http: //xbrl.mof.gov.cn/taxonomy/2015-03-31/cas
/cas_core_2015-03-31.xsd#cas_WorkInProcessMember"/>
    <link: loc xlink: label="FinishedGoodsMember"
xlink: type="locator"
xlink: title="FinishedGoodsMember"
xlink: href="http: //xbrl.mof.gov.cn/taxonomy/2015-03-31/cas
/cas_core_2015-03-31.xsd#cas_FinishedGoodsMember"/>
    <link: loc xlink: label="OtherInventoriesMember"
xlink: type="locator"
xlink: title="OtherInventoriesMember"
xlink: href="abc 公司-123456789012345-20141231.xsd#abc_Other
InvetoriesMember"/>
    <link: loc xlink: label="InventoriesMember_2"
xlink: type="locator"xlink: title="InventoriesMember"
xlink: href="http: //xbrl.mof.gov.cn/taxonomy/2015-03-31/cas
/cas_core_2015-03-31.xsd#cas_InventoriesMember"/>
```

```
    <link: loc xlink: label="ChangesOfInventoriesTable"
xlink: type="locator" xlink: title="ChangesOfInventoriesTable"
 xlink: href="http: //xbrl.mof.gov.cn/taxonomy/2015-03-31/cas
/cas_core_2015-03-31.xsd#cas_ChangesOfInventoriesTable"/>
    <link: loc xlink: label="ChangesOfInventoriesLineItems"
xlink: type="locator" xlink: title="ChangesOfInventoriesLine
Items"
xlink: href="http: //xbrl.mof.gov.cn/taxonomy/2015-03-31/cas/
cas_core_2015-03-31.xsd#cas_ChangesOfInventoriesLineItems"/>
    <link: loc xlink: label="InventoryBalance"
xlink: type="locator"
xlink: title="InventoryBalance"
xlink: href="http: //xbrl.mof.gov.cn/taxonomy/2015-03-31/cas
/cas_core_2015-03-31.xsd#cas_InventoryBalance"/>
    <link: loc xlink: label="ProvisionForImpairmentOfInventory"
xlink: type="locator" xlink: title="ProvisionForImpairmentOf
Inventory"
xlink: href="http: //xbrl.mof.gov.cn/taxonomy/2015-03-31/cas
/cas_core_2015-03-31.xsd#cas_ProvisionForImpairmentOfInven
tory"/>
    <link: loc xlink: label="Inventories" xlink: type="locator"
xlink: title="Inventories"
xlink: href="http: //xbrl.ifrs.org/taxonomy/2014-03-05/full_
ifrs/full_ifrs-cor_2014-03-05.xsd#ifrs-full_Inventories"/>
  </link: definitionLink>
</link: linkbase>
```

2.6 计算链接库代码

****

这段代码构建所有 ELR 实元素间同期的加减关系，本案例没有涉及计算关系，直接列示文件头的固定结构代码。

****

```
<?xml version="1.0" encoding="utf-8"?><link: linkbase
```

```
xmlns: xsi="http: //www.w3.org/2001/XMLSchema-instance"
xsi: schemaLocation="http: //www.xbrl.org/2003/linkbase
http: //www.xbrl.org/2003/xbrl-linkbase-2003-12-31.xsd"
xmlns: link="http: //www.xbrl.org/2003/linkbase"
xmlns: xlink="http: //www.w3.org/1999/xlink"
xmlns: xbrli="http: //www.xbrl.org/2003/instance"></link:
linkbase>
```

2.7　实例文档文件代码

2.7.1　工具软件展示的存货模块实例文档效果

工具软件展示的存货模块实例文档效果见图 2-3。

	存货 [member]				
	原材料 [member]	在产品 [member]	库存商品 [member]	其他存货 [member]	
存货增减变动 [abstract]					
存货增减变动 [line items]					
存货账面余额	15,000.00	22,000.00	38,000.00	49,000.00	124,000.00
存货跌价准备	5,000.00	2,000.00	8,000.00	9,000.00	24,000.00
存货期末账面价值	10,000.00	20,000.00	30,000.00	40,000.00	100,000.00

图 2-3　XBRL 工具软件展示的存货 ELR 实例文档效果

2.7.2　实例文档代码

****
存货附注中的每个数字都要具有时间、币种、精度、小数位等属性。
****

```
<?xml version="1.0" encoding="UTF-8"?>
- <xbrli: xbrl xmlns: xsi="http: //www.w3.org/2001/XMLSchema
-instance"
xsi: schemaLocation="http: //xbrl.org/2006/xbrldi
http: //www.xbrl.org/2006/xbrldi-2006.xsd"
xmlns: iso4217="http: //www.xbrl.org/2003/iso4217"
```

```
xmlns: xbrldi="http: //xbrl.org/2006/xbrldi"
xmlns: xsd="http: //www.w3.org/2001/XMLSchema"
xmlns: link="http: //www.xbrl.org/2003/linkbase"
xmlns: xbrli="http: //www.xbrl.org/2003/instance"
xmlns: xlink="http: //www.w3.org/1999/xlink"
xmlns: abc="http: //www.abc.com/cas/2014-12-31"
xmlns: cas="http: //xbrl.mof.gov.cn/taxonomy/2015-03-31/cas"
xmlns: num="http: //www.xbrl.org/dtr/type/numeric"
xmlns: nonnum="http: //www.xbrl.org/dtr/type/non-numeric"
xmlns: xbrldt="http: //xbrl.org/2005/xbrldt"
xmlns: negated="http: //www.xbrl.org/2009/role/negated"
xmlns: xl="http: //www.xbrl.org/2003/XLink"
xmlns: info="http: //xbrl.iasb.org/info"
xmlns: net="http: //www.xbrl.org/2009/role/net"
xmlns: ifrs-full="http: //xbrl.ifrs.org/taxonomy/2014-03-05/
ifrs-full">
  <link: schemaRef xlink: href="
http: //www.abc.com/abc-123456789012345-20141231.xsd" xlink:
type="simple" />
- <xbrli: context id="FY2015e_RawMaterialMember">（上下文 1）
- <xbrli: entity>
  <xbrli: identifier
scheme="http: //www.saic.gov.cn/">123456789012345</xbrli: id
entifier>
  </xbrli: entity>
- <xbrli: period>
  <xbrli: instant>2015-12-31</xbrli: instant>
  </xbrli: period>
- <xbrli: scenario>
  <xbrldi: explicitMember
dimension="cas: ClassesOfInventoriesAxis">cas: RawMaterialMe
mber</xbrldi: explicitMember>
  </xbrli: scenario>
  </xbrli: context>
- <xbrli: context id="FY2015e_WorkInProcessMember">（上下文 2）
```

```
- <xbrli: entity>
  <xbrli: identifier
scheme="http: //www.saic.gov.cn/">123456789012345</xbrli: id
entifier>
  </xbrli: entity>
- <xbrli: period>
  <xbrli: instant>2015-12-31</xbrli: instant>
  </xbrli: period>
- <xbrli: scenario>
  <xbrldi: explicitMember
dimension="cas: ClassesOfInventoriesAxis">cas: WorkInProcess
Member</xbrldi: explicitMember>
  </xbrli: scenario>
  </xbrli: context>
- <xbrli: context id="FY2015e_FinishedGoodsMember">(上下文 3)
- <xbrli: entity>
  <xbrli: identifier
scheme="http: //www.saic.gov.cn/">123456789012345</xbrli: id
entifier>
  </xbrli: entity>
- <xbrli: period>
  <xbrli: instant>2015-12-31</xbrli: instant>
  </xbrli: period>
- <xbrli: scenario>
  <xbrldi: explicitMember
dimension="cas: ClassesOfInventoriesAxis">cas: FinishedGoods
Member</xbrldi: explicitMember>
  </xbrli: scenario>
  </xbrli: context>
- <xbrli: context id="FY2015e_OtherInvetoriesMember">(上下文 4)
- <xbrli: entity>
  <xbrli: identifier
scheme="http: //www.saic.gov.cn/">123456789012345</xbrli: id
entifier>
  </xbrli: entity>
```

```
- <xbrli：period>
  <xbrli：instant>2015-12-31</xbrli：instant>
  </xbrli：period>
- <xbrli：scenario>
  <xbrldi：explicitMember
dimension="cas：ClassesOfInventoriesAxis">abc：OtherInvetori
esMember</xbrldi：explicitMember>
  </xbrli：scenario>
  </xbrli：context>
- <xbrli：context id="FY2015e">
- <xbrli：entity>
  <xbrli：identifier
scheme="http：//www.saic.gov.cn/">123456789012345</xbrli：id
entifier>
  </xbrli：entity>
- <xbrli：period>
  <xbrli：instant>2015-12-31</xbrli：instant>
  </xbrli：period>
  </xbrli：context>
- <xbrli：unit id="CNY">
  <xbrli：measure>iso4217：CNY</xbrli：measure>（货币单位）
  </xbrli：unit>
  <cas：InventoryBalance contextRef="FY2015e_RawMaterialMem
ber" decimals="2"（小数点后位数）
unitRef="CNY">15000</cas：InventoryBalance>（赋值）
  <cas：InventoryBalance contextRef="FY2015e_WorkInProcess
Member" decimals="2"
unitRef="CNY">22000</cas：InventoryBalance>（赋值）
  <cas：InventoryBalance contextRef="FY2015e_FinishedGoods
Member" decimals="2"
unitRef="CNY">38000</cas：InventoryBalance>（赋值）
  <cas：InventoryBalance contextRef="FY2015e_OtherInvetories
Member" decimals="2"
unitRef="CNY">49000</cas：InventoryBalance>（赋值）
  <cas：ProvisionForImpairmentOfInventory contextRef="FY2015e
```

```
_RawMaterialMember" decimals="2"
unitRef="CNY">5000</cas: ProvisionForImpairmentOfInventory>（赋值）
  <cas: ProvisionForImpairmentOfInventory
contextRef="FY2015e_WorkInProcessMember" decimals="2"
unitRef="CNY">2000</cas: ProvisionForImpairmentOfInventory>（赋值）
  <cas: ProvisionForImpairmentOfInventory
contextRef="FY2015e_FinishedGoodsMember" decimals="2"
unitRef="CNY">8000</cas: ProvisionForImpairmentOfInventory>（赋值）
  <cas: ProvisionForImpairmentOfInventory
contextRef="FY2015e_OtherInvetoriesMember" decimals="2"
unitRef="CNY">9000</cas: ProvisionForImpairmentOfInventory>（赋值）
  <ifrs-full: Inventories contextRef="FY2015e_RawMaterial
Member" decimals="2"
unitRef="CNY">10000</ifrs-full: Inventories>（赋值）
  <ifrs-full: Inventories contextRef="FY2015e_WorkInProcess
Member" decimals="2"
unitRef="CNY">20000</ifrs-full: Inventories>（赋值）
  <ifrs-full: Inventories contextRef="FY2015e_FinishedGoods
Member" decimals="2"
unitRef="CNY">30000</ifrs-full: Inventories>（赋值）
  <ifrs-full: Inventories contextRef="FY2015e_OtherInvetories
Member" decimals="2"
unitRef="CNY">40000</ifrs-full: Inventories>（赋值）
  <cas: InventoryBalance contextRef="FY2015e" decimals="2"
unitRef="CNY">124000.00</cas: InventoryBalance>（赋值）
  <cas: ProvisionForImpairmentOfInventory contextRef="FY2015e"
 decimals="2"
unitRef="CNY">24000.00</cas: ProvisionForImpairmentOf
Inventory>（赋值）
  <ifrs-full: Inventories contextRef="FY2015e" decimals="2"
unitRef="CNY">100000.00</ifrs-full: Inventories>（赋值）
  </xbrli: xbrl>
```

第 3 章　我国企业会计准则通用分类标准

3.1　通用分类标准概述

企业会计准则通用分类标准（以下简称通用分类标准），由财政部根据《中华人民共和国会计法》、企业会计准则和国家标准化管理委员会发布的《可扩展商业报告语言（XBRL）技术规范》（GB/T 25500—2010）系列国家标准（以下简称 XBRL 技术规范国标）制定，反映了企业会计准则对企业财务报告的编制和列报要求，规范企业 XBRL 格式财务报告的编制，以确保企业 XBRL 格式财务报告的质量和可比性，未来将随着企业会计准则的修订进行修改和维护。通用分类标准是企业会计准则的重要组成部分，是国家统一的电子格式财务报告标准，可根据监管需要和行业或企业财务报告的需要进行扩展。

3.1.1　通用分类标准的作用

从理论上讲，报告企业可以采用前述的 XBRL 技术规范直接创建适于本企业的 XBRL 财务报告分类标准，并以此作为规则，标记其财务报告数据以定期生成实例文档并向信息需求者报送。然而很多国家的应用实践表明，上述方法仅在理论上具备可行性，若由企业完全自主创建个性化的分类标准而缺乏全国统一的分类标准，在实务中很可能造成困难甚至混乱。正如“XBRL 之父”查尔斯·霍夫曼指出，在 XBRL 领域制定技术规范并不困难，真正的困难是制定具体 XBRL 实施项目所适用的分类标准。因此，财政部制定通用分类标准主要基于以下三个方面考虑。

1. 减轻报告企业的报送负担

XBRL 是一门新兴技术，如果要求每家报告企业都自行编制完整的财务报告分类标准，企业的报送负担太重，并可能对实施效果形成一定影响，因此财政部将企业 XBRL 格式财务报告业务规则中企业会计准则所对应的共性部分提取出来，制定并发布国家统一的分类标准，企业在通用分类标准基础上创建企业扩展分类标准，将企业财务报告中其他个性化的业务语义用企业扩展分类标准所包含的

XBRL 业务规则来表达，其报送负担将大为减轻。

2. 提升会计准则 XBRL 语义表达的一致性

如果没有统一的分类标准，往往会造成实施企业各自为政，总体 XBRL 信息可比性降低。如美国证券交易委员会曾在 2007 年要求美国上市公司自愿报送 XBRL 格式财务报告的时候，没有提供统一的会计准则分类标准而是要求企业完全自行创建，结果导致报送企业所使用的具体 XBRL 建模方法差别太大，造成政策执行效果不理想。据此，各国达成一致，在实施 XBRL 的进程中，相关部门一般会发布官方分类标准提供给企业，以增强 XBRL 信息的一致性和可比性。

3. 约束 XBRL 技术的过度灵活性

XBRL 技术规范国标是对 XML 进行约束和约定形成的，但由于 XBRL 不仅服务于企业财务报告，还可用于其他类型的企业对内对外报告，因此仍是一种高度灵活的计算机语言，可通过多种不同方式实现对同一语义的表达。即在不同企业编制的 XBRL 格式的报告中，对于表达相同的企业会计准则规定可能存在多种符合 XBRL 技术规范国标的不同方法。因此从 XBRL 财务报告的需要出发，通用分类标准对 XBRL 技术的过度灵活性作出进一步选择和约束。例如，对于财务报告中的表格，XBRL 技术规范国标提供了“元组”和“维度”两种建模方法，根据财务报告的结构特点和财会人员的理解习惯，通用分类标准选择了更适合财务报告表达所需要的“维度”方法，未使用“元组”方法。

3.1.2　通用分类标准与相关规范的关系

通用分类标准和其他各种 XBRL 规范之间的关系大致如图 3-1 所示。

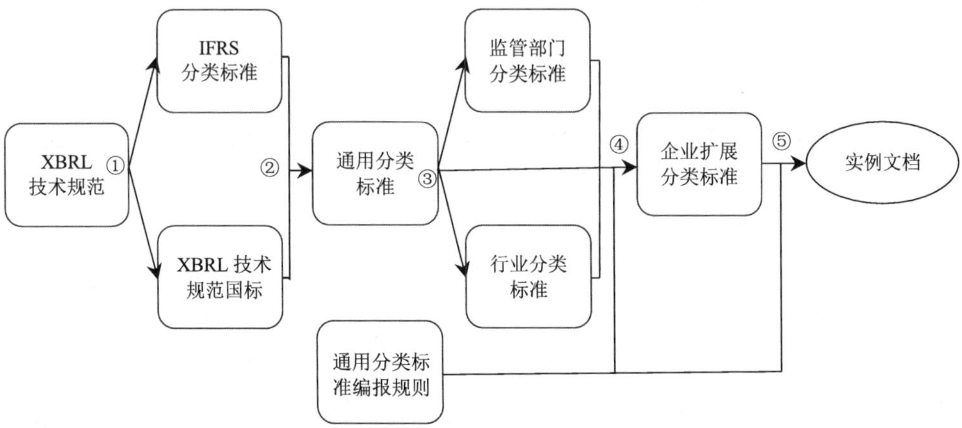

图 3-1　各种 XBRL 规范关系图

对图 3-1 中涉及的基本概念和对应关系解释如下几点。

（1）《XBRL 技术规范》是全球 XBRL 业界的基础规范，是其他各种分类标准的起始依据。国际财务报告准则通用分类标准和我国的 XBRL 技术规范国标都是以其为依据制定的。

（2）国际会计准则委员会依据 XBRL 技术规范制定《IFRS 分类标准》；国家标准化管理委员会依据 XBRL 技术规范制定符合中国国情的《XBRL 技术规范国标》。

（3）依据《IFRS 分类标准》和《XBRL 技术规范国标》，财政部制定了《企业会计准则通用分类标准》，为后面的行业标准、监管部门标准和企业扩展分类标准奠定了基础。

《通用分类标准编报规则》是财政部颁发的规定企业运用《通用分类标准》创建扩展分类标准和实例文档的约定、指引和方法的配套规则。《通用分类标准编报规则》必须根据 XBRL 分类标准的变化而进行修订。财政部于 2011 年 5 月颁发了第一套编报规则。2013 年 5 月 29 日，财政部根据需要，修订了第一套编报规则，推出了第二套编报规则。2013 年版编报规则分总则、一般性技术原则、企业扩展分类标准模式文件规则、企业扩展分类标准链接库文件规则、实例文档规则，共计 5 章 30 条。

依据通用分类标准，财政部在 2011 年 12 月制定了《石油和天然气行业扩展分类标准》； 2012 年 12 月，财政部联合银监会制定了《银行业扩展分类标准》。

（4）企业扩展分类标准是由企业严格按照《企业会计准则通用分类标准》《石油和天然气行业扩展分类标准》《银行业扩展分类标准》及《通用分类标准编报规则》制定的适合企业个性化需求的个别分类标准，只能适用于企业自身。可以理解为企业 XBRL 财务报告的“数据结构和框架”。

（5）实例文档是企业依据企业扩展分类标准和《通用分类标准编报规则》填报的 XBRL 格式的财务报告。可以理解为企业是 XBRL 财务报告的具体“数值”。

3.1.3 我国已颁发的基于XBRL的分类标准及编报规则

从 2010 年起，以财政部为主体，其他行业协助参与，我国陆续颁布的 XBRL 国家标准、行业标准、编报规则详见表 3-1。

表 3-1 我国的 XBRL 标准及规则一览表

标准名称	颁布时间和部门	范围
《企业会计准则通用分类标准编报规则》	2010 年版和 2015 年版，财政部	大型国资企业、地方央企
《企业会计准则通用分类标准编报规则》	2013 年版和 2015 年版，财政部	所有实施企业会计准则通用分类标准的企业
《石油和天然气行业扩展分类标准》	2011 年 12 月版，财政部	中国石油天然气股份有限公司、中国石油化工股份有限公司和中国海洋石油股份有限公司

续表

标准名称	颁布时间和部门	范围
《银行业扩展分类标准》	2012 年 12 月版，财政部和银监会	有关银行业金融机构
《国资委财务监管报表 XBRL 扩展分类标准》	2014 年 8 月版，财政部和国资委	中央企业试点实施，鼓励非试点中央企业和地方国有企业积极参与

3.2　通用分类标准的具体内容

通用分类标准的内容主要包括核心模式文件、ELR、元素和链接库文件，也是通用分类标准按照逻辑结构的组成。逻辑结构是以 XBRL 技术视角对传统财务报告进行分解，再按照 XBRL 财务报告的需要重新组织起来的一种结构。逻辑结构是计算机能够解析通用分类标准所标记的 XBRL 格式财务报告实例文档的关键，实施通用分类标准，必须首先深入地了解其逻辑结构，以便遵循相同方法和结构创建企业扩展分类标准，并规范合理地标记该企业财务报告信息。从逻辑结构来看，通用分类标准建模所用到的构成要素包括 2845 个元素、196 个扩展链接角色及相关的链接库等。通用分类标准定义了 XBRL 格式财务报告所需的元素及其属性，通过扩展链接角色，按照企业会计准则的规定和企业财务报告需要组织这些元素，并通过各种链接库定义了元素间的关系。下文从构成要素介绍通用分类标准的逻辑结构。

3.2.1　模式文件

模式文件是定义分类标准中元素的和扩展链接角色等基础数据的文件，其文件后缀为“.xsd”。通用分类标准中涉及的模式文件主要包括以下 4 类。

（1）核心模式文件。通用分类标准中根据企业会计准则确定的所有元素都在同一个模式文件 cas_core_yyyy-mm-dd.xsd 中定义，该文件称为核心模式文件。此外，由于通用分类标准与国际财务报告准则分类标准架构趋同，本版通用分类标准装载了国际财务报告准则分类标准 2010 版的核心模式文件 ifrs-cor_2010-04-30.xsd。

（2）扩展链接角色模式文件 rol_cas_1_2010-09-30.xsd。

（3）公示模式文件 for_cas_2010-09-30.xsd。

（4）入口文件 cas_entry_point_2010-09-30.xsd（就是通用分类标准的入口模式文件）。

3.2.2　扩展链接角色

1. 扩展链接角色的定义

通用分类标准在逻辑设计上将财务信息关系分组，每组关系被视为一个整体进行处理。扩展链接角色是一组可被视为一个整体进行处理的财务信息关系的标识符。通用分类标准将财务信息关系按照披露表格分成若干扩展链接角色，每个扩展链接角色对应一个或几个同类别的财务报表或附注表格，每项企业会计准则的披露要求对应一个或几个扩展链接角色。例如，资产负债表可被视为一个扩展链接角色，当期存货增减变动也可被视为一个扩展链接角色。

2. 扩展链接角色的作用

在通用分类标准中每个扩展链接角色都可以按照企业会计准则的要求和企业财务报告的实际需要，将存放在核心模式文件中的元素组织起来，进而借助元素及链接库文件中的链接关系，标记财务报告信息。企业对财务报告信息进行 XBRL 标记工作的起点是识别和确定企业财务报告中所包含的扩展链接角色，即财务报告信息中的关系组或模块。在 XBRL 应用实务中，扩展链接角色是一种方便 XBRL 应用于财务报告领域的设计，各种 XBRL 工具软件一般都支持通用分类标准中的扩展链接角色，用 XBRL 工具软件打开通用分类标准后看到的部分扩展连接角色如图 3-2 所示。

ID	路径	定义
RT_801110	http://xbrl.mof.gov.cn/role/cas/cas_1_2015-03-31_role-801110	[801110] Notes - Inventories (Commercial and industrial entity)
RT_801120	http://xbrl.mof.gov.cn/role/cas/cas_1_2015-03-31_role-801120	[801120] Notes - Inventories (Real estate)
RT_802100	http://xbrl.mof.gov.cn/role/cas/cas_2_2015-03-31_role-802100	[802100] Notes - Long-term equity investments
RT_803100	http://xbrl.mof.gov.cn/role/cas/cas_3_2015-03-31_role-803100	[803100] Notes - Investment properties
RT_804100	http://xbrl.mof.gov.cn/role/cas/cas_4_2015-03-31_role-804100	[804100] Notes - Fixed assets
RT_805100	http://xbrl.mof.gov.cn/role/cas/cas_5_2015-03-31_role-805100	[805100] Notes - Bearer biological assets and public welfare biological assets
RT_806100	http://xbrl.mof.gov.cn/role/cas/cas_6_2015-03-31_role-806100	[806100] Notes - Intangible assets
RT_807100	http://xbrl.mof.gov.cn/role/cas/cas_7_2015-03-31_role-807100	[807100] Notes - Exchange of non-monetary assets
RT_808110	http://xbrl.mof.gov.cn/role/cas/cas_8_2015-03-31_role-808110	[808110] Notes - Provision for asset impairment
RT_808120	http://xbrl.mof.gov.cn/role/cas/cas_8_2015-03-31_role-808120	[808120] Notes - Impairment loss of assets
RT_809100	http://xbrl.mof.gov.cn/role/cas/cas_9_2015-03-31_role-809100	[809100] Notes - Employee benefits payable (part 1)
RT_809200	http://xbrl.mof.gov.cn/role/cas/cas_9_2015-03-31_role-809200	[809200] Notes - Employee benefits payable (part 2)
RT_710100	http://xbrl.mof.gov.cn/role/cas/cas_10_2015-03-31_role-710100	[710100] Balance sheet
RT_710110	http://xbrl.mof.gov.cn/role/cas/cas_10_2015-03-31_role-710110	[710110] Enterprise annuity fund
RT_710120	http://xbrl.mof.gov.cn/role/cas/cas_10_2015-03-31_role-710120	[710120] Notes - Enterprise Annuity Fund
RT_811100	http://xbrl.mof.gov.cn/role/cas/cas_11_2015-03-31_role-811100	[811100] Notes - Share-based payments
RT_812100	http://xbrl.mof.gov.cn/role/cas/cas_12_2015-03-31_role-812100	[812100] Notes - Debt restructuring
RT_813100	http://xbrl.mof.gov.cn/role/cas/cas_13_2015-03-31_role-813100	[813100] Notes - Contingencies and commitments
RT_814100	http://xbrl.mof.gov.cn/role/cas/cas_14_2015-03-31_role-814100	[814100] Notes - Revenue
RT_815100	http://xbrl.mof.gov.cn/role/cas/cas_15_2015-03-31_role-815100	[815100] Notes - Construction contracts
RT_816100	http://xbrl.mof.gov.cn/role/cas/cas_16_2015-03-31_role-816100	[816100] Notes - Government grants
RT_817100	http://xbrl.mof.gov.cn/role/cas/cas_17_2015-03-31_role-817100	[817100] Notes - Borrowing costs
RT_818200	http://xbrl.mof.gov.cn/role/cas/cas_18_2015-03-31_role-818200	[818200] Notes - Income taxes
RT_819100	http://xbrl.mof.gov.cn/role/cas/cas_19_2015-03-31_role-819100	[819100] Notes - Foreign currency translation
RT_820100	http://xbrl.mof.gov.cn/role/cas/cas_20_2015-03-31_role-820100	[820100] Notes - Business combinations
RT_821100	http://xbrl.mof.gov.cn/role/cas/cas_21_2015-03-31_role-821100	[821100] Notes - Lease
RT_826100	http://xbrl.mof.gov.cn/role/cas/cas_26_2015-03-31_role-826100	[826100] Notes - Consolidated financial statements

图 3-2　XBRL 中的 ELR 示意图

3. 扩展链接角色的编码

在设计扩展链接角色时，通用分类标准按照企业会计准则所规范的内容，给每个扩展链接角色定义了一个 6 位编码，以便计算机识别。财务报表的一般信息、资产负债表、利润表、现金流量表、所有者权益变动表所对应的扩展链接角色的编码第一位分别是 1、2、3、4、5，企业年金基金第一位为 7，附注第一位为 8；第二、三位为相关准则编号，如有多个准则相关，《企业会计准则第 30 号——财务报表列报》优先；第四、五位跳码编号；合并财务报表；第六位为 0，个别财务报表第六位为 5。在通用分类标准中，每个通用维度都对应一个扩展链接角色。其编码规则与其他扩展链接角色不同。通用维度扩展链接角色编码第一位为 9；第二、三位为跳码编号；第四、五、六位为 0。扩展链接角色的统一资源标识符（uniform resource identifier，URI）的定义遵循以下模式。

http：//xbrl.mof.gov.cn/role/cas/cas_{"数字"}_yyyy-mm-dd_role-{"XXXXXX"}

其中，数字表示该扩展链接角色对应的具体会计准则编号，yyyy-mm-dd 表示通用分类标准日期，XXXXXX 表示扩展链接角色的 6 位编码。例如，“财务报表附注——固定资产”的扩展链接角色的统一资源标识符为：

http：//xbrl.mof.gov.cn/role/cas/cas_4_2010-09-30_role-804100

4. 通用维度扩展链接角色

在通用分类标准的 196 个扩展链接角色中，有三个较为特殊。它们是三个通用维度扩展链接角色：[901000]维度_追溯应用和追溯重述、[902000]维度_创建日期及 [904000]维度_合并和个别财务报表。维度是通用分类标准广泛应用的一种建模方法。通用分类标准的很多扩展链接角色中都使用了维度，通用维度扩展链接角色就是专门用来放置通用维度的扩展链接角色。与其他扩展链接角色不同，通用维度扩展链接角色建立的是跨越具体扩展，链接角色的 XBRL 格式财务报告架构，通常隐藏在整个财务报告结构中，难以在财务报告的具体部分中明确其对应的内容。通用维度和通用维度扩展链接角色可以大量减少需要定义的元素数量。例如，合并和个别财务报表通用维度使每个元素均可被分别赋予母公司财务报表数值和合并财务报表数值，而不必多定义近一倍数量的元素。通用维度扩展链接角色的编码规则与其他扩展的角色不同，编码第一位为 9，第二、三位为跳码编号，第四、五、六位为 0。

3.2.3　元素

1. 元素的分类

按照不同的分类方法，通用分类标准中的元素主要有三种分类方法，见表 3-2。

表 3-2　通用分类标准元素分类（以 2015 年版的 5013 个元素为例）

按照元素种类划分为三类	按照是否可以被赋予事实值分为 2 类	按照来源分为 2 类
（1）数据项（Item）4 659 个 （2）超立方体项型（hypercubleItemType）193 个 （3）维度项型（dimensionItemType）161 个	（1）实元素 2 889 个 （2）虚元素 2 124 个	（1）通用分类标准定义的元素 4 378 个 （2）引用国际财务报告准则分类标准的元素 635 个

注：统计数据包含通用分类标准，石油天然气行业分类标准及银行业

在用于编制企业财务报告实例文档时，通用分类标准中大部分元素可被赋予事实值，因此称之为“实元素”；另一部分元素没有被赋予事实值，其作用是组织实元素间的关系，因此称之为“虚元素”。下面列举了通用分类标准中部分重要虚元素的用法。

1）抽象元素

抽象（abstract）元素用于组织列报链接库中元素的展示层级。所有的抽象元素的“abstract”属性都应设为“true”。

2）域成员元素

域成员（member）元素的“abstract”类型应设为“true”，时期类型为“duration”，元素的数据项类型为“domainItemType”（域项目型）。

3）轴元素和表元素

轴（axis）元素和表（table）元素的“substitutionGroup”（替换组）。属性与其他元素不同，分别是“dimensionItemType”和“hypercubeItemType”。为满足不同企业的财务报告需求，通用分类标准定义了多种表元素，并在其下设置了与之相配的轴元素。报告企业应为每项或每组轴元素设置一个表元素，并将每项表元素置于单独的扩展链接角色下。一组表元素和轴元素也可应用在多个扩展链接角色的行项目（lineitems）中。表元素的“substitutionGroup”属性是“hypercubleItemType”，轴元素的“substitutionGroup”属性是“dimensionItemType”。它们的元素数据项类型都是“stringItemType”（字符串型），时期类型都是“duration”（期间型）。

2. 元素名称

元素名称（element name）的确定应遵循“驼峰规则”（Camel Case），以英文命名。例如，“应收账款”的英文标准标签是“Account receivables”，元素名称应该是“AccountReceivables”。

3. 元素的数据类型

根据在 XBRL 格式财务报告实例文档中的具体用途，通用分类标准中的元素被规定有不同的数据类型。数据类型也是元素的属性之一，包含在核心模式文件对元素的定义中（表 3-3）。

表 3-3　通用分类标准元素类型表

数据类型	英文名称	数量			数据类型举例
		通用	石油天然气	银行业	
货币型	monetaryItemType	2 045	52	293	应收账款
字符串型	stringItemType	1 349	43	139	存货减值准备的计提说明
域成员型	domainItemType	480	7	106	固定资产[member]
文本块型	textBlockItemType	289	5	41	税项信息披露
百分比型	percentItemType	111	2	7	应付账款占应付账款总额比例
小数型	decimalItemType	12	0	0	生产性生物资产和公益性生物资产实物数量
日期型	dateItemType	13	0	0	一年内到期的应付债券发行日
纯数型	pureItemType	6	1	0	汇率
股份型	ShareItemType	9	0	0	发行权益性证券作为支付对价的股份
元/每型	PerShareItemType	3	0	0	基本每股收益
合计		4 317	110	586	共计 5 013 个

表 3-3 展示了通用分类标准中使用的元素数据类型。对于大多数企业来说，扩展时最常用的数据类型是货币型和字符串型。

4. 元素的常用属性

XBRL 中定义一个元素需要表 3-4 中的 9 段 XBRL 代码，其中的抽象、置空、借贷属性是可选项，其余几种属性是必选项。

表 3-4　通用分类标准元素“应收账款”及其属性

元素 XBRL 代码	解　释
<xsd: element	元素声明（固定用法）
name="AccountReceivables"	名称属性值
id="cas_AccountReceivables"	标识符属性值
type="xbrli: monetaryItemType"	类型属性值
substitutionGroup="xbrli: item"	替换组属性值
abstract="false"	抽象属性值

续表

元素 XBRL 代码	解　释
nillable="true"	置空属性
xbrli：balance="debit"	借贷属性值
xbrli：periodType="instant"/>	期间属性值

5. 元素标签及后缀

在通用分类标准中，同一个元素可以有多个标签，以适应其在财务报告不同位置展示的需要。通用分类标准中的元素应至少有中英文标签各一个，一般来说，长度长于标准标签的标签称为长标签，短于标准标签的标签称为短标签。为便于使用，一些特定元素的标签还必须增加某些后缀，直接表示元素的某些属性，通用分类标准规定了非常严格的元素标签后缀，便于通用分类标准实施和 XBRL 格式财务报告使用过程中相关人员直接阅读。元素标准标签后缀的具体规则见表 3-5。

表 3-5　元素标准标签后缀

标准标签后缀	使用范围
[abstract]	所有抽象元素的标准标签后缀
[text block]	所有文本块类型元素维度表的轴元素的标准标签后缀
[axis]	所有替换组属性是维度项的元素的标准标签后缀
[table]	所有替换组属性是超立方体的元素的标准标签后缀
[member]	所有域成员元素的标准标签后缀

有些工具软件会自动为这些特殊元素追加标签后缀。

6. 封装列报层级的特殊元素扩展链接角色

为确保通用分类标准链接库中列报层级的完整性和一致性，通用分类标准遵循了与国际财务报告准则分类标准相同的规则，要求每个扩展链接角色中必须包含一个封装该扩展链接角色全部内容和层级结构的元素。如果该扩展链接角色中只有文字或只有表格，通用分类标准要求该扩展链接角色必须由一个抽象元素来封装，其元素标准标签为“……信息披露[abstract]”。如果该扩展链接角色中既有文字又有表格，则该扩展链接角色必须由一个元素名称后缀为“escapedItemType”的文本块元素来封装，其元素标准标签为“……信息披露[text block]”。

3.2.4　通用分类标准的链接库

链接库是用来定义元素间关系的文件。通用分类标准使用了 6 种链接库：定义链接库（Definitionlinkbase）、列报链接库（Presentation linkbase）、计算链接库（Calculation linkbase）、标签链接库（Labellinkbase）、参考链接库（Reference linkbase）和公式链接库（Formulalinkbase）。列报、定义和计算链接库根据每项具体会计准则进行建模，与参考链接库一并存放在对应的每个具体会计准则文件中。链接库文件与模式文件及实例文档等之间的关系如图 3-3 所示：核心模式文件存放元素和 ELR 信息代码，链接库文件分别用来存储各类链接库代码信息。核心模式文件和链接库文件是相辅相成、缺一不可的。

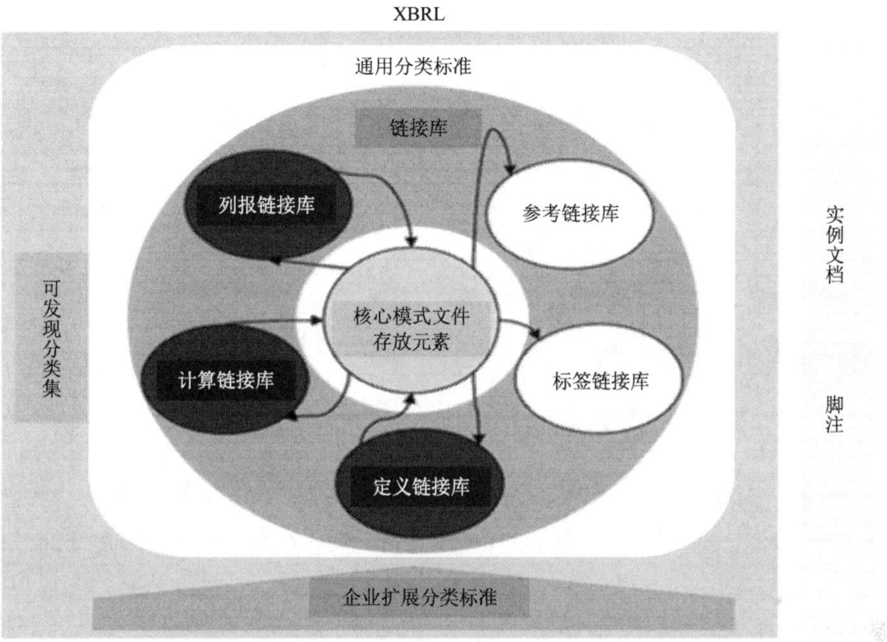

图 3-3 链接库文件与模式文件及实例文档等之间的关系

1. 定义链接库

定义链接库用来表示元素间的定义层关系，如一般与特殊、原名与别名的关系等。通用分类标准中的维度关系也在定义链接库中表达。通用分类标准中使用两种定义链接库类型。第一种用来描述非通用维度，文件名包含前缀“def_”，位于每项会计准则文件夹下。第二种用来描述通用维度，文件名包含前缀“dim_”，位于维度文件夹下。定义链接库主要用来表述维度表的面向计算机的元素结构，在很多国家，定义链接库只用来定义维度表结构。但在我国 2010 年版的通用分类标准体系下，要求定义链接库中既要定义维度表结构又要定义非维度表结构。而在 2015 年版的通用分类标准体系下，定义链接库只披露所有维度表建模的扩展链接角色。同时，二级整体披露的扩展链接角色由于不是维度表结构，也就不需要在定义链接库披露了。

在工具软件中展示的通用分类标准中的货币资金信息的定义链接库结构如图 3-4 所示。

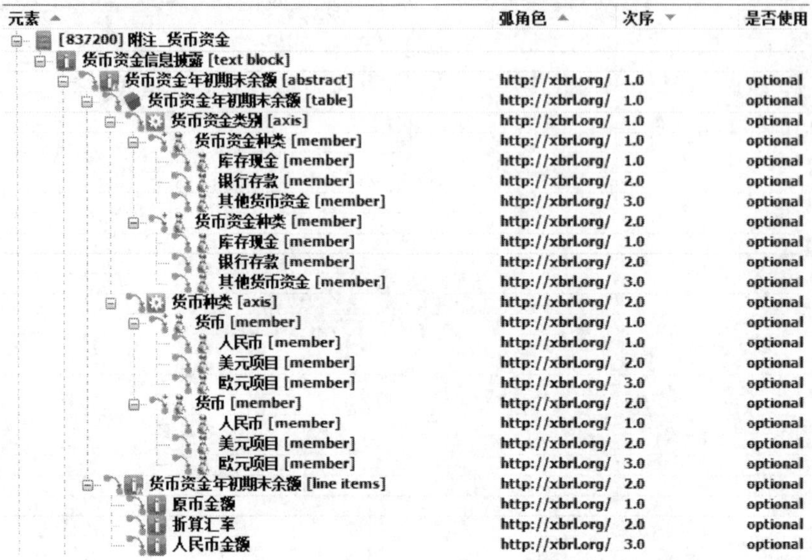

图 3-4 XBRL 工具软件展示的定义链接库结构示例

图 3-4 中的目录树结构很清晰地反映了元素的上下级关系和同级元素之间的先后顺序。此 ELR 共包含 18 个元素，其中带有英文后缀的都是结构性虚元素，虚元素是组织 ELR 结构必需的，原币金额、折算汇率、人民币金额是实元素。元素的上下级关系是：1 级根元素是“货币资金信息披露[text block]”，其下的 2 级元素是“货币资金年初期末余额[abstract]”；该 2 级元素下的 3 级元素有两个，按照先后顺序依次是“货币资金年初期末余额[table]”（顺序号 1）、“货币资金年初期末余额[line items]”（顺序号 2）；3 级元素“货币资金年初期末余额[table]”下有两个 4 级维度表轴元素，依次是“货币资金类别[axis]”（顺序号 1）、“货币种类[axis]”（顺序号 2）；3 级元素“货币资金年初期末余额[line items]”按顺序有三个 4 级实元素，依次是“原币金额”（顺序号 1）、“折算汇率”（顺序号 2）和“人民币金额”（顺序号 3）；4 级轴元素“货币资金类别[axis]”有两个同名的 5 级域成员元素“货币资金种类[member]”；4 级轴元素“货币种类[axis]”有两个同名的 5 级域成员元素“货币[member]”；5 级域成员元素“货币资金种类[member]”下有三个 6 级子域成员元素，依次是“库存现金[member]”（顺序号 1）、“银行存款[member]”（顺序号 2）和“其他货币资金[member]”（顺序号 3）；5 级域成员元素“货币[member]”下有三个 6 级子域成员元素，依次是“人民币[member]”（顺序号 1）、“美元项目[member]”（顺序号 2）和“欧元项目[member]”（顺

序号 3）。

对于后缀为[member]的域成员元素需要说明三点：第一，域成员元素也要有上下级级次；第二，每个后缀为[member]的域成员元素在定义链接库里一定要出现 2 次；第三，对于第二个上级域成员元素，需要在其“弧”角色设置中设定其弧角色为“dimension-default”（图 3-5），这是维度建模方式的结构需要，不能省略。

图 3-5　XBRL 工具软件展示的定义链接库缺省维度描述

2. 列报链接库

列报链接库用来定义元素与元素在列报结构上的层次关系和顺序关系及定义每个元素的首选标签。为了确保列报层级的一致性和元素间关系的连续性，通用分类标准遵循了与国际财务报告准则分类标准相同的规则，即在列报链接库中，确保每一个扩展链接角色中有一个抽象概念或具有后缀“explanatory”的非抽象概念作为父元素。列报链接库用来定义面向实例文档结构的元素层级顺序。和定义链接库相近，但不能等同。非维度表的列报链接库和定义链接库结构外观完全一致。维度表列报链接库的内容和定义链接库表面看来基本一致，不同之处在于域成员元素在定义链接库要出现 2 次，但在列报链接库只能出现 1 次。如果一个扩展链接角色下有多个维度表，则在定义链接库中必须把每个维度表单独放在一个扩展链接角色下定义，这就需要用到扩展链接角色代码拆分。但在列报链接库中，同一个扩展链接角色下的多个维度表可以放在一个扩展链接角色下，不必进行拆分。

列报链接库是面向“用户”的，列报链接库的结构将在实例文档编辑的时候完全展现出来。

1）维度表的列报链接库展示

在工具软件中展示的通用分类标准中的货币资金信息的列报链接库结构显示见图 3-6。

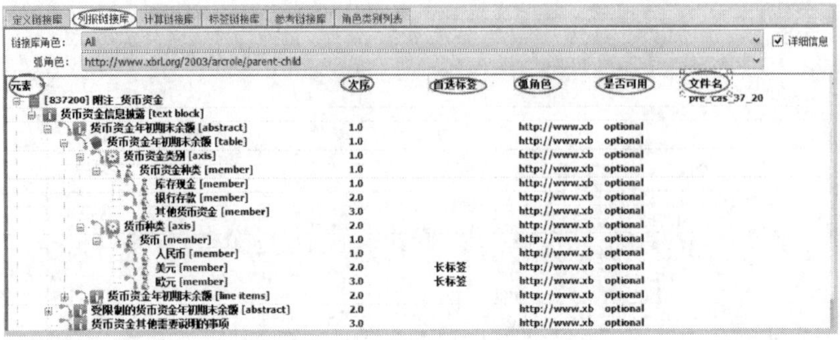

图 3-6　XBRL 工具软件展示的维度表列报链接库结构示例

需要说明的是，为保证通用分类标准的可扩展性，通用分类标准在对次序定义序号时保留一位小数，如图 3-14 中次序下的数值 1.0，2.0，3.0，…，今后如果需要在银行存款（顺序号 2.0）和其他货币资金（顺序号 3.0）之间有 2 个新的扩展元素，则其序号可以定义为 2.5、2.8 等。

2）非维度表的列报链接库展示

非维度表的列报链接库展示较为简明，图 3-7 是对角色“[208434] 附注_财务费用 ELR”的列报链接库展示效果。

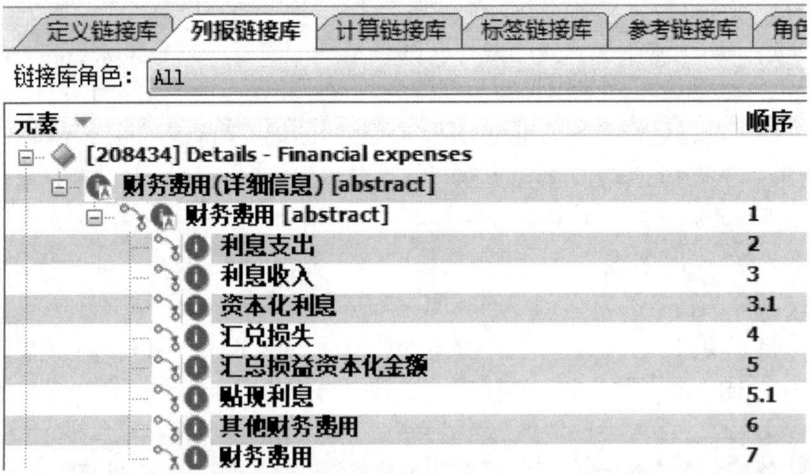

图 3-7　XBRL 工具软件展示的非维度表列报链接库结构示例

3. 计算链接库

计算链接库描述了元素间的数值计算关系。但计算链接库只能用来处理同一上下文（context）下元素的加减，如 2010 年度营业总收入与营业总成本的加减；不能处理不同上下文之间的加减，如 2009 年度营业总收入与 2010 年度营业总收入的加减。计算链接库中不应存在抽象元素，也不需要在计算链接库中设置优先标签（preferred labels）。在工具软件中展示的通用分类标准中的合并利润表的计算链接库结构见图 3-8。

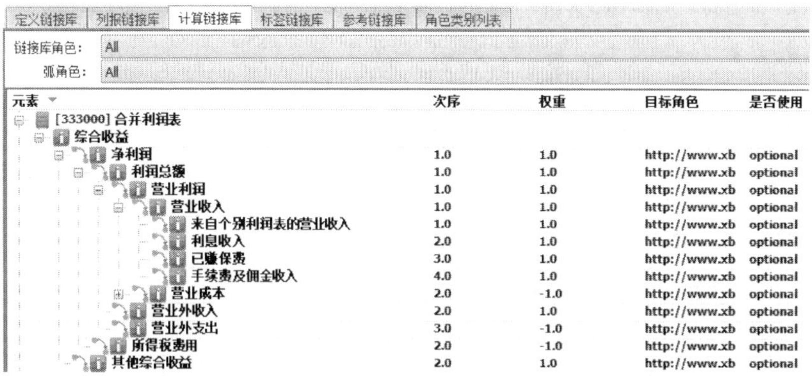

图 3-8　XBRL 工具软件展示的计算链接库结构示例

在计算链接库的主要工作是设置有计算关系的货币型实元素的层级顺序及权重关系，“1.0”表示乘以“1”，“-1.0”表示乘以“-1”。计算链接库的计算结果不是用来自动填数的，而是用来校验数据的正确性的。

4. 标签链接库

标签链接库用来表示元素及其显示名称间的对应关系，以将元素与人们更容易阅读和理解的名称联系起来。

1）标签的命名规范

通用分类标准同时使用中文、英文定义元素标签。在确定标签时，应遵循可读、简明、一致的命名规则。标签的定义都是在标签链接库里进行的，有的工具软件将标准中、英文标签的定义和元素定义放在同一界面完成。对于标签的定义要遵循以下规范。

（1）标签应当保持简洁，并符合企业会计准则和相关监管规定的要求。

（2）标签不得包括下列特殊字符：

? 、|、>、< 、:、*、+、”、;、=、.、&、!、@、#、{、}。

（3）标签可使用下列字符：

汉字、A～Z、a～z、0～9、（、）、逗号、-、’、空格、[、]、/。

（4）英文标签首字母大写，其他情况下除特别名称和缩略词外一般不可以大写，英文标签不能包含冠词“The”“An”“A”。

（5）标签开头和结尾不能为空格符，中间不得有连续空格。

（6）标签中仅与 XBRL 有关而与企业会计准则和监管规定无关的部分用“[ ]”隔开。

（7）除了超立方体项型、维度项型或域成员型元素外，其他抽象元素的标准标签应以“[abstract]”或“[line items]”结尾。

（8）元素类型为文本块型的元素，其标准标签应以“[textblock]”结尾。

（9）元素类型为域成员型的元素，其标准标签应以“[axis]”结尾。

（10）元素类型为超立方体项型的元素，其标准标签应以“[table]”结尾。

（11）元素类型为域成员型的元素，其标准标签应以“[member]”结尾。

2）标签的各种角色类型

同一个元素可能有多个不同标签，每个标签有唯一的标签角色。标签角色决定了在不同环境下对某一元素选用正确的标签。通用分类标准参考国际财务报告准则分类标准的标签角色，形成了自身的标签角色使用规则。通用分类标准使用的标签角色及说明见表 3-6。

表 3-6 标签角色及说明

标签角色	标签角色的定义来源	使用说明
标准标签	http：//www.xbrl.org/2003/role/label	元素的标准标签
期末标签	http：//www.xbrl.org/2003/role/periodEndLabel	用于表示时点类报表概念的期初值
期初标签	http：//www.xbrl.org/2003/role/periodStartLabel	用于表示时点类报表概念的期末值
合计标签	http：//www.xbrl.org/2003/role/totalLabel	用于表示合计类的报表概念
负值标签	http：//www.xbrl.org/2009/role/negatedLabel	当报表概念需要显示为负数形式时使用
合计负值标签	http：//www.xbrl.org/2009/role/negatedTotalLabel	当报表概念需要显示为合计负数形式时使用
长标签	http：//www.xbrl.org/2003/role/verboseLabel	对元素标签进行扩展时，为了准确表达标签含义而不能省略标签文字时使用
短标签	http：//www.xbrl.org/2003/role/terseLabel	在上下文环境中可以对标签词汇进行省略时使用
净值标签	http：//www.xbrl.org/2009/role/netLabel	需要表达元素净值概念时使用
期初负值标签	http：//www.xbrlorg/2003/role/neegatedperiodEndLable	当财务报表概念需要显示为负数形式的期末值时使用
期末负值标签	http：//www.xbrlorg/2003/role/negatedendLable	当财务报表概念需要显示负数形式的期末值时使用
负值短标签	http：//www.xbrlorg/2003/role/negatedTerseLabel	当财务报表概念需要显示为负数形式的短标签时使用

续表

标签角色	标签角色的定义来源	使用说明
负值净值标签	http：//www.xbrlorg/2003/role/negatedNetLable	当财务报表概念需要显示为负数形式的净值时使用
合计负值标签	http：//www.xbrlorg/2003/role/negatedTotalLable	当财务报表概念需要显示为负数形式的合计值时使用

对于列报链接库层级底部的加总元素和净值元素，报告企业应当使用“total”（合计）标签或“net”（净额）标签。“total”标签或“net”标签应当分别以“Total”“Net”或“Aggregated”开头。报告企业应当使用表 3-7 列举的“negated”标签（负标签）角色来表示负值元素。

表 3-7　“negated”标签角色用途举例

标签角色的定义来源	用途
http：//www.xbrl.org/2009/role/negatedLabel	标准负标签角色
http：//www.xbrl.org/2009/role/negatedPeriodEndLabel	期末负标签角色
http：//www.xbrl.org/2009/role/negatedPeriodStartLabel	期初负标签角色
http：//www.xbrl.org/2009/role/negatedTotalLabel	合计负标签角色
http：//www.xbrl.org/2009/role/negatedTerseLabel	短负标签角色

在实际应用中，并非所有软件工具都提供为带“negated”标签的元素自动添加负号或展示为红色的功能。因此，报告企业应自行检查所使用的 XBRL 软件工具是否支持“negated”标签。在少数情况下，通用分类标准未提供企业财务报告中实际使用的标签或与之不一致。只要这种情况是企业会计准则所允许的，报告企业就应使用与其财务报告需要一致的标签。标签的这种变更不应影响通用分类标准元素的借贷属性。另外，报告企业还可使用文档标签角色为元素增添说明文字，以增强扩展分类标准的可读性。

在工具软件中展示的通用分类标准元素“人民币金额”的标准标签链接库见图 3-9。

图 3-9　XBRL 工具软件展示标签链接库结构

3）通用标签链接库

除了常见的与元素相关的标签链接库以外，通用分类标准中还有另外一个标签链接库，专门负责定义扩展链接角色的显示名称，称为通用标签链接库。如图 3-4 中根目录的汉字信息。通用分类标准以通用标签链接库定义扩展链接角色的中文名称。例如，存货具体准则文件夹下 cas_1_2010-09-30 内的文件 gla_cas_1_2010-09-30-cn.xml 和 gla_cas_1_2010-09-30-en.xml 就是定义该具体准则文件夹所包含的扩展链接角色中英文标签的通用链接库文件。通用标签链接库只定义扩展链接角色的标准标签。我们在各链接库和元素清单表中看到的扩展链接角色其实都是其中文标签（图 3-10），这样可以直观形象地显示扩展链接角色的中文会计含义。对于企业扩展分类标准的扩展链接角色显示，目前尚未要求用中文标签。但是为使 XBRL 信息制作者和使用者方便阅读，建议工具软件对每个 ELR 设置中文标签。

图 3-10　通用分类标准的通用标签链接库的中文显示效果

5. 参考链接库

除了常见的元素相关的标签链接库以外，通用分类标准中还有另外一类标签库，专门负责定义扩展链接角色的显示名称称为通用标签链接库，参考链接库描述元素与其参考文件之间的对应关系。通用分类标准采用参考链接库来说明元素与企业会计准则之间的对应关系，明确元素来源的法律依据，便于使用者查找每个元素的具体会计含义。

6. 公式链接库

公式技术是通用分类标准不同于现有国际财务报告准则分类标准的创新点之一。公式链接库用来处理复杂数据计算关系，以弥补计算链接库在计算功能上存在的不足。通用分类标准遵循国家标准化管理委员会发布的《可扩展商业报告语言（XBRL）技术规范》（GB/T 25500—2010）系列国家标准中的公式和变量规范对公式链接库进行定义，实现了三个层面的计算：

（1）维度各成员之间的计算；

（2）元素之间的乘除计算；

（3）财务报告中涉及变动信息的计算（跨上下文），将时期类型不同的元素按会计意义进行计算汇总。

需要注意的是，公式链接库和计算链接库都只是用来进行实例文档数据正确性的校验，并不能实现实例文档自动填数功能。

3.3　通用分类标准的建模方式

每个需要转换为 XBRL 格式的扩展链接角色（ELR）都应有其“表”结构，这种“表”结构有维度结构和非维度结构（本书称之为普通结构）。对每个 ELR 信息块，首先要做的工作就是判断其建模方式是维度模式还是普通模式。理论上，每个 ELR 都可以用普通模式建模，但是这样将会增加扩展元素的数量，因此通用分类标准做了严格限制，符合维度定义的表结构一定要建成维度模式，不符合维度定义的结构的表一定要建成非维度模式即普通模式。

3.3.1　普通建模方式

一般来说，在企业财务报告中有很多类似于合并资产负债表、合并利润表和合并现金流量表等列报格式的表格，表格中的“行”体现的是会计概念（即会计科目），“列”体现的是会计科目在不同报告期的金额，如期初、期末余额或本期发生额，这种表格应采用普通非维度建模方式。“行”中的会计科目可作为元素进行提取，而报告期间的余额或发生额等金额只是同一元素在不同报告期间的具体取值数值，不作为元素重复提取。非维度建模示意见表 3-8。

表 3-8　附注_资产减值准备信息披露表样

减值准备名称	本期计提金额
坏账准备	
存货跌价准备	
可供出售金融资产减值准备	
持有至到期投资减值准备	
长期股权投资减值准备	

续表

减值准备名称	本期计提金额
投资性房地产减值准备	
固定资产减值准备	
工程物资减值准备	
在建工程减值准备	
……	

表 3-8 是会计最常见的一种简单表格，表格的特点是只有两列，一个是元素，另一个是金额，表中总共 9 个元素，对应 9 个金额，而且元素基本固定，不需要对元素进行分类，这就是典型的非维度表。在通用分类标准中，采取普通建模方式，其定义链接库结构见图 3-11。

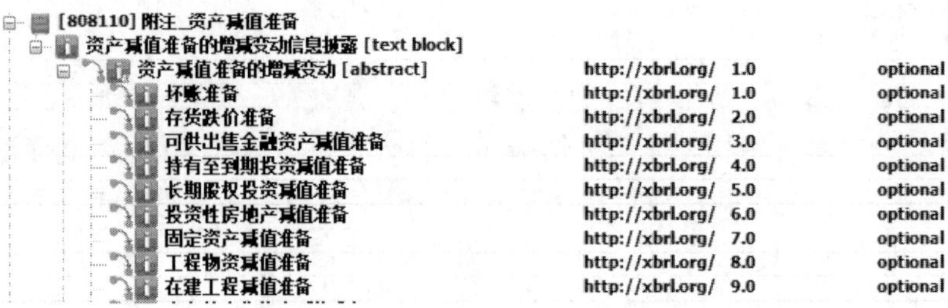

图 3-11　资产减值准备信息普通建模方式下的定义链接库展示

3.3.2　维度建模方式

对于企业财务报告中经常出现的表格等高度结构化信息，通用分类标准采用了一种称为“维度”的技术，用“轴”将几个甚至几十个“元素”统一组成一个（单轴）或几个（多轴）“维度”，再与表格中的“行”项目一起，构成一个“超立方体”，从逻辑上贴合了财务报告中表格的特性，易于理解和使用。一个“轴”就代表一个维度，如果一个维度表中使用 3 个轴，则表明该表格有三个维度，分析表格的时候需要从三个不同角度进行。维度建模模式见表 3-9。

表 3-9　盈余公积增减变动表

项目 / 金额	法定盈余公积	任意盈余公积	合计
盈余公积期初余额			
盈余公积增加额			
盈余公积减少额			
盈余公积期末余额			

表 3-9 是一个典型的二维表，采用维度建模方式构建的定义链接库结构如图 3-12 所示。

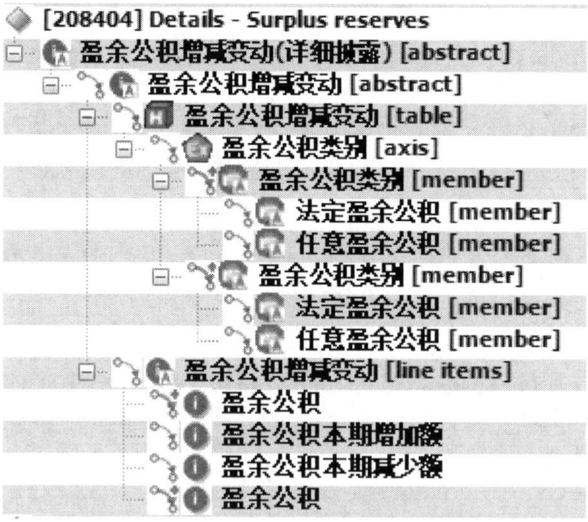

图 3-12　盈余公积增减变动维度建模方式下的定义链接库展示

3.3.3 采用维度建模的标准

需要说明的是，以维度建模来定义元素效率固然很高，但会增加通用分类标准架构的复杂性，因此通用分类标准并未对财务报告中的所有表格都采用维度建模。是否采用维度建模的一个重要判断标准是企业实际的扩展需要。例如，扩展链接角色“[809100]附注_应付职工薪酬”中的应付职工薪酬增减变动表，有纵横两个方向，但均与国家法律法规紧密相关，企业需要扩展的情况并不多见，通用分类标准对其采用非维度方式建模。

对于潜在的结构性很强并且通常需要扩展的信息，即便财务报告中未以表格形式列示，通用分类标准仍然采用维度建模。例如，扩展链接角色“[836600]附注_关联方关系及其交易”中的“控制本公司的关联方[table]”和“存在控制关系的关联方的注册资本及其变化[table]”等都采用了维度建模。通用分类标准 2010 年版共有 46 个普通建模的扩展链接角色和 68 个维度建模的扩展链接角色，这为企业实施通用分类标准和进行维度建模判断提供了重要依据。

3.4 实施通用分类标准的方法与步骤

实施 XBRL 的企业要明确自己适用的标准制定者及版本，详见前述表 3-1。前期要做好实施人员培训学习并选择好实施模式。然后再遵循以下技术步骤实施传统财务报告向 XBRL 报告的转换工作。

3.4.1 分析财务报告结构，构建企业自己的ELR代码表

分析财务报告的目的主要有三个方面：一是剔除一些原始报告中有，但是通用分类标准中没有明确要求披露的事项；二是将财务报告根据通用分类标准中的扩展链接角色进行分解，将传统财务报告拆分成适合 XBRL 建模的信息块；三是在每个信息块中，将财务报告的披露内容与通用分类标准扩展链接角色进行对比，确定采用维度或非维度的建模方式。在确定建模方式的过程中，一个需要遵循的重要建模规则是企业的 XBRL 格式财务报告要尽可能使用通用分类标准扩展链接角色中的结构和元素。建议按照编报规则要求的四级披露要求，将企业财务报告中的各个表格归类为企业一般信息与 4 张主表、企业会计政策和会计估计附注、其他各种附注信息三类，以便企业按照这三大类 ELR 创建自己的 ELR 代码。具体做法如下。

1. 将企业原始财务年报数据进行信息块（ELR）分解

将企业财务报告中的表格和披露内容与通用分类标准的扩展链接角色进行对比，识别出企业财务报告内容与通用分类标准扩展链接角色对应的部分，将整体需要上报的财务年报数据分解成若干个不同的 ELR，为每个 ELR 进行定义命名，确定未来需要使用的链接关系。

2. 确定各 ELR 的建模方式

对比财务报告的披露格式与通用分类标准扩展链接角色中的结构。如果两者结构类似，则该部分财务报告内容应当参照对应的通用分类标准扩展链接角色中的结构进行建模。如果结构差异较大，则需要根据财务报告披露内容的结构行列项目二确定建模方法。

3. 形成 ELR 拆分阶段成果表

1）需要进行一级披露的四大主表和公司基本情况 ELR 构建（表 3-10）

表 3-10 一级披露的 ELR

ELR 代码	对应的中文信息	在纸质报告中的页码	是否维度建模
100001	公司基本情况	1	否
100101	资产负债表	2	否
100201	利润表	3	否
100301	现金流量表	4	否

续表

ELR 代码	对应的中文信息	在纸质报告中的页码	是否维度建模
100401	所有者权益变动表	5	是

2）需要进行二级披露和三级披露的会计政策、会计估计、会计差错 ELR 构建（表 3-11）

表 3-11　会计政策、会计估计、会计差错 ELR 构建表

ELR 代码	对应的中文信息	在纸质报告中的页码	是否维度建模
202012	重要会计政策和会计估计	7～10	否
202013	重要会计政策和会计估计（详细披露）	7～10	否

3）需要进行二级披露和四级披露其他各种附注信息

除四大主表、会计政策、会计估计、会计差错附注外，其他各类附注信息 ELR 构建，如表 3-12 所示，是企业主要的工作量，由于企业各种附注信息的个性化要求高，主要的扩展工作都是围绕这些附注信息进行的。

表 3-12　重要报表附注信息 ELR 构建表

代码	对应的中文信息	在纸质报告中的页码	维度
202024	会计政策、会计估计变更及差错更正（详细披露）	11～17	否
203014	税项（详细披露）	17～18	是
204014	纳入合并财务报表范围子公司的基本情况（详细披露）	18～19	是
204024	报告期内新纳入合并财务报表范围的子公司的信息	19	是
204034	本期通过企业合并取得的子公司信息（详细披露）	19	是
205014	货币资金（详细披露）	19～20	是
205214	短期借款（详细披露）	33～34	是
205224	应付票据（详细披露）	34	否
205234	应付账款（详细披露）	34	是
205354	实收资本或股本（详细披露）	39	是
……	……	……	……

3.4.2　基于通用分类标准的元素梳理

基于通用分类标准的元素梳理是指分析财务报告结构、对比通用分类标准确定建模方法及梳理并提取元素。元素处理工作可以不借助 XBRL 工具软件，在

Word 、Excel 等普通办公软件上即可完成。本步骤的实质是对企业财务报告的结构进行拆解，形成准备引用或创建的一系列扩展链接角色和元素，并与通用分类标准固有的扩展链接角色进行对比，从而确定是否引用或创建，以及创建的具体方法。

1. 逐一分解并提取各 ELR 所需要的财务报告元素

元素是 XBRL 分类标准的基本构成单位，用来表示各种会计概念，如报表项目（资产、负债、收入等）重要的披露信息、表格的结构等。元素的定义可以源于政府和监管部门制定发布的标准，如企业会计准则；也可以源于企业财务报告实务，如适应本企业特定披露要求的明细项目。

提取财务报告元素是指在分析财务报告结构的基础上，将分解的财务信息按每个单独的 ELR 进行梳理并提取成元素。每一个元素应当能够表示成一个完整、独立的会计概念，需要提取的元素主要包括：

（1）财务报告各组成部分的标题；

（2）文本块信息（需按照《企业会计准则通用分类标准编报规则》中规定的披露层级进行提取）；

（3）构建维度表格所需要的结构性元素（如表元素、轴元素、域成员元素、行项目等）；

（4）表格中的分类项目；

（5）可赋予数值（包括金额、百分比、比率等）的报告项目。

将元素提取出来之后，对于每种类型的元素都需要根据具体的财务报告中的实质含义设定元素属性，如数据类型（type）、借贷属性（balance）、时期属性（periodType）等。

2. 将所提取的元素与通用分类标准对应 ELR 内的元素进行映射

映射就是将企业财务报告的 ELR 结构内容和通用标准的对应 ELR 结构内容的额进行对照分析，以确定企业的财务报告 ELR 结构内容是直接使用通用标准的 ELR 还是需要修改通用标准的 ELR 抑或是重新构建自己的 ELR。在使用通用分类标准进行实例文档编制工作前，报告企业应熟悉通用分类标准的使用方法，分析通用分类标准与企业会计准则之间的关系，进而确定如何以通用分类标准为基础反映企业的财务报告。

元素匹配的阶段成果需要完成元素匹配情况表（表 3-13），在实务中，需要对前述规划好的每个 ELR 单独完成各自的元素匹配情况表，为下一步创建企业扩展分类标准奠定基础。

表 3-13　企业 ELR[837200]元素映射表示例

匹配的通用分类
标准 ELR 名称：[837200]附注_货币资金
建模结构：维度建模

元素清单

提取元素名称（为了便于理解，直接列示元素的标准中文标签）	是否抽象	是否匹配	元素名称（对于不能匹配的元素要按照驼峰命名法规划好元素的名称）	时期类型	余额方向	数据类型
货币资金信息披露[abstract]	是	是	cas_OpeningAndClosingBalanceOfCashAtBankAndInHandAbstract			
货币资金信息披露[text block]	否	是	cas_DisclosureOfMonetaryFundsExplanatory	期间型		文本型
货币资金详细信息披露[abstract]	是	否				
货币资金年初期末余额[table]	是	是	cas_OpeningAndClosingBalanceOfCashAtBankAndInHandTable	期间型		字符型
货币资金类别[axis]	是	是	cas_ClassesOfCashAndCashEquivalentsAxis	期间型		字符型
货币资金种类[member]	是	是	cas_ClassesOfCashAndCashEquivalentsMember	期间型		域值型
库存现金[member]	是	是	cas_CashOnHandMember	期间型		域值型
银行存款[member]	是	是	cas_BankDepositsMember	期间型		域值型
其他货币资金[member]	是	是	cas_OtherCashMember	期间型		货币型
货币种类[axis]	是	是	cas_CurrenciesTypeAxis	期间型		域值型
货币[member]	是	是	cas_CurrenciesMember	期间型		域值型
人民币[member]	是	是	cas_RMBMember	期间型		域值型
美元[member]	是	是	cas_USDollarItemMember	期间型		域值型
欧元[member]	是	否	cas_EuroItemMember	期间型		货币型
货币资金年初期末余额[line items]	是		cas_OpeningAndClosingBalanceOfCashAtBankAndIn			字符型
原币金额	否		cas_OriginalCurrencyAmount			份额型
折算汇率	否		cas_TranslationRate			百分比
人民币金额	否		cas_RMBAmount			货币型

对于 ELR 中不能与通用分类标准匹配的元素，需要创建一张扩展元素一览表，如表 3-14 所示。

表 3-14　企业 ELR 扩展元素属性一览表

元素名称	元素类型	替换组	期间类型	余额方向	是否为抽象元素	是否显示空值
MainBusinessIncome	货币型（monetaryItemType）	基础项（item）	期间（durationu）	贷（credit）	否	是
……	……	……	……	……	……	……

3.4.3 创建企业扩展分类标准

创建企业扩展分类标准是指确定元素及其属性、元素标签，确定列报关系、定义关系、计算关系，最后借助 XBRL 工具软件创建企业扩展分类标准。企业扩展分类标准是企业依据通用分类标准或行业标准创建的，适用于本企业的 XBRL 数据结构，是实施 XBRL 的关键环节。

1. 创建扩展元素

借助 XBRL 分类标准编辑软件，将前述表 3-14 中的扩展元素定义到核心模式文件中。可以单个定义也可以借助软件实现批量导入。初次操作建议使用单个定义的方式，熟练之后可以进行批量导入。

2. 结合列报链接库的展示要求，构建元素标签链接库

每个元素的英文标准标签与元素名称是相一致的，元素名称来源于英文标准标签；元素标准标签的唯一性：标准标签要与元素一一对应，要能准确描述元素代表的财务报表概念；元素标准标签的可识别性：标准标签的名称要易于理解，能够准确地表达该元素所代表的含义，避免元素名称造成混乱；标准标签名称要简单明了，以便于用户快速定位至目标元素。对每个 ELR 要构建一张元素标签对应表见表 3-15。

表 3-15　ELR 元素标签列表

标准中文	首选标签（中文）	首选标签（英文）	首选标签
……	……	……	……

需要特别说明的是，标签链接库（标准中文标签和首选中文标签完全一致的，不需要增加；不一致的，需要增加中、英文标签并设置标签类型）中首选标签可以和标准标签一致。但是首选标签要尽量和原始报告中的元素展示形式保持一致。

3. 构建维度表定义链接库

典型的定义链接库结构，除了 3 级实元素外，其他元素都是结构性虚元素，但任何一个都不能缺少。表中的级次也可以如此表述：标题元素[abstract]-表元素[table]-轴元素[axis]-上级域元素[member]-下级域元素[member]-上级域元素[member]-下级域元素[member]-行标题元素[line items]-实元素。维度表定义链接库结构见表 3-16。

表 3-16　典型的维度表定义链接库结构示例

存货详细披露[abstract]	1 级标题元素
存货增减变动[abstract]	2 级标题元素
存货增减变动[table]	3 级表元素
存货类别[axis]	4 级轴元素
存货 [member]	5 级域成员元素 1
在途物资[member]	6 级域成员元素 1
……	……
存货[member]	5 级域成员元素 1
在途物资[member]	6 级域成员元素 1
……	……
存货增减变动[line items]	2 级行标题元素
存货期初账面余额	3 级实元素
存货本期增加额	3 级实元素
存货本期减少额	3 级实元素
存货期末账面余额	3 级实元素
存货跌价准备	3 级实元素
存货账面价值	3 级实元素

需要说明以下两点。

1）默认弧角色为“dimension-default”

定义链接库中，上级域元素和下级域元素必须要重复出现 2 次（如表 3-16 中，存货[member]和在途物资[member]先后在表中出现了 2 次），这是定义链接库的结构要求。对于第二个上级域元素，一定要为其设置默认弧角色为“dimension-default”，这是将来填写域成员合计数所必需的。

2）定义链接库的角色拆分

为了避免在一个扩展链接角色包含多个维度表格时相互冲突，定义链接库中一个扩展链接角色下只能定义一个维度表，也就是说，定义链接库中的一个扩展链接角色中只能出现一个表元素。因此，如果一个财务报表附注中出现多个维度表就需要将该附注对应的扩展链接角色在定义链接库中进行拆分，以确保一个扩展链接角色中只包含一个维度表格。

例 3-1　abc 公司附注_存货信息需要披露三项内容分别见表 3-17～表 3-19。

表 3-17　abc 公司存货增减变动信息披露

金额 项目	账面余额	跌价准备	账面价值
原材料			
在产品			
库存商品			
周转材料			
合计			

表 3-18　abc 公司存货跌价准备增减变动信息披露

<table>
<tr><th rowspan="2">金额
项目</th><th rowspan="2">存货跌价准备本期计提额</th><th colspan="2">存货跌价准备本期减少</th><th rowspan="2">存货跌价准备期末余额</th></tr>
<tr><th>本期减少额转回</th><th>本期减少额转销</th></tr>
<tr><td>原材料</td><td></td><td></td><td></td><td></td></tr>
<tr><td>在产品</td><td></td><td></td><td></td><td></td></tr>
<tr><td>库存商品</td><td></td><td></td><td></td><td></td></tr>
<tr><td>周转材料</td><td></td><td></td><td></td><td></td></tr>
<tr><td>合计</td><td></td><td></td><td></td><td></td></tr>
</table>

表 3-19　abc 公司存货跌价准备情况说明信息披露

金额 项目	计提存货跌价准备的依据	本期转货存货跌价准备的原因	转回跌价准备占该项存货期末余额的比例
原材料			
在产品			
库存商品			
周转材料			
合计			

这三个表格共同构成完整的存货附注信息，缺一不可。经分析，这三个表格都是维度表。假如我们为 abc 公司设置的附注_存货信息披露的 ELR 代码为[050074]，则在定义链接库中，对上述三个表格要分别使用三个 ELR 代码。这就需要用到角色拆分。在扩展链接角色代码列表中，还要另外增设[050074a]（用来组织 abc 公司存货跌价准备增减变动信息披露）、[050074b]（abc 公司存货跌价准备情况说明信息披露），拆分后的 ELR 在定义链接库中的展示效果见图 3-13。

图 3-13　定义链接库角色拆分展示效果

4. 构建列报链接库

列报链接库用来定义元素与元素在列报结构上的层次及顺序关系，列报链接库的创建过程是指按照企业财务报表的样式确定企业扩展分类标准中元素的展现形式，用于还原展现企业原始报表的真实效果，包括元素的列报层级、排列顺序和首选标签等内容。为了确保列报层级的一致性和元素间关系的连续性，在列报链接库中，通用分类标准要求确保每一个扩展链接角色下有一个抽象元素或文本块类型元素作为父元素。

1）确定列报关系的层级和排列顺序

在列报链接库中元素是以一维线性的方式顺序排列的，例如，对于资产负债表、资产、流动资产、货币资金和存货 4 个概念，货币资金与存货是同级并列关系，它们包含于流动资产概念范围内；流动资产包含在资产概念范围内；资产包含于资产负债表概念范围内。

在确定每个 ELR 的列报链接关系时，要能展现出包含与并列关系，如图 3-14 所示。

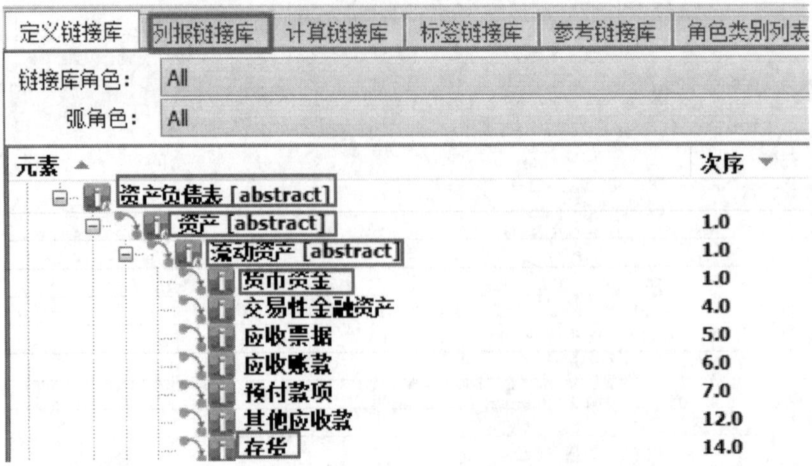

图 3-14　列报链接库中的层级顺序

图 3-14 清晰地展示了列报链接库的层级关系和顺序关系。其中资产负债表[abstract] 是顶级标题元素；资产[abstract]是资产负债表[abstract]的下级标题元素；流动资产[abstract]是资产[abstract]的下级标题元素；货币资金和存货是流动资产[abstract]的两个下级并列实元素。

（1）列报链接库中父子元素列报层级关系。在列报链接库中表示一个元素层级的方法是通过确定该元素的父元素来实现的，父元素是指列报关系中处列报上一层的元素，父子关系列报示意如表 3-20 所示。

表 3-20　父子关系列报示意

父元素	子元素
资产负债表[abstract]	资产[abstract]
资产[abstract]	流动资产[abstract]
流动资产[abstract]	货币资金[abstract]、存货[abstract]
货币资金[abstract]	—
存货[abstract]	—

（2）列报链接库中同级元素的顺序确定。对于处于同一层级的元素，如货币资金[abstract]和存货[abstract]，需要各自的弧序号（arcorder）属性来定义在同一层级中的排列顺序。弧序号越小，元素的排列变越靠前，弧序号只对同一层级的元素顺序排列起作用，不会影响不同层级元素的排列。弧序号属性定义示例如表 3-21 所示。

表 3-21　弧序号属性定义示例

元素及层级关系	弧序号	说明
资产负债表[abstract]	无	顶层元素无弧序号
资产[abstract]	1.0	和负债[abstract]、股东权益[abstract]并列为资产负债表[abstract]的子元素。1.0 表明是父元素资产负债表[abstract]下的第 1 个子元素
流动资产[abstract]	1.0	和非流动资产[abstract]等并列为父元素资产[abstract]的子元素，1.0 表明是父元素流动资产[abstract]下的第 1 个子元素
货币资金[abstract]	1.0	和存货等并列为父元素流动资产[abstract]的子元素，1.0 表明是父元素流动资产[abstract]下的第 1 个子元素
存货[abstract]	14.0	和货币资金等并列为父元素流动资产[abstract]的子元素，14.0 表明是父元素流动资产[abstract]下的第 14 个子元素
非流动资产[abstract]	2.0	和流动资产[abstract]并列为父元素资产[abstract]的子元素，2.0 表明是父元素资产[abstract]下的第 2 个子元素

表 3-21 中，资产负债表[abstract]、流动资产[abstract]和货币资金[abstract]的弧序号都是 1.0，但因为它们处在不同的层级，所以弧序号可以相同。

2）确定列报链接库元素的首选标签

在对企业财务报表中各元素之间的排列顺序和层级进行整理后，还要对每个元素在列报链接库中的首选标签进行设置。首选标签的作用是确定在列报时使用哪种元素展示元素。一般来说，默认的首选标签就是标准标签。元素列报关系的定义需要参照传统财务报表的样式，尽量与财务报表保持一致，并且应当根据需要使用已经在标签链接库中定义好的标准标签、合计标签、期初/期末标签和负值标签等来恰当地展示元素。关于各种标签的使用如前所述。

列报链接库和定义链接库的库结构近似，但是意义截然不同。两者不能等同和相互替代，在不同的工具软件里面，定义链接库和列报链接库可以相互复制生成。

特别注意，列报链接库一般不存在角色拆分的问题。前述定义链接库的三个角色在列报链接库里是在一个 ELR[050554]下的。

5. 构建计算链接库

构建计算链接库，主要是借助工具软件确定 ELR 中元素的加减计算关系，为后面的实例文档数值填写预备校验做好准备。在创建计算链接库的过程中，企业需要注意实元素的权重（weight）及计算机链接库角色的拆分等事项。由于计算链接库的作用是校验，不是定义元素间的列报，在计算链接库中不需要定义元素的首选标签。另外还要特别注意，计算链接库中不能出现虚元素。

1）确定计算链接库元素的权重

元素的权重取值只有两个即“1.0”（表示“加”）和“−1.0”（表示“减”），XBRL 基础国标对计算链接的权重进行了明确规定，权重的取值要依据父子元素的借贷属性，共 4 种情况如表 3-22 所示。

表 3-22 计算链接库中权重属性值的确定方法

父元素的借贷属性	子元素的借贷属性	权重	说明
借（debit）	借（debit）	1.0	父子元素借贷相同，取正数，用“1.0” 父子元素借贷相异，取负数，用“−1.0”
贷（credit）	贷（credit）	1.0	
借（debit）	贷（credit）	−1.0	
贷（credit）	借（debit）	−1.0	

2）计算链接库角色的拆分

在建立计算链接库时可能遇到一些特别的情况，比如，同一附注中对同一个元素存在多个计算关系，那么就需要将该附注对应的扩展链接角色进行拆分（类似计算链接库角色拆分），分别用于表示同一个元素的不同计算关系。

例 3-2 abc 公司 2010 年财务报表附注_所得税费用披露样表如表 3-23 所示，假定企业为该 ELR 设置的 6 位代码为[050554]。

表 3-23 abc 公司附注_所得税费用披露样表

所得税费用：	
按税法相关规定计算的当期所得税	
递延所得税	
所得税费用合计	
将基于合并利润表的利润总额采用适用税率计算的所得税调节为所得税费用：	
按适用税率计算的所得税费用	
税率变动的影响	
非应纳税收入	
不得扣除的成本、费用和损失	
使用前期未确认递延所得税资产的可抵扣亏损	
购买国产设备抵免所得税的影响	
所得税费用合计	

表 3-23 中用两种不同方式披露的所得税费用合计存在两个计算关系：

（1）所得税费用合计=按税法及相关规定计算的当期所得税+递延所得税；

（2）所得税费用合计=按适用税率计算的所得税费用+税率变动的影响+非应纳税收入+不得扣除的成本、费用和损失+使用前期未确认递延所得税资产的可抵扣亏损+购买国产设备抵免所得税的影响。

以上两个关系都针对“所得税费用合计”，但对于“所得税费用合计”这个会计概念来说是完全相同的。若要对同一 ELR 中的同一元素表示两个计算关系，就需要将附注对应的扩展链接角色进行拆分。本例中，需要再扩建 ELR 代码[050554a]，如此一来，在计算链接库中的原始 ELR 代码[050554]下创建上述计算关系（1），再扩展 ELR 代码[050554a]创建计算关系（2）。最后再次强调，不同时期属性元素的加减计算关系、元素的乘除关系、维度表域成员元素的计算关系需要在公式链接库中定义，不能在计算链接库中定义。

3.4.4 创建财务报告实例文档

创建企业实例文档，是创建财务报告实例文档的过程，就是依据企业财务报告对企业扩展分类标准中的元素赋予事实值的过程。

财务报告实例文档是指企业依据 XBRL 技术规范国标、通用分类标准和企业扩展分类标准编制而成的 XBRL 格式的财务报告。传统格式的财务报告包括财务报告披露项目和对应数值，以及对报告披露项目的说明信息，如企业信息、时期信息、数值单位等。类似地，财务报告实例文档也应该包含以上信息，即创建财务报告实例文档所需的三个要素：上下文、单位（unit）和事实值。通过确定这三个要素，并将这些信息输入 XBRL 工具软件中，就可以在企业扩展分类标准的基础上，创建出财务报告实例文档。

1. 上下文

上下文对于理解事实值的背景信息是必需的。每个事实值都应通过上下文指向（contextRef）属性指向预定义的上下文。通过指定上下文，才能够确定事实值的具体含义。

上下文的要素包括：①实体信息（entity），用于标识报告主体的信息，如报告企业的工商注册码；②时期信息（period），事实值所对应的期间或时点，采用“yyyy-mm-dd”的格式；③场景信息（scenario），基于维度的上下文需要定义的信息，一般包含涉及的轴和域成员信息。上下文需要区分非维度上下文和维度上下文。

1）非维度上下文

对于每个事实值，我们都需要为其定义上下文 ID，并将这个上下文 ID 对应的属性定义包含其中，包括期间或时点的定义，以及标识符（Identifier）属性和 Scheme 属性的定义。

（1）上下文 ID。它是每个上下文的唯一标识，上下文 ID 的命名必须能够准确地指明上下文的含义，并且首字符必须为英文字母大写。对于期间型上下文，一般建议企业采用“FYXXXXd”的形式，XXX 表示年份，d 表示时期，如 FY2013d 表示 2013 年 1 月 1 日至 2013 年 12 月 31 日的期间。对于时点型上下文，建议企业采用“FYXXXXe”的形式，XXXX 表示年份，e 表示时点，例如 FY2013e，表示时点 2013 年 12 月 31 日。

（2）标识符和 Scheme。通用分类标准编报规则要求上下文的标识符必须为由 15 位数字组成的工商行政管理注册号，故 Scheme 应为国家工商行政管理总局的域名，Scheme 值为 http：//www.saic.gov.cn/。使用工商行政管理注册号作为标识符是为了能够唯一标识报告企业，使得 XBRL 工具软件能够自动识别不同企业的实例文档。一般的 XBRL 工具软件都能自动定义此项，无须人工设置。

（3）期间起始日期（start date for duration）和时点日期/期间结束日期（instant/end date for duration）：事实值可以是针对某一期间的（如某项收入 2013 年全年累计发生额），也可以是针对某个时点的（如某项资产 2013 年年末余额）。

例 3-3　abc 公司需要编报 2013 年度的财务报告实例文档，报告中会涉及 2012 年和 2011 年。则应为其设置的上下文如表 3-24 和表 3-25 所示。

表 3-24　abc 公司期间型上下文定义示例

上下文 ID	标识符	期间起始日期	期间结束日期
FY2013d	123456789012345	2013-01-01	2013-12-31
FY2012d	123456789012345	2012-01-01	2012-12-31
FY2011d	123456789012345	2011-01-01	2011-12-31

表 3-25　abc 公司时点型上下文定义示例

上下文 ID	标识符	时点日期
FY2013e	123456789012345	2013-12-31
FY2012e	123456789012345	2012-12-31
FY2011e	123456789012345	2011-12-31

2）维度上下文

相对于非维度上下文的定义，在定义维度上下文时不仅需要定义时点或期间含义，还需要定义该事实值所代表的维度信息。表 3-26 举例说明了对维度上下文的定义方法。

表 3-26　维度上下文的定义示例

上下文 ID	FY2013e_RetainedEarningsMember	FY2012d_RetainedEarningsMember
标识符	123456789012345	123456789012345
Scheme	http：//www.saic.gov.cn/	http：//www.saic.gov.cn/
期间起始日期	2013-01-01	2012-01-01

续表

上下文 ID	FY2013e_RetainedEarningsMember	FY2012d_RetainedEarningsMember
时点日期/期间结束日期	2013-12-31	2012-12-31
场景类型	explicitMember	explicitMember
轴名称	ComponentsOfEquityAxis	ComponentsOfEquityAxis
域成员名称	RetainedEarningsMember	RetainedEarningsMember

从表 3-26 可以看到，对于维度上下文定义，需要在上下文 ID 中加入维度信息。轴和域成员决定了一个事实值在表中的位置，因此在定义维度上下文时需要指定其相关联的轴和域成员。需要特别说明的是，在维度表中经常在披露行项目（line items）对应各个域成员值的同时需要披露合计数，在给维度表合计数定义上下文时无须定义维度上下文，只需要定义非维度上下文即可。例如，用 FY2013e_RetainedEarningsMember 表示维度表中的某一域成员，而用 FY2013e 可表示此维度表的合计数。

如果维度表的行项目有时点型数据和期间型数据，则需要为维度表分别定义时点型维度上下文和期间型维度上下文。

2. 定义单位

单位是用来说明数值型数据的度量单位。常见的度量单位：人民币、美元、股数等。数值型数据的事实值应通过给单位指向（unitRef）属性赋予单位 ID（unit ID）来指向一个预先定义的单位，对事实值单位的定义同时也指明了事实值的含义，如为货币型元素赋值时，通过对单位的定义能够明确金额所代表的币种。表 3-27 展示了单位的定义内容。

表 3-27　元素数据单位匹配表

单位类型	表示的含义	分子	分母	适用元素类型
CNY	人民币	Iso4217：CNY	无	monetaryItemType
USD	美元	Iso4217：USD	无	monetaryItemType
EUR	欧元	Iso4217：EUR	无	monetaryItemType
HKD	港元	Iso4217：HKD	无	monetaryItemType
SHARE	股数	Xbrli：shares	无	sharesItemType
CNYPERSHARE	每股人民币	Iso4217：CNY	Xbrli：shares	perShareItemType
HKDPERSHARE	每股港元	Iso4217：HKD	Xbrli：shares	perShareItemType
USDPERSHARE	每股美元	Iso4217：USD	Xbrli：shares	perShareItemType
PURE	小数	Xbrli：pure	无	percentgItemType pureItemType

1）单位 ID

指定一个有意义的 ID 来标识该单位的含义。例如，以 CNY 为 ID 标识人民币，以 USD 为 ID 标识美元。

2）分子与分母

用来定义分子（numerator）和分母（denominator）的度量单位。单位有两种：单一度量单位和复合度量单位。单一度量单位，如人民币、美元等；复合度量单位，如财务报告中的“每股收益”，假设记账本位币为人民币，则“每股收益”的单位为“CNYPERSHARE”。在 XBRL 格式财务报告中，对于单一度量单位，只需要定义分子，不需要定义分母；而对于复合度量单位，既需要定义分子也需要定义分母。表 3-27 中示例了各种常见单位的分子分母设置要求。

3. 赋予事实值

事实值指财务报告披露项目的内容，例如，对于“资产总计”这个财务报告披露项目，其事实值就是资产总计在报告中披露的金额。通过为元素赋值，并指定上下文、单位、脚注和精度属性，来完成对事实值的完整定义。赋予元素的事实值可以为数值（金额、十进制数字、股份数等）或非数值数据（字符串或者转义文本，如 XHTML 格式内容）。事实值也可为日期类型。

如果定义元数据的借贷属性与财务报告中披露事实值一致，则为该元素赋正值，否则赋负值。注意输入负数和使用负值标签是两个不同的概念。

4. 对于货币型元素，设置数据精度和小数点后位数

对于小数的标识，统一采用小数的原始形式来赋值。例如，所得税税率（ApplicableTaxRate）一般采用百分比的形式（25%）在报告中披露。但是，需要对其以小数形式进行赋值，即 0.25，而不是 25%。编报规则要求对于数值型数据，一定要对其进行数据精度（precision）或小数点后位数（decimals）的定义。数据精度或小数点后位数只能选择其中一个，不能同时定义。一般来说报告企业使用小数点后位数属性比使用精度属性更直观。数据精度取值示意如表 3-28 所示。

表 3-28　小数点后位数属性示例

数值精度	原始数值	四舍五入小数点后位数	示例
精确到 2 位小数	12 345 670.891	2	12 345 670.89
取整数	12 345 670.891	0	12 345 671
精确到千位	12 345 670.891	2	12 346 000
精确到百万位	12 345 670.891	-6	12 000 000

续表

数值精度	原始数值	四舍五入小数点后位数	示例
数值本身已经是精确数字（pure 型数据）	12 345 670.891	INF	12 345 670.891

5. 为事实值定义脚注

在财务报告中存在对个别披露项目的解释，以页面脚注形式出现；同样，在编制财务报告实例文档时，可以通过为事实值 XBRL 中的脚注进行标记。企业可通过定义脚注与事实值的链接关系，完成对脚注的定义。

例 3-4　abc 公司货币资金信息披露如表 3-29 所示。

表 3-29　abc 公司货币资金信息　（单位：元）

项目	期末数	期初数
	人民币金额	人民币金额
银行存款	429 049 450.95	288 721 426.52
其他货币资金	69 166 522.88*	90 608 983.24
合计	498 215 973.83	379 330 409.76

*：其他货币资金系银行承兑汇票保证金存款。

说明：表下的信息“其他货币资金系银行承兑汇票保证金存款”就是对元素“其他货币资金”的事实值“69 166 522.88”的解释，就是典型的脚注。

在实例文档中定义脚注内容如表 3-30 所示。

表 3-30　脚注定义示例

元素		其他货币资金
事实值		69 166 522.88
上下文		FY2010e，FY2011e
脚注	脚注编号	1
	脚注内容	*其他货币资金系银行承兑汇票保证金存款
	脚注语言	Zh（中文）
	弧角色	http：//www.xbrl.org/2003/role/footonote

上述过程都必须借助 XBRL 工具软件进行可视化设计完成，由软件自动生成 XBRL 程序代码。

3.4.5　校验扩展分类标准与实例文档

校验扩展分类标准格式和实例文档是指企业根据 XBRL 技术规范国标、通用标准及其编报规则对本企业创建的企业扩展分类标准和实例文档进行校验。正式报送前至少需要进行以上三方面的自我校验，以确保扩展分类标准和实例文档的技术合规性。自我校验由企业自行开展，一般采取工具软件和人工校验相结合的方式进行，在企业正式提交 XBRL 格式财务报告时还必须通过报送接收系统的校验，否则将无法完成提交。企业应根据校验结果及时修改其扩展分类标准或实例文档，以便按时完成报送。

1. 运用校验工具软件，进行基于 XBRL 技术规范国标的校验

XBRL 技术规范国标由财政部牵头制定，国家标准化管理委员会发布，规定了 XBRL 语言的基本要素。企业按照 XBRL 技术规范国标对创建的扩展分类标准校验及实例文档的校验，主要是通过 XBRL 工具软件对 XBRL 技术规范中的 XBRL 基础国标、XBRL 维度国标、XBRL 公式国标、XBRL 版本这 4 个方面进行校验。由于基于 XBRL 技术规范国标的校验主要通过 XBRL 工具软件的校验模块完成，在选择 XBRL 工具软件时，完善的校验功能是一个重要的选择指标。企业应该选择具备 XBRL 技术规范国标自动校验功能的 XBRL 工具软件，在此基础上，如果 XBRL 工具软件的校验模块具备友好的界面，能够给予用户明确的错误提示以便于修改，那么它将更有利于提高工作效率。

2. 人机结合，对企业的扩展标准和实例文档进行校验

基于通用分类标准的校验主要包括三方面内容：是否恰当地引用通用分类标准元素和新建扩展元素；是否正确地引用通用分类标准文件；是否正确地为实例文档赋值和设置属性。这部分校验由于涉及与会计概念相关的元素匹配等业务问题，主要以人工校验为主，校验工作需要较多的会计专业判断。未来校验工作的发展趋势是完全自动化。

第 4 章　基于 XBRL 的企业扩展分类标准物理文件的创建

本书 XBRL 案例操作使用浪潮 XBRL 工具软件。该软件的主要功能有：分类标准编辑器、实例文档编辑器、辅助工具、符合性测试引导程序，并且内置了基于通用分类标准编报规则的校验和导出功能。从本章起，我们将进入模拟实战，按照五步法原理(即“1.ELR 分解→2.元素梳理→3.创建企业扩展分类标准→4.创建企业实例文档→5.校验分类标准和实例文档”这 5 个基本步骤”)和技术规范标准，借用浪潮 XBRL 工具软件，将案例公司 abc 的 2013 年年报中的几个典型模块 XBRL 化，对其完成 ELR 角色分解、扩展分类标准创建、实例文档创建、XBRL 数据校验等操作。尝试采用了会计模块导向型思路，即将企业会计年报需要 XBRL 化的数据分解成几个典型模块，对每个模块再按照四步法原理进行转化操作，从而达到化大为小、化繁为简。将企业实施会计准则通用分类标准这一庞大系统工程分解为若干子任务，对每项子任务采取责任人包干制，如此更加符合会计人员习惯。每项子任务都可以同时操作，时间不分先后，待每项子任务都完成后，将所有模块的 XBRL 数据进行整合即可完成实施工作。

4.1　XBRL 工具软件创建企业扩展分类标准物理文件

4.1.1　案例1

abc 公司网址 http：//www.abc.com，工商注册号为 123456789012345，2014 年按照要求需要上报其 2013 年财务年报数据的 XBRL 格式文档，需要完成表 4-1 所示的 6 个基本物理文件。

表 4-1　abc 公司扩展分类标准物理文件命名

核心模式文件（Scheme）	abc 公司-123456789012345-20131231.xsd
中文标签链接库文件	abc 公司-123456789012345-20131231_lab_cn.xml
英文标签链接库文件	abc 公司-123456789012345-20131231_lab_en.xml
定义链接库文件	abc 公司-123456789012345-20131231_def.xml

续表

列报链接库文件	abc 公司-123456789012345-20131231_pre.xml
核心模式文件（Scheme）	abc 公司-123456789012345-20131231.xsd
计算链接库文件	abc 公司-123456789012345-20131231_cal.xml

由于创建企业扩展分类标准需要引用通用分类标准的扩展链接角色、中文标签链接库文件、英文标签链接库文件、定义链接库文件、列报链接库文件、计算链接库文件，我们预先要借助 XBRL 工具软件将通用分类标准中的上述几个文件导出为 7 个 CSV 格式文件放置在一个文件内（如 C：/通用标准 CSV 格式）以备用（表 4-2），以方便引用。另外我们还需要预先建好一个用来存放企业扩展分类标准及实例文档的空白文件夹，如 C：\通用标准 CSV 格式。

表 4-2　官方通用分类标准导出 CSV 文件

cas_entry_point_2010-09-30-role.csv	通用分类标准扩展链接角色导出文件
cas_entry_point_2010-09-30-element.csv	通用分类标准元素清单导出文件
cas_entry_point_2010-09-30-lab-cn.csv	通用分类标准中文标签链接库导出文件
cas_entry_point_2010-09-30-lab-en.csv	通用分类标准英文标签链接库导出文件
cas_entry_point_2010-09-30-def.csv	通用分类标准定义链接库导出文件
cas_entry_point_2010-09-30-pre.csv	通用分类标准列报链接库导出文件
cas_entry_point_2010-09-30-cal.csv	通用分类标准计算链接库导出文件

4.1.2　物理文件的创建步骤

利用浪潮 XBRL 工具软件创建 abc 公司扩展分类标准 6 个物理文件的基本步骤如下：浪潮 XBRL 分类标准编辑器—新建分类标准—国标模板创建分类标准—依次输入单位名称、工商注册号、创建时间、命名空间、命名前缀—选择存放路径—选择通用标准中英文标签文件路径—保存。

完整的创建步骤如图 4-1～图 4-10 所示。

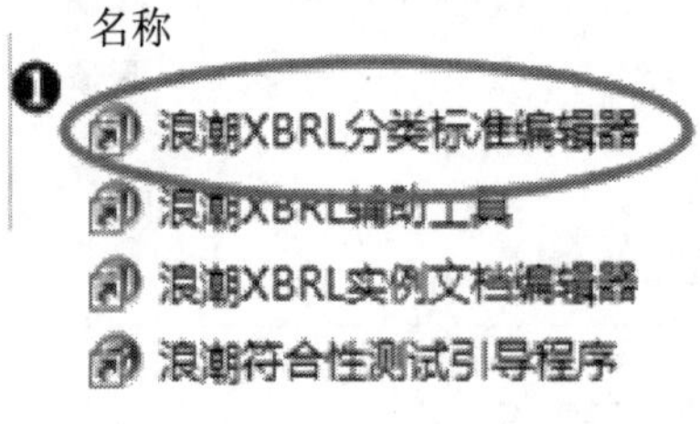

图 4-1　创建企业扩展分类标准步骤物理文件步骤 1

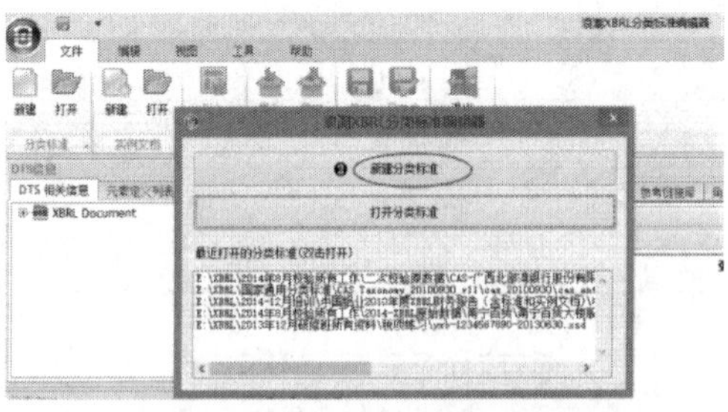

图 4-2　创建企业扩展分类标准步骤物理文件步骤 2

图 4-3　创建企业扩展分类标准步骤物理文件步骤 3

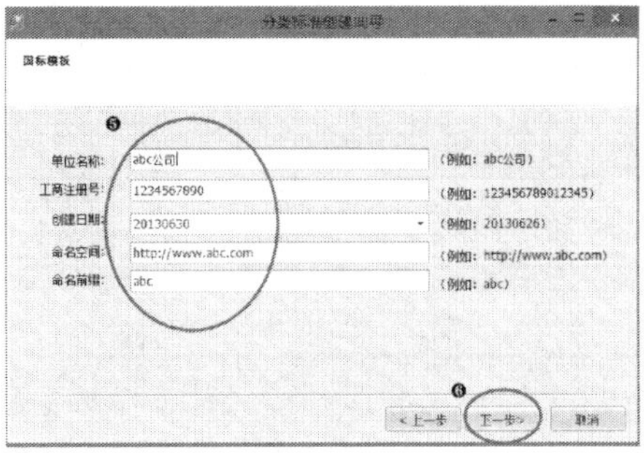

图 4-4　创建企业扩展分类标准步骤物理文件步骤 4

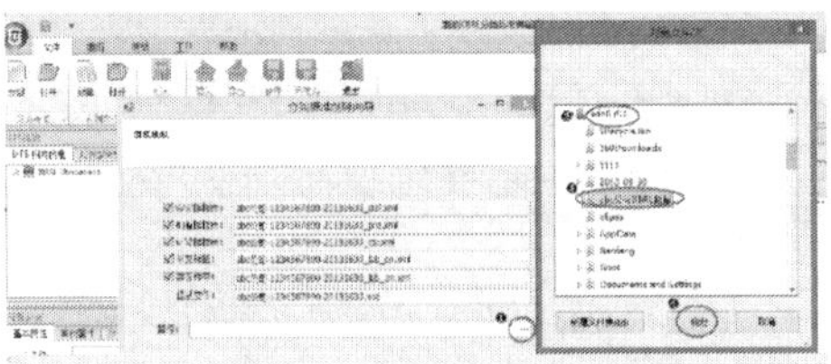

图 4-5　创建企业扩展分类标准步骤物理文件步骤 5

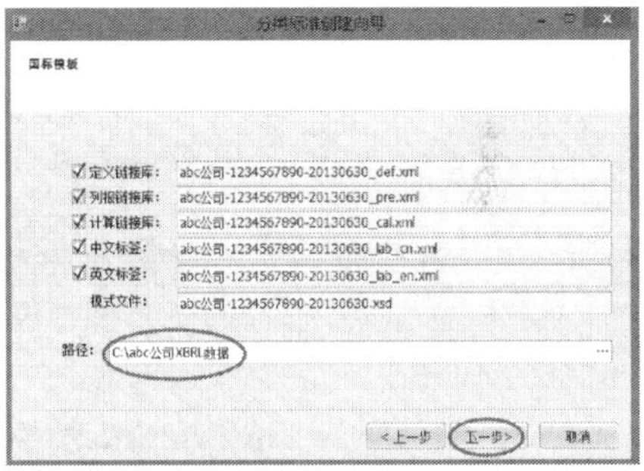

图 4-6　创建企业扩展分类标准步骤物理文件步骤 6

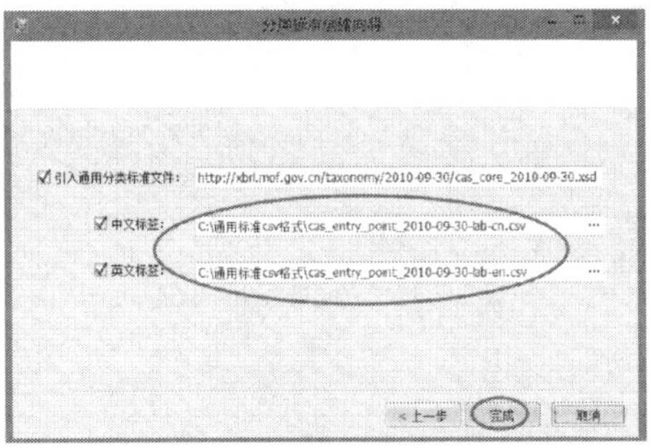

图 4-7　创建企业扩展分类标准步骤物理文件步骤 7

图 4-8　创建企业扩展分类标准步骤物理文件步骤 8

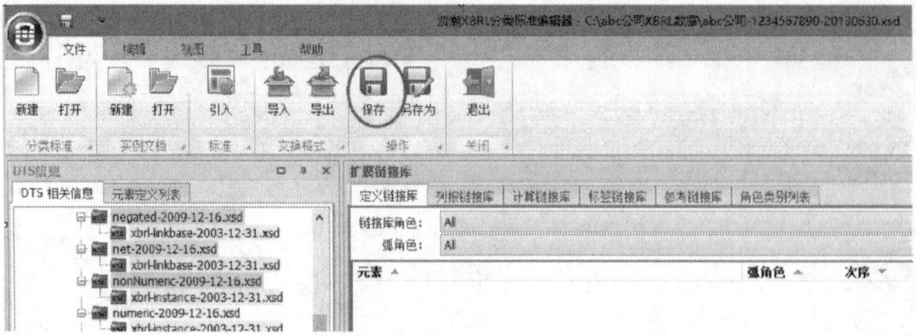

图 4-9　创建企业扩展分类标准步骤物理文件步骤 9

对于创建成功的 6 个物理文件，我们可以打开其存放路径观察结果，如图 4-10 所示。

图 4-10　创建好的物理文件展示效果图

从图 4-10 中可以看出，中文标签链接库文件和英文标签链接库文件由于导入了通用分类标准的对应链接库文件，大小分别是 3387 KB 和 3434 KB，而其他几个文件大小都较小，核心模式文件 3 KB，计算链接库文件、定义链接库文件和列报链接库文件都只有 1 KB，这是因为这几个的链接库文件还没有进行任何定义，通过后边工作的深入，这几个物理文件也将随之变大。

4.2　命名空间及前缀管理

对于扩展分类标准而言为了区分企业扩展的元素和通用分类标准的元素，同时也为了区别企业不同版本（如 2012 年版和 2013 年版扩展分类标准中的元素），企业需要定义自己特有的命名空间，命名空间的定义应当遵循编报规则，有固定的命名形式。命名空间的定义步骤为：工具—命名空间—新增—输入前缀—输入命名空间—确定—设为默认—确定。

具体操作如图 4-11 所示（如图中的❶→❷→❸→❹→❺→❻→❼，下文中序号意义相同）。

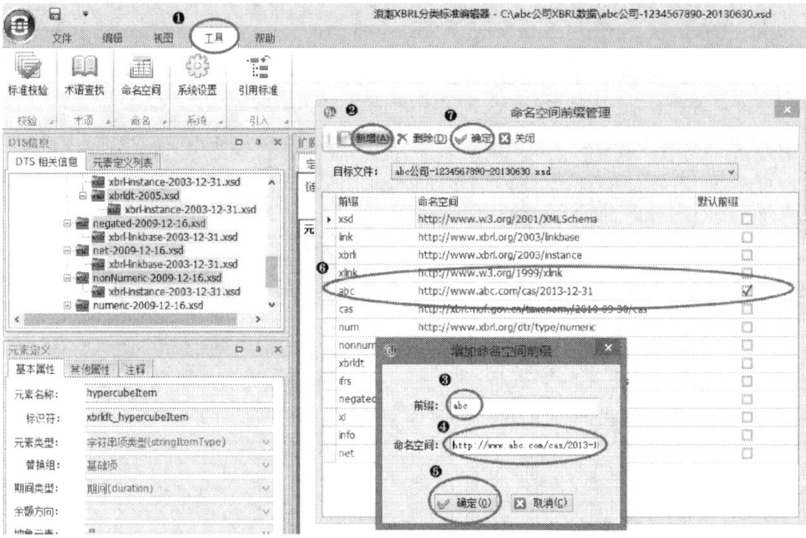

图 4-11　企业命名空间及前缀管理操作图

注意，此处设定默认命名空间前缀后，如果企业增加了扩展元素，则元素的 ID 标识符将自动显示为“abc_XXXX”的形式，如果是通用分类标准元素，其 ID 标识符将自动显示为“abc_XXXX”的形式，如此一来我们就容易区别扩展元素和引用元素。

4.3　引用参照的分类标准

由于创建企业扩展分类标准必须参照国家通用分类标准、石油天然气行业分类标准或者银行业分类标准，因此浪潮 XBRL 工具软件提供了参照标准引入功能。引用参照标准的基本步骤为：工具—引用标准—鼠标双击选择要参照的标准（只能选择其一），abc 公司不是石油天然气行业也不是银行业，因此参照国家通用分类标准，具体操作如图 4-12 所示。

从图 4-12 中看出，企业可引用的参照标准可以有国家通用分类标准、石油天然气行业分类标准、银行业分类标准及其他公司的分类标准等。引入参照标准后的主界面展示如图 4-13 所示。

这样，我们就可以根据参照标准区域内的通用分类的链接库结构和元素构建企业自己的扩展分类标准，一般是通过从参照标准中拖动元素或者 ELR 结构到企业扩展链接库中相应 ELR 角色下实现的。要注意参照的通用分类标准是不能编辑的。

图 4-12 参照分类标准引入界面

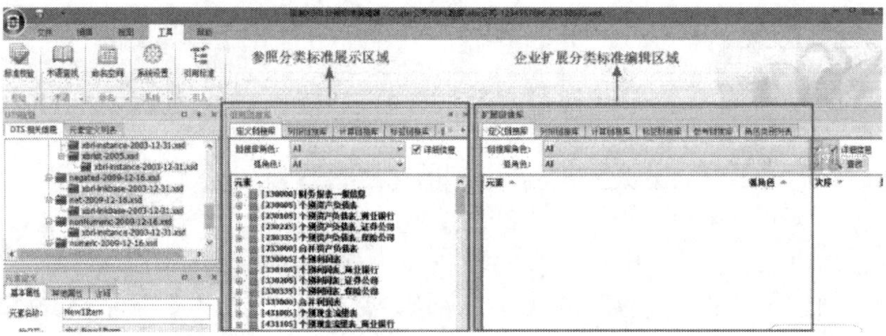

图 4-13 引入国家通用分类标准后的主界面

第 5 章　公司基本情况 ELR 构建

创建好前述企业扩展分类标准物理文件后，按照四步法的要求，进入 ELR 构建工作。在实际操作的时候，对企业原始财务报告进行 ELR 拆分，按照编报规则要求创建 ELR 角色代码的命名，然后对每个 ELR 进行表格建模，拖动元素构建元素的各种链接库。为了便于参阅，本书对选定的几个典型财务报告分别单独讲解。在实际的 XBRL 财务报告编制过程中也可以多人分工完成不同的 ELR 构建。

案例 2

abc 公司系 1992 年 12 月 22 日经广西壮族自治区桂体改股字（1992）43 号文批准，由 NN 市百货大楼进行股份制改组成立的定向募集股份有限公司，注册资本人民币 63 600 000.00 元，于 1993 年 2 月 28 日取得 NN 市工商行政管理局核发的（企）19828360-7 号企业法人营业执照，1996 年 5 月 15 日经证监会证监发审字〔1996〕65 号文批复同意，向社会公开发行人民币普通股 20 000 000 股，每股面值 1 元，1995 年 12 月 31 日发行结束后，增加注册资本人民币 26 820 000.00 元，于 1996 年 11 月 11 日取得 NN 市工商行政管理局换发的（企）123456789012345 号企业法人营业执照，注册资本变更为人民币 90 420 000.00 元。住所：NN 市 XX 路 XX 号。公司股东持股情况如表 5-1 所示。

表 5-1　公司股东持股情况

股东	股份数	持股比例/%
abc 资产经营有限责任公司	99 185 170	18.21
GZDB 企业集团有限公司	38 052 347	6.99
持股比例低于 5%的股东	407 417 843	74.80
合计	544 655 360	100

经公司登记机关核准，经营范围：国内贸易，进出口贸易；卷烟、雪茄烟的零售；进口、国产瓶装酒的零售；预包装食品、散装食品的批发兼零售；道路普通货物运输；停车场服务；餐饮；理发、生活美容；电子游艺机；公开发行国内版书刊的零售；自有房屋租赁；钟表维修，珠宝首饰维修；再生资源回收。

公司下设 9 个控股子公司（以下略）。

本公司财务报表以持续经营假设为基础编制，根据实际发生的交易和事项，按照财政部 2006 年 2 月 15 日颁布的《企业会计准则——基本准则》和 38 项具体会计准则、其后颁布的《企业会计准则应用指南》《企业会计准则解释》及其他相关规定（以下合称“企业会计准则”），以及证监会《公开发行证券的公司信息披露编报规则第 15 号——财务报告的一般规定》（2010 年修订）的披露规定编制。

遵循准则声明：本公司所编制的财务报表符合企业会计准则的要求，真实、完整地反映了公司的财务状况、经营成果、股东权益变动和现金流量等有关信息。（为了简化篇幅，有些内容进行了删减）

下面我们将按照前述五步法原理，通过 5 个步骤，完成 abc 公司一般信息披露的 XBRL 报告的生成。

5.1　创建公司基本情况扩展链接角色

上述 abc 公司一般信息内容较多，虽然里面有“公司股东持股情况表”，但是这个表在 XBRL 报告中无须单独披露，总体上看这个一般信息不是表格。但是在 XBRL 里面，我们要将每一个 ELR 展示成表格样式。在工具软件的参照区，我们在列报链接库查到通用分类标准中对应的扩展链接角色[130000]财务报表一般信息结构如图 5-1 所示。

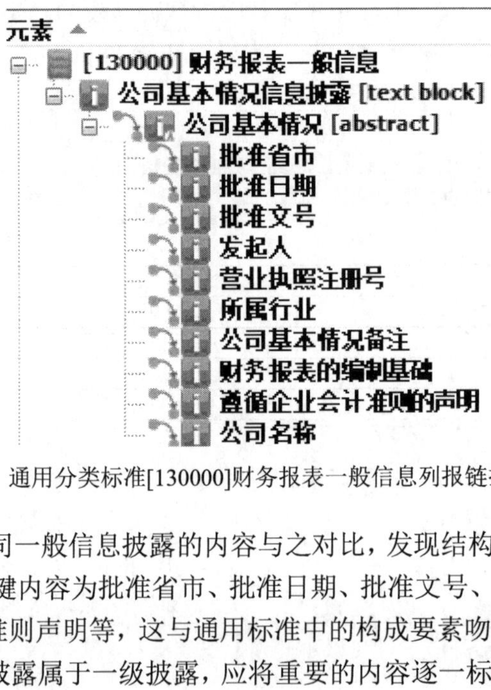

图 5-1　通用分类标准[130000]财务报表一般信息列报链接库展示

我们将 abc 公司一般信息披露的内容与之对比，发现结构差异虽然较大，但是披露内容里面的关键内容为批准省市、批准日期、批准文号、发起人、营业执照注册号、行业、遵循准则声明等，这与通用标准中的构成要素吻合，按照编报规则要求，企业一般信息披露属于一级披露，应将重要的内容逐一标记，并不要求披露所有内容。我们确定二者结构一致，采用非维度建模方式。

5.1.1 角色路径代码定义

按照通用分类标准编扳规则的要求，我们为其确定的角色类别列表信息为：

角色路径：http：//www.abc.com/role/cas/130000/000000/010011。①

（1）角色路径代码中编码 1“130000”表示参照的通用标准角色代码。

（2）角色路径代码中编码 2“000000”是通用分类标准的固定要求，如果是石油天然气行业或银行业，000000 应改为其他规定数值。

（3）对角色路径代码中编码 3“010011”解释如下。

①最前边 2 位代表披露信息的大类，取值及表示的含义：01 表示基本信息和 4 张主表；02 表示附注。

②中间 3 位“001”代表该角色在企业财务报告中的排列顺序，如公司总共需要的披露信息有 120 个。公司基本信息的披露顺序为 1，则其取值为 001；公司合并资产负债表的披露顺序为 2，则其取值为 002；或某事项的披露顺序是 102，则其取值为 102，公司基本信息是第一个需要披露的信息，则其取值为 001。

③末尾取值代码及含义：取值 1 表明是 1 级披露（公司基本信息和 4 张主表的末尾取值必须是 1）；取值 2 表明是 2 级披露（公司所有的附注信息块角色代码的末尾取值必须是 2）；取值 3 表明是 3 级披露（对会计政策、会计估计、会计差错相关的信息角色代码的末尾取值必须是 3）；取值 4 表明是 4 级披露（除会计政策、会计估计、会计差错外的其他附注信息角色代码的末尾取值必须是 4）。

5.1.2 角色路径定义

角色路径定义实质是对角色代码意义的英文说明，要符合一定的规范。根据编报规则 4.26.6 规定，我们为 abc 公司一般信息披露设置定义：[010011]Statements-General information about financial statement。

5.1.3 ELR角色的链接库选择

abc 公司一般信息 ELR 需要勾选标签、定义和列报链接库，由于这个表不涉及计算问题，同时按照规则要求无需对参考链接库定义，不勾选计算和参考链接库。

5.1.4 在浪潮XBRL工具软件中增加角色类别列表

在企业扩展链接库定义界面，依次执行角色类别列表—增加—输入角色路

① 按照通用分类标准编报规则 2015 年版的新规则，此处的角色路径编码取消了编码 2 部分的 6 个“0”，角色路径 http：//www.abc.com/role/cas/130000/010011。

径—输入定义内容—勾选链接库确定即可完成，如图 5-2 所示。

图 5-2　浪潮 XBRL 工具软件中增加角色类别列表

5.2　公司基本情况 ELR 元素提取与匹配

按照元素提取规则和映射规则，我们将 abc 公司一般信息 ELR 元素提取与匹配设计成表 5-2 形式。需要说明的是，通用分类标准中对每个 ELR 都封装在一个[text block]顶级元素下。例如，对企业一般信息 ELR 在通用分类标准中是封装在元素“公司基本情况信息披露[text block]”下的，但根据编报规则要求，企业的扩展分类标准一律要以标题元素[abstract]作顶级引领元素，本例中 abc 公司一般信息 ELR 的顶级引领元素是公司基本情况[abstract]。

表 5-2　abc 公司一般信息 ELR 元素提取与匹配

[010011]ELR 提取的元素	是否为虚元素	是否可匹配
公司基本情况[abstract]	是	是
批准省市	否	是
批准日期	否	是
批准文号	否	是
发起人	否	是

续表

[010011]ELR 提取的元素	是否为虚元素	是否可匹配
营业执照注册号	否	是
所属行业	否	是
公司基本情况备注	否	是
财务报表的编制基础	否	是
遵循企业会计准则的声明	否	是
公司名称	否	是

5.3　创建公司基本情况 ELR 扩展分类标准

5.3.1　确定元素属性

为[010011]ELR 提取的元素与通用分类标准元素完全匹配，其元素属性也直接使用通用分类标准的元素属性，无须更改元素的各种属性。

5.3.2　确定元素标签，构建标签链接库

abc 公司[010011]ELR 的元标签都是标准标签，无须定义标准标签之外的其他标签。因而此步省略。

5.3.3　对[010011]ELR确定定义关系，构建定义链接库结构

1. [010011]ELR 的定义关系（表 5-3）

表 5-3　[010011]ELR 的定义关系

父元素	子元素	弧角色	弧序号
公司基本情况 [abstract]	批准省市	http：//xbrl.org/int/dim/arcole/domain-member	1
公司基本情况 [abstract]	批准日期	http：//xbrl.org/int/dim/arcole/domain-member	2
公司基本情况 [abstract]	批准文号	http：//xbrl.org/int/dim/arcole/domain-member	3
公司基本情况 [abstract]	发起人	http：//xbrl.org/int/dim/arcole/domain-member	4
公司基本情况 [abstract]	营业执照注册号	http：//xbrl.org/int/dim/arcole/domain-member	5
公司基本情况 [abstract]	所属行业	http：//xbrl.org/int/dim/arcole/domain-member	6
公司基本情况 [abstract]	公司基本情况备注	http：//xbrl.org/int/dim/arcole/domain-member	7

续表

父元素	子元素	弧角色	弧序号
公司基本情况[abstract]	财务报表的编制基础	http：//xbrl.org/int/dim/arcole/domain-member	8
公司基本情况[abstract]	遵循企业会计准则的声明	http：//xbrl.org/int/dim/arcole/domain-member	9
公司基本情况[abstract]	公司名称	http：//xbrl.org/int/dim/arcole/domain-member	10

2. 构建[010011]ELR 的定义链接库结构

构建[010011]ELR 定义链接库步骤如下。

（1）在企业扩展链接库构建界面，用鼠标点击“定义链接库”，在空白处点击鼠标右键，弹出“添加扩展链接库角色”，如图 5-3 所示。

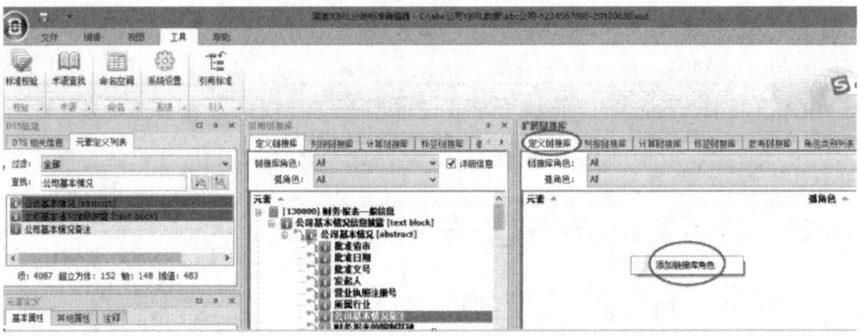

图 5-3　定义链接库添加扩展链接角色步骤 1

（2）在图 5-3 界面下点击“添加扩展链接角色”弹出图 5-4 所示界面。

图 5-4　定义链接库添加扩展链接角色步骤 2

在图 5-4 界面，我们选择前边增加的角色[010011]Statements-General information about financial statement，然后点击“确定”按钮，添加成功后弹出图 5-5 所示界面。

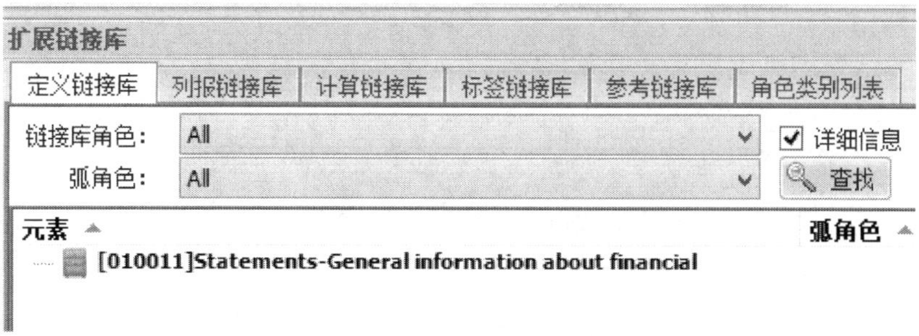

图 5-5　定义链接库添加扩展链接角色后的展示效果

（3）在定义链接库中给[010011]增添元素并设置层级和列报顺序。在图 5-6 界面，从参照的通用标准[130000]下拖动“元素公司基本情况[abstract]”到企业扩展分类标准的[010011]下，则会连同下级元素及其层级顺序关系整体拖动过去。

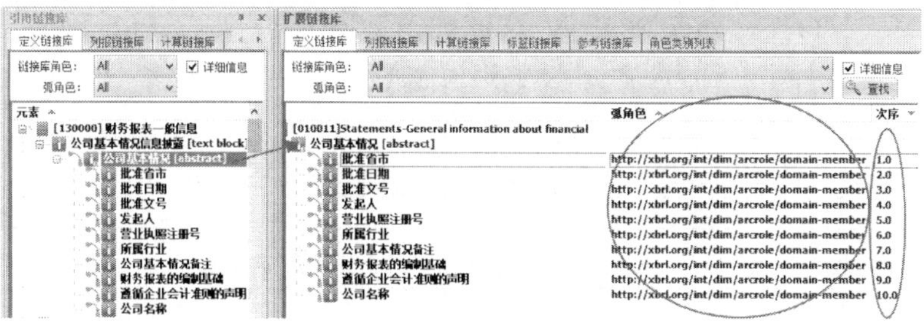

图 5-6　ELR[010011]的定义关系

需要说明的是，表 5-3 中的弧角色会由工具软件自动完成，无须人工操作。弧顺序也会由工具软件自动生成，企业可以根据实际需要通过设置元素的弧序号调整元素的先后展示顺序。图 5-6 中很清晰地展示了工具软件自动生成的定义链接库弧角色和元素次序。修改元素的序号可以按照图 5-7 所示的步骤进行，即：双击元素—点击设置按钮—点击弧页面—输入新的次序好—回车—保存。

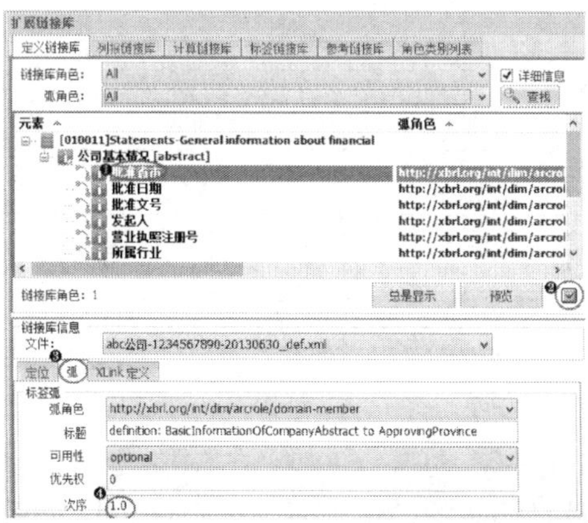

图 5-7　定义链接库中修改元素顺序的操作方法

在操作中，应随时注意保存文件，以确保所做的操作有效。保存文件示意图如图 5-8 所示。

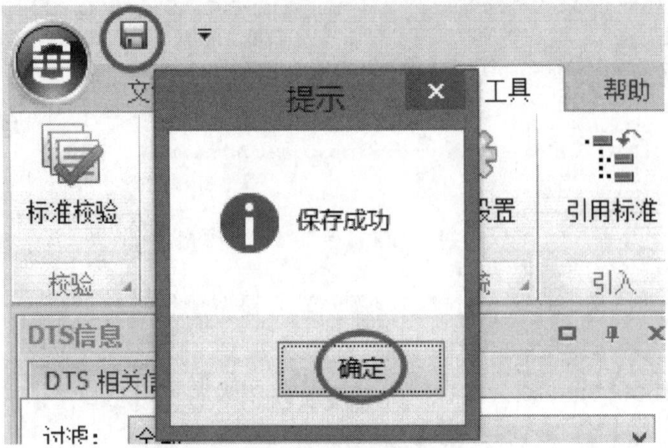

图 5-8　存文件示意图

5.3.4　构建公司基本情况ELR列报链接库结构

列报链接库主要是定义元素的上下层级及相互顺序，并为每个元素设置首选标签。

1. [010011]ELR 的列报关系（表 5-4）

表 5-4　[010011]ELR 的定义关系

父元素	子元素	弧序号	首选标签
公司基本情况[abstract]	批准省市	1	标准标签
公司基本情况[abstract]	批准日期	2	标准标签
公司基本情况[abstract]	批准文号	3	标准标签
公司基本情况[abstract]	发起人	4	标准标签
公司基本情况[abstract]	营业执照注册号	5	标准标签
公司基本情况[abstract]	所属行业	6	标准标签
公司基本情况[abstract]	公司基本情况备注	7	标准标签
公司基本情况[abstract]	财务报表的编制基础	8	标准标签
公司基本情况[abstract]	遵循企业会计准则的声明	9	标准标签
公司基本情况[abstract]	公司名称	10	标准标签

如果是直接根据通用标准的对应 ELR 生成的企业 ELR，则元素的首选标签、层级关系、顺序关系都是默认的，可以根据企业实际情况进行调整。

2. 利用工具软件完成列报链接库定义

有两种方法可以完成列报链接库定义工作。

方法一：与前述定义链接库的步骤类似，先在列报链接库中增加角色代码，再根据参照的通用分类标准对应 ELR 结构拖动元素或者结构到企业扩展列报链接库中，然后修改部分弧序号。

方法二：由于列报链接库和定义链接库的层级顺序很相近，可以根据已经定义好的定义链接库结构复制生成列报链接库。具体方法如下。

（1）在定义链接库选中链接角色代码，点击鼠标右键，然后点击复制到列报链接库。如图 5-9 所示。

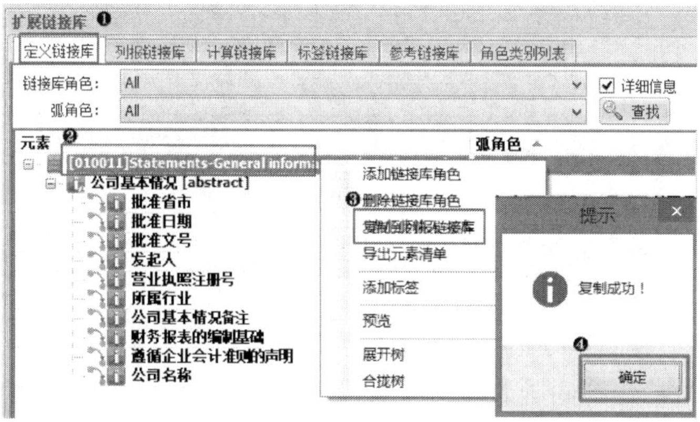

图 5-9　根据定义链接库复制生成列报链接库步骤

（2）到列报链接库中查看修改生成的列报链接库。如图 5-10 所示。

图 5-10　列报链接库编辑

本案例中，对 abc 公司的[010011]ELR 列报链接库无须做任何修改。

5.4　创建公司基本情况 ELR 的实例文档

按照前述四步法要求，创建完成企业扩展分类标准文件后就应创建实例文档。实例文档可以等到所有的 ELR 都构架完成后再创建，也可以分模块完成，每定义完一个 ELR，就对其创建实例文档。前已述及，创建实例文档包括创建上下文、定义货币单位、赋予事实值、确定数值型数据精度或小数点后位数。

5.4.1　生成公司基本情况的实例文档物理文件

在扩展分类标准编辑界面执行文件→新建，如图 5-11 所示。

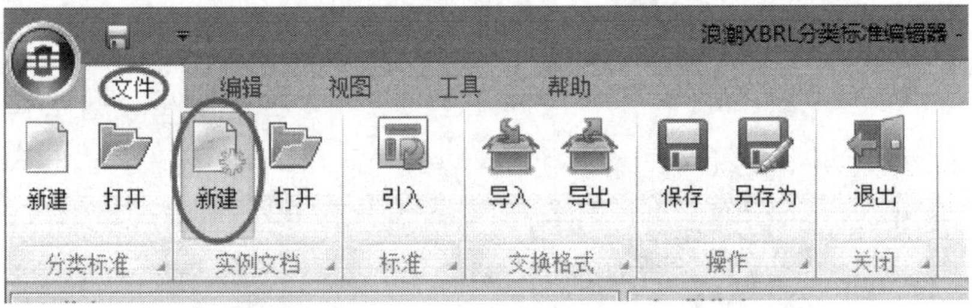

图 5-11　实例文档物理文件创建步骤 1

接下来出现图 5-12 所示的界面，打开之前保存好的企业扩展分类标准文件，依次执行步骤❶→❷→❸→❹→❺→❻即可完成实例文档物理文件的创建过程。

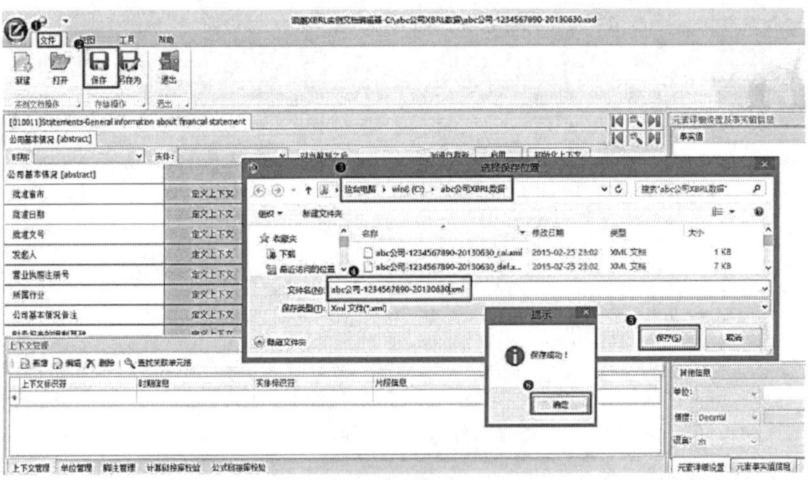

图 5-12　实例文档物理文件创建步骤 2

最后，我们可以进入到存储文件夹内查看生成的实例文档文件“abc 公司-1234567890-20130630”，如图 5-13 所示。

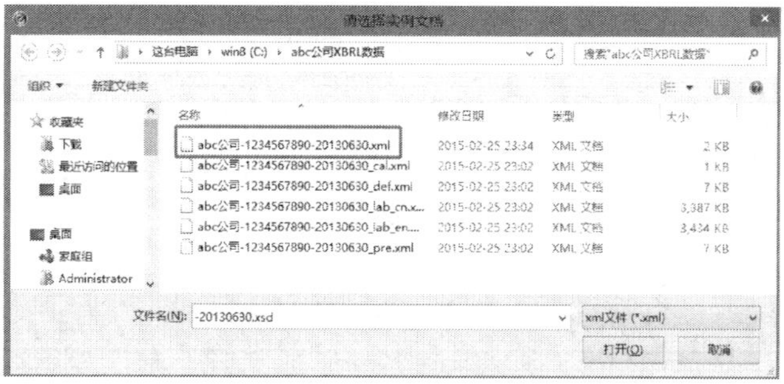

图 5-13　实例文档物理文件展示

我们观察到其文件大小只有 2 kB，是由于目前还没有进行任何实例文档定义设置，今后随着实例文档的后续编辑定义，其文件大小会越来越大。

5.4.2　在实例文档编辑器中创建上下文

根据需要，我们需要给[010011]ELR 的实例文档创建两个时期型上下文，如表 5-5 所示。

表 5-5　实例文档时期型上下文的创建

上下文 ID	标识符	Scheme	期间起始日期	期间结束日期
FY2013d	123456789012345	http：//www.saic.gov.cn/	2013-01-01	2013-12-31
FY2012d	123456789012345	http：//www.saic.gov.cn/	2012-01-01	2012-12-31

1. 创建时期型上下文 FY2013d

在浪潮 XBRL 实例文档编辑器中，用鼠标双击图 5-14 界面中的“定义上下文”。

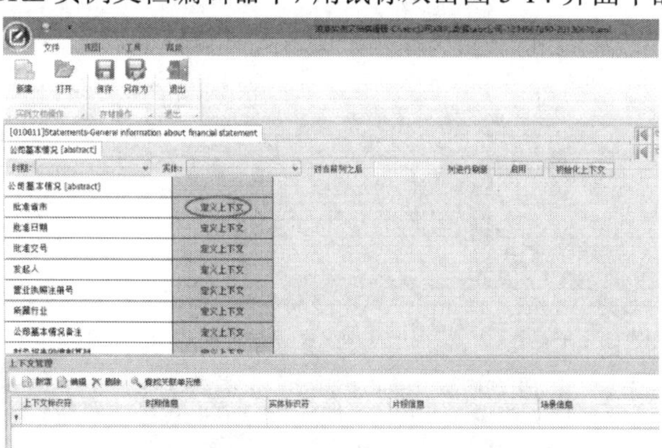

图 5-14　创建上下文示意图 1

接着弹出“添加上下文”窗口，如图 5-15 所示，依次执行❶→❷→❸→❹→❺，即可完成上下文 FY2013d 的定义。

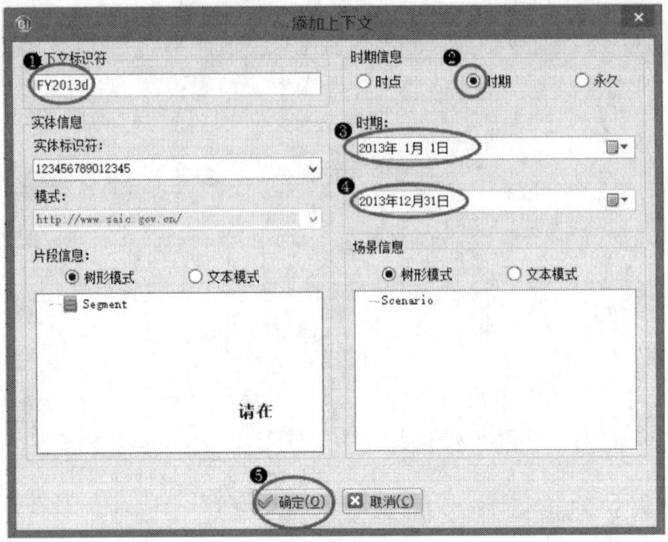

图 5-15　创建上下文示意图 2

2. 创建时期型上下文 FY2012d

我国提供的财务报告都是连续两年的比较报告，因此定义了针对 2013 年的上下文后还应该定义针对 2012 年的上下文 FY2012d。按照图 5-16 中的操作步骤❶→❷→❸→❹→❺→❻→❼即可完成。

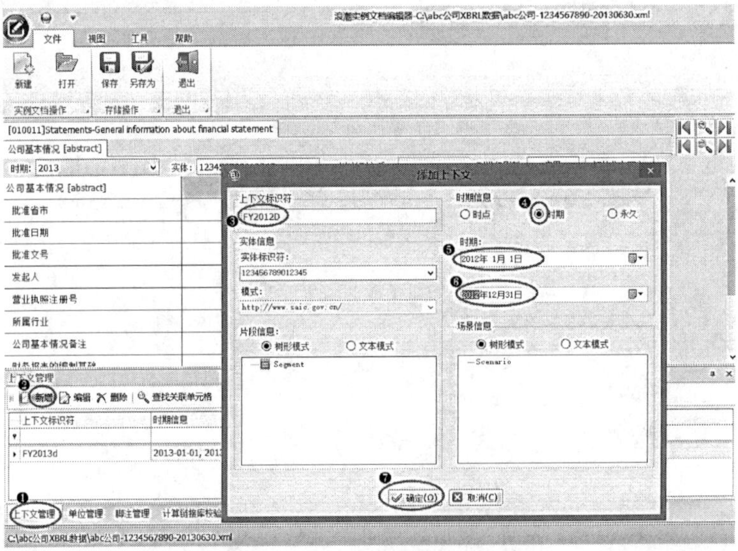

图 5-16　创建上下文示意图 3

需要注意，此处创建的两个上下文不仅仅是用于[010011]ELR 的，针对 abc 公司其他 ELR 的非维度时期型上下文是通用的，后面如果涉及其他 ELR 的时期型上下文 FY2013d、FY2012d 就无须再建。

3. 保存实例文档文件

需要注意的是，创建完上下文后，需要对实例文档进行保存，在工具软件中应当养成随时保存文件的习惯。此处从略。

5.4.3 赋予事实值

1. 提炼出 abc 公司一般信息模块各元素的事实值

2. 给各元素赋予实施值

在实例文档中给各元素赋值界面如图 5-17 所示。现说明如下：

（1）对实例文档赋值，首先要选中需要赋值的 ELR（如图 5-17 中的❶），本案例选中[010011]。接着必须选中上下文时间（如图 5-18 中的❷）。本案例选中上下文时间 2013 年。

（2）实例文档展示表格中，第一个元素“公司基本情况[abstract]”是结构性标题虚元素，无须赋值（其在表格展示区显示为灰色），其他元素都需要赋值，如对批准省市元素赋值。

（3）我们可以在实例文档表格展示区 A 处赋值，也可以在 A 处的事实值编辑区 B 处赋值，二者可以达到相同的目标。

（4）赋值时可以手工输入，也可以从电子版中拷贝数据粘贴过来，拷贝粘贴的效率更高。

（5）批准日期元素赋值注意格式必须为 yyyy-mm-dd，代表年-月-日。

（6）最后的三个元素，公司基本情况备注、财务报表的编制基础、企业遵循会计准则的说明是字符串型元素[string]用来存放大段的文本信息（不能包含表格），如果元素类型是文本块[text block]，可以用来存放文本和表格。文本块元素的编辑只能在事实值编辑区单独编辑，最后以 HTML 格式显示于实例文档表格内。

（7）实例文档中的事实值数据要和企业原始报告中的信息保持一致。

（8）对 2012 年的[010011]ELR 也要赋值，即使两个年份的基本信息完全一致，也要赋予相同的数据。本案例中，在图 5-17 界面，再选中 2012 年，重复上述操作即可完成对 2012 年的赋值工作。（此处从略）

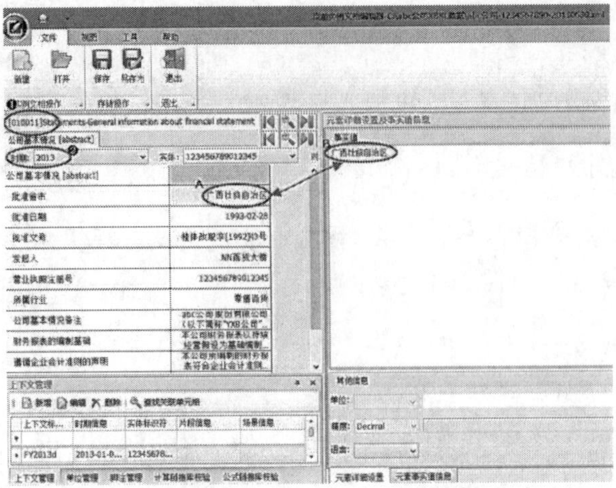

图 5-17　实施文档元素赋值

5.5　校验扩展分类标准和实例文档

为了确保每个 ELR 的结构和数据的正确性，建议构建完一个 ELR 的结构后先对其进行企业扩展分类标准校验。对其填写完实例文档后，再对实例文档进行校验。这两种校验可以借助工具软件来完成。

5.5.1　企业扩展分类标准校验

在企业扩展分类编辑器界面，按照图 5-18 所示步骤，可以完成企业扩展分类标准校验。最后的校验结果表中红色信息是校验出有错误的地方，需要进一步排查修改后再校验。校验结果表可以导出为外部 Excel 格式文件，可以方便深入分析错误。企业扩展分类标准的校验最好在实例文档赋值前完成。

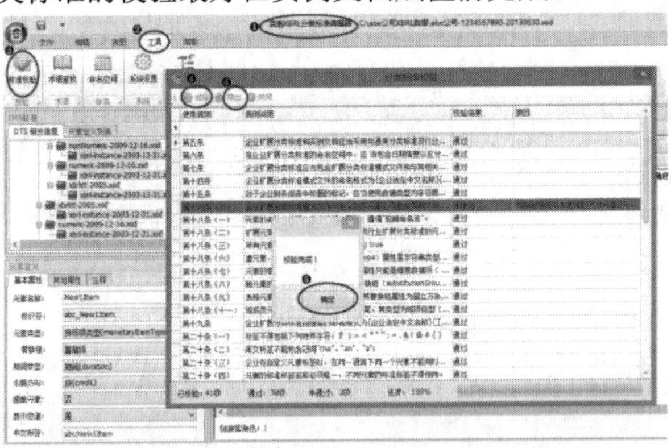

图 5-18　企业扩展分类标准工具软件校验示意图

5.5.2　企业实例文档校验

在企业扩展分类编辑器界面，按照图 5-19 所示步骤，可以完成企业实例文档的校验。最后的校验结果表中红色信息是校验出有错误的地方，需要进一步排查修改后再校验。校验结果表可以导出为外部 Excel 格式文件，可以方便深入分析错误。

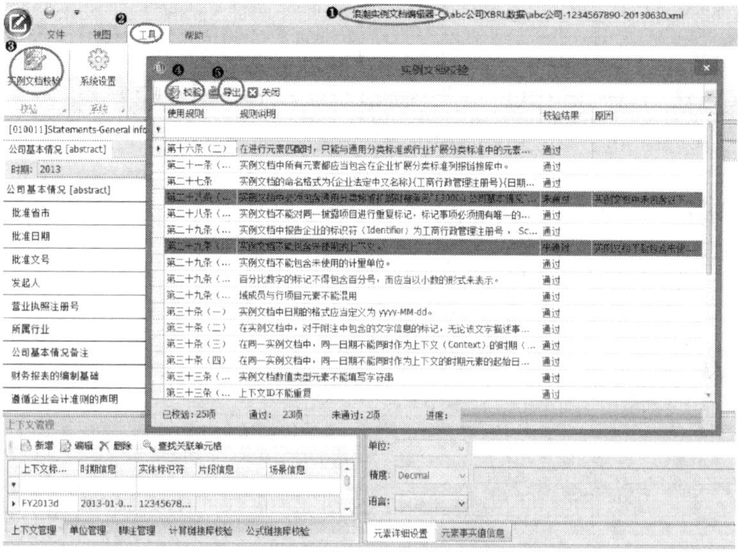

图 5-19　企业实例文档工具软件校验示意图

关于校验错误的整改，我们后边会有专题案例分析，此处不再赘述。

第 6 章　合并利润表 ELR 构建

6.1　创建合并利润表扩展链接角色

6.1.1　案例3

abc 公司 2013 年合并利润表如表 6-1 所示。

表 6-1　abc 公司合并利润表（2013 年 1～12 月）（单位：元　币种：人民币）

项目	本期金额	上期金额
一、营业总收入	2 895 113 857.35	2 641 499 332.29
主营业务收入	2 000 000 000.35*	2 000 000 000.29
其他业务收入	895 113 857	641 499 332
二、营业总成本	2 871 282 602.17	2 560 746 631.10
主营业务成本	2 000 000 000.41	2 000 000 000.70
其他业务成本	457 694 847	220 066 415
营业税金及附加	36 870 452.34	24 265 154.62
销售费用	135 056 337.23	116 128 349.20
管理费用	231 498 032.95	189 293 322.58
财务费用	10 779 118.66	9 965 454.68
资产减值损失	−616 186.42	1 027 934.32
加：公允价值变动收益（损失以“－”号填列）	0	0
投资收益（损失以“－”号填列）	908 624.99	731 521.38
汇兑收益（损失以“－”号填列）	0	0
三、营业利润（亏损以“－”号填列）	24 739 880.17	81 484 222.57
加：营业外收入	5 348 539.72	631 941.92
减：营业外支出	372 699.12	1 003 085.99
其中：非流动资产处置损失	84 572.28	57 304.48
四、利润总额（亏损总额以“－”号填列）	29 715 720.77	81 113 078.50
减：所得税费用	12 750 123.16	16 694 634.08
五、净利润（净亏损以“－”号填列）	16 965 597.61	64 418 444.42

续表

项目	本期金额	上期金额
同一控制下企业合并被合并方在合并前实现的净利润	0	0
归属于母公司所有者的净利润	10 000 000.00	60 000 000.42
少数股东损益	6 965 597.61	4 418 444
六、每股收益		
基本每股收益	0.031 1	0.118 3
稀释每股收益	0.031 1	0.118 3
七、其他综合收益	0	0
八、综合收益总额	16 965 597.61	64 418 444.42
归属于母公司所有者的综合收益总额	10 000 000.00	60 000000.42
归属于少数股东的综合收益总额	6 965 597.61	4 418 444

*：abc 公司的其他业务收入来源主要有出售材料收入和仓库租赁收入。

案例要求：据此创建 abc 公司合并利润表 ELR 并填写实例文档。

6.1.2 将合并利润表的结构与通用标准进行比较

在工具软件的参照区，我们在列报链接库查到通用分类标准中对应的扩展链接角色[333000]，合并利润表结构如图 6-1 所示。

图 6-1　通用分类标准[333000]合并利润表列报结构

经过对比，我们发现 abc 公司合并利润表的结构和通用分类标准中合并利润表的内容结构基本相同，对其建模方式采用非维度结构。二者的差异有以下两点。

（1）abc 公司合并利润表中的元素主营业务收入、其他业务收入、主营业务成本、其他业务成本在通用分类标准的合并利润表[333000]中不存在，但是经过查找，我们在通用分类标准[330335]个别利润表_保险公司中找到了其他业务收入和其他业务成本两个元素，如图 6-2 所示。

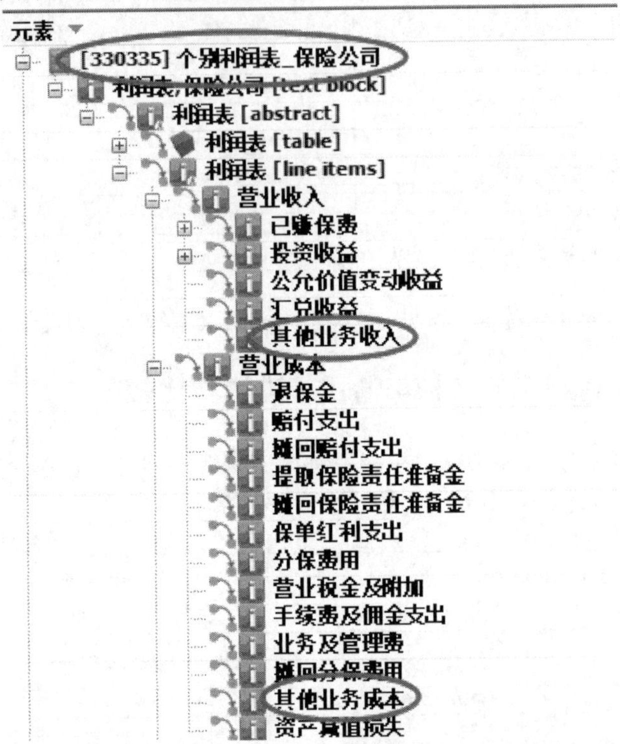

图 6-2　通用分类标准[330335]个别利润表_保险公司列报展示

主营业务收入和主营业务成本 2 个元素需要扩建。

（2）用分类标准的合并利润表[333000]中的利息收入、已赚保费、手续费及佣金收入、利息支出、手续费及佣金支出、退保金、赔付支出净额、提取保险合同准备金净额、保单红利支出、分保费用是 abc 公司合并利润表中没有的。

6.1.3　创建合并利润表扩展链接角色

据此，我们对 abc 公司合并利润表扩展链接角色设计如下。

1. 角色路径代码定义

abc 公司的合并利润表是第一类报表中的第三张报表，按照通用分类标准编报规则的要求，我们为其确定的角色类别列表信息为：角色路径：http：//www.abc.com/role/cas/333000/000000/010031。

2. 角色路径定义

我们为 abc 公司一般信息披露设置的定义：Statements-Consolidated and company income statements。

3. ELR 角色的链接库选择

abc 公司合并利润表 ELR 需要勾选标签、定义和列报链接库，由于合并利润表有计算关系，还必须勾选计算链接库。

4. 用浪潮 XBRL 工具软件增加合并利润表角色类别

在企业扩展链接库定义界面，依次执行角色类别列表→增加→输入角色路径→输入定义内容→勾选链接库确定即可完成，如图 6-3 所示。

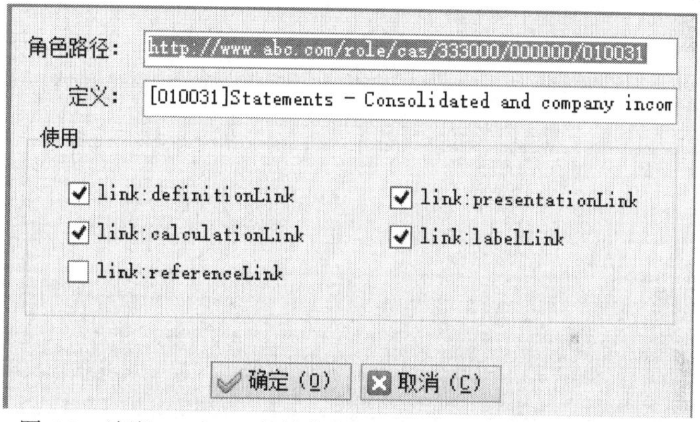

图 6-3　浪潮 XBRL 工具软件中增加合并利润表角色类别列表

6.2　合并利润表 ELR 元素提取与匹配

按照元素提取规则和映射规则，我们将 abc 公司合并利润表 ELR 元素提取与匹配情况设计成表 6-2 形式。

表 6-2　010031 ELR 元素映射表

[010031]ELR 提取的元素	是否为虚元素	是否可匹配
利润表[abstract]	是	是
营业总收入	否	是

续表

[010031]ELR 提取的元素	是否为虚元素	是否可匹配
主营业务收入	否	否（需要扩建）
其他业务收入	否	是
营业总成本	否	是
主营业务成本	否	否（需要扩建）
其他业务成本	否	是
营业税金及附加	否	是
销售费用	否	是
管理费用	否	是
财务费用	否	是
资产减值损失	否	是
公允价值变动收益	否	是
投资收益	否	是
汇兑收益	否	是
营业利润	否	是
营业外收入	否	是
营业外支出	否	是
非流动资产处置损失	否	是
利润总额	否	是
所得税费用	否	是
净利润	否	是
同一控制下企业合并被合并方在合并前实现的净利润	否	是
归属于母公司所有者（股东）的净利润	否	是
少数股东损益	否	是
每股收益[abstract]	是	是
基本每股收益	否	是
稀释每股收益	否	是
其他综合收益	否	是

6.3　创建合并利润表 ELR 的扩展分类标准

6.3.1　创建扩展元素

1. 需要扩展元素列表

表 6-2 中的主营业务收入和主营业务成本是通用分类标准中没有的元素，我

们需要扩展这两个元素以满足需要。这两个扩展元素的各种属性及标签情况如表 6-3 所示。

表 6-3　abc 公司合并利润表 ELR 扩展元素表

元素名称	OperatingSalesRevenue	OperatingCostOfSales
标识符（ID）	abc_ OperatingSalesRevenue	abc_ OperatingCostOfSales
元素类型	货币型（monetaryItemType）	货币型（monetaryItemType）
替换组	基础项（item）	基础项（item）
期间类型	期间（durationu）	期间（durationu）
余额方向	贷（credit）	借（debit）
抽象元素	否	否
显示空值	是	是
中文标签	主营业务收入	主营业务成本
英文标签	Operating Sales Revenue	Operating Cost Of Sales

2. 利用浪潮 XBRL 工具软件创建扩展元素

在扩展分类标准中新增元素主营业务收入，依次执行图 6-4 中的步骤❶→❷→❸→❹→❺→❻→❼→❽→❾→❿即可完成元素的创建。

图 6-4　浪潮 XBRL 工具添加元素示意图

图 6-4 中必须人工输入的项目有：元素名称、期间类型、余额方向和中文标签。其他项目会由软件自动填入默认值。英文标签是通过点击“标准标签”按钮后软件自动将驼峰命名法的元素名称拆分后填入。点击“同步”按钮可将标准中文标签和英文标签加入该元素对应的标签链接库中，标准标签在标签链接库中的展示效果如图 6-5 所示。完成上述步骤后一定要进行保存。

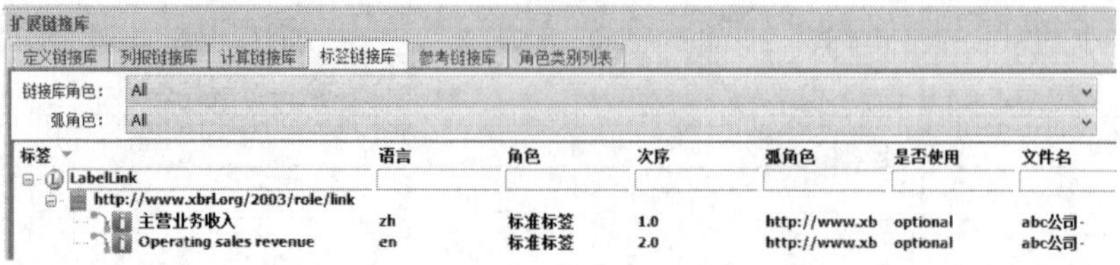

图 6-5　主营业务收入元素的标准标签展示

用同样的方法我们可以创建其他业务收入、主营业务成本、其他业务成本三个元素。在元素编辑界面，我们还可以实现元素的查询、修改、删除等操作。

6.3.2　确定元素标签，构建标签链接库

1. 确定 ELR 中各元素在展示形式“标签”

经分析，abc 公司[010031]ELR 的元素标签大多是标准标签，有个别元素需要以长标签形式显示，我们为 abc 公司[010031]ELR 构建的元素标签表如表 6-4 所示。

表 6-4　abc 公司合并利润表元素标签设计

元素首选标签展示	标签类型
利润表[abstract]	标准标签
一、营业总收入	标准标签
主营业务收入	标准标签
其他业务收入	标准标签
二、营业总成本	标准标签 (有时候需要使用负值标签）
主营业务成本	标准标签
其他业务成本	标准标签
营业税金及附加	标准标签
销售费用	标准标签
管理费用	标准标签
财务费用	标准标签
资产减值损失	标准标签
加：公允价值变动收益（损失以“－”号填列）	长标签
投资收益（损失以“－”号填列）	长标签

续表

元素首选标签展示	标签类型
其中：对联营企业和合营企业的投资收益	长标签
汇兑收益（损失以“－”号填列）	长标签
三、营业利润（亏损以“－”号填列）	标准标签
加：营业外收入	长标签
减：营业外支出	长标签
其中：非流动资产处置损失	长标签
四、利润总额（亏损总额以“－”号填列）	长标签
减：所得税费用	长标签
五、净利润（净亏损以“－”号填列）	标准标签
同一控制下企业合并被合并方在合并前实现的净利润	标准标签
归属于母公司所有者的净利润	标准标签
少数股东损益	标准标签
六、每股收益[abstract]	标准标签
基本每股收益	标准标签
稀释每股收益	标准标签
七、其他综合收益	标准标签
八、综合收益总额	标准标签
归属于母公司所有者的综合收益总额	标准标签
归属于少数股东的综合收益总额	标准标签

表 6-4 中，公允价值变动收益、投资收益、对联营企业和合营企业的投资收益、汇兑收益、营业外收入、营业外支出、非流动资产处置损失、利润总额、所得税费用等元素需要按长标签展示，我们需要为这些元素扩展长标签。扩展标签需要的要素如表 6-5 所示。

表 6-5　abc 公司标签扩展一览表

元素中文名称	中英文标签	首选标签值	标签类型
元素： 公允价值变动收益	中文标签	加：公允价值变动收益（损失以“－”号填列）	长标签
	英文标签	Add：Profit or loss arising from changes in fair value（Loss “–” on the list）	
元素： 投资收益	中文标签	投资收益（损失以“－”号填列）	长标签
	英文标签	Investment income（Loss“–” on the list）	
元素： 对联营企业和合营企业的投资收益	中文标签	其中：对联营企业和合营企业的投资收益	长标签
	英文标签	Among them：Income from investment in associates and joint ventures	
元素： 汇兑收益	中文标签	汇兑收益（损失以“－”号填列）	长标签
	英文标签	Foreign exchange gain（Loss “–” on the list）	

续表

元素中文名称	中英文标签	首选标签值	标签类型
元素：营业外收入	中文标签	加：营业外收入	长标签
	英文标签	Add：Non operating income	
元素：营业外支出	中文标签	减：营业外支出	长标签
	英文标签	Reduction ：Non operating expenses	
元素：非流动资产处置损失	中文标签	其中：非流动资产处置损失	
	英文标签	Among them：Loss from disposal of non current assets	
元素：利润总额	中文标签	利润总额（亏损总额以“－”号填列）	长标签
	英文标签	Profit loss before tax（Loss “–” on the list）	
元素：所得税费用	中文标签	减：所得税费用	长标签
	英文标签	Reduction ：Income tax expense	

2. 利用工具软件给上述元素添加标签角色

在浪潮 XBRL 工具软件为元素添加标签角色的操作如下。

（1）先在元素定义列表编辑区将过滤器选为“全部”，表示要从全部元素内搜索元素，接着在查找内容栏内输入需要定义的元素全部名称或者部分名称，本案例中我们输入“公允价值变动收益”，系统会自动把带有“公允价值变动收益”的所有元素列示出来，我们用鼠标双击选中找到的元素“公允价值变动收益”备用。操作步骤如图 6-6 所示。

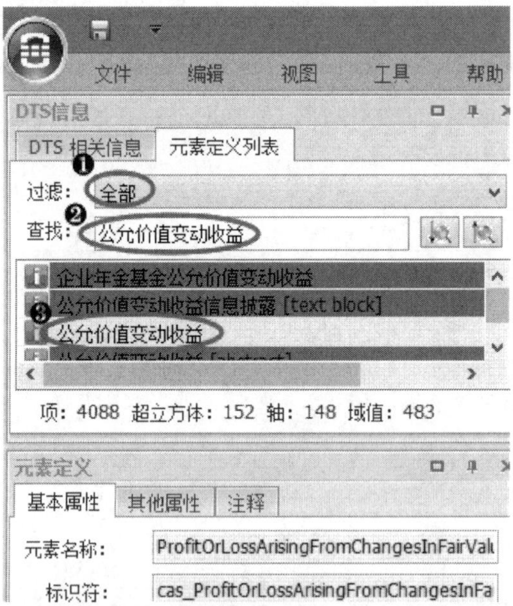

图 6-6　XBRL 工具软件中查找定位元素示例

（2）在扩展链接库编辑界面，用鼠标点击“标签链接库”，再将鼠标对准原已有标签的最后一个点击鼠标右键，弹出菜单，从中选中“添加标签”，操作如图 6-7 所示。

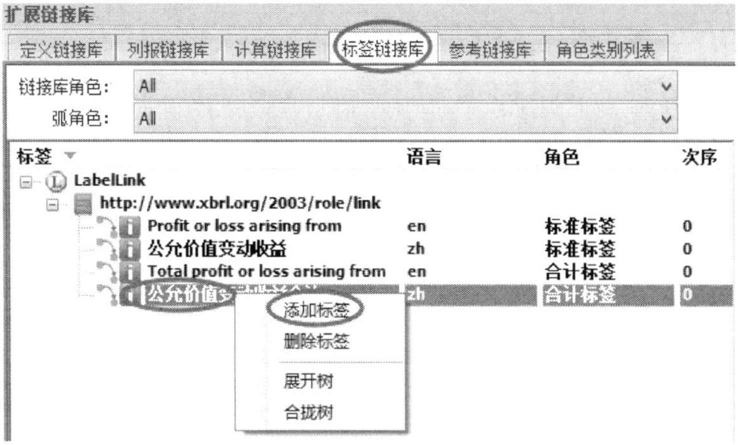

图 6-7　标签链接库添加标签示意图 1

（3）在新增标签编辑框内依次输入中文标签、英文标签、选定标签角色，如图 6-8 所示（图中的❶→❷→❸）。

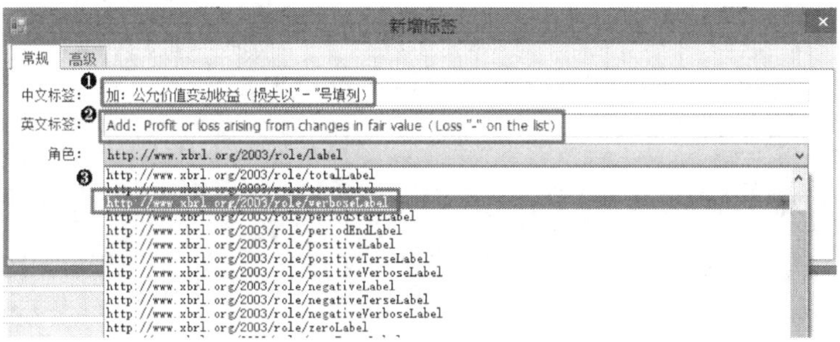

图 6-8　标签链接库添加标签示意图 2

（4）添加成功后可在标签链接库查看到新增的中英文标签，如图 6-9 所示。

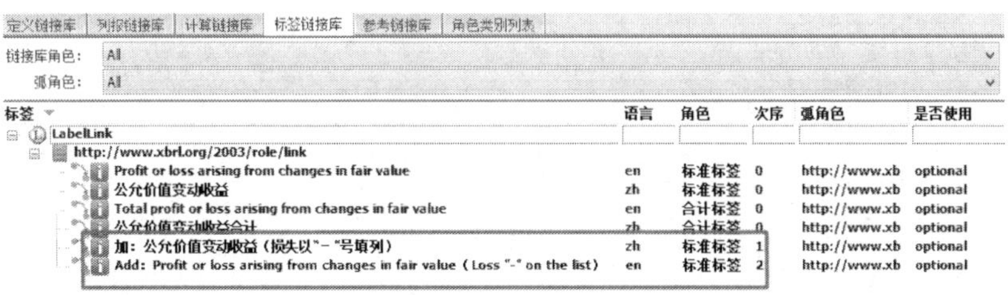

图 6-9　标签链接库添加标签示意图 3

重复上述步骤，可以为其他几个元素添加标签，此处从略。

6.3.3 对[010031]ELR确定定义关系，构建定义链接库结构

1. [010031]ELR 的定义关系（表 6-6）

需要特别说明的是，按照国际惯例，非维度表无须考虑定义链接库。但是我国通用分类标准编报规则 2013 年版要求所有的 ELR 无论是否维度表都需要在定义链接库中反映，本案例遵循此规定，对非维度表 ELR 也构建定义链接库。如果今后的编报规则有新的变化，可以不对非维度表构建定义链接库，则可跳过此步骤。

表 6-6 [010031]ELR 的定义关系

父元素	子元素	弧序号
利润表[abstract]	营业总收入	1
营业总收入	主营业务收入	1
营业总收入	其他业务收入	2
利润表[abstract]	营业总成本	2
营业总成本	主营业务成本	1
营业总成本	其他业务成本	2
营业总成本	营业税金及附加	3
营业总成本	销售费用	4
营业总成本	管理费用	5
营业总成本	财务费用	6
营业总成本	资产减值损失	7
利润表[abstract]	公允价值变动收益	3
利润表[abstract]	投资收益	4
投资收益	对联营企业和合营企业的投资收益	1
利润表[abstract]	汇兑收益	5
利润表[abstract]	营业利润	6
利润表[abstract]	营业外收入	7
利润表[abstract]	营业外支出	8
营业外支出	非流动资产处置损失	1
利润表[abstract]	利润总额	9
利润表[abstract]	所得税费用	10
利润表[abstract]	净利润	11
净利润	同一控制下企业合并被合并方在合并前实现的净利润	1
净利润	归属于母公司所有者的净利润	2
净利润	少数股东损益	3
利润表[abstract]	每股收益[abstract]	12
每股收益[abstract]	基本每股收益	1

续表

父元素	子元素	弧序号
每股收益[abstract]	稀释每股收益	2
利润表[abstract]	其他综合收益	13
利润表[abstract]	综合收益总额	14
综合收益总额	归属于母公司所有者的综合收益总额	1
综合收益总额	归属于少数股东的综合收益总额	2

2. 利用浪潮 XBRL 工具软件构建[010031]ELR 定义链接库

在定义链接库编辑界面点击鼠标右键，添加扩展链接角色[010031]到定义链接库下。在定义链接库中给[010011]增添元素并设置层级和列报顺序。从参照的通用标准[333000]下拖动“利润表[abstract]”到企业扩展分类标准的[010031]下，则会连同下级元素及其层级顺序关系整体拖动过去。拖动方法是对准参照的[333000]合并利润表下的元素“利润表[abstract]”，点击鼠标左键并按住左键不放，将选中元素拖动到扩展链接库下的[010031]下并松开左键，如图 6-10 所示。

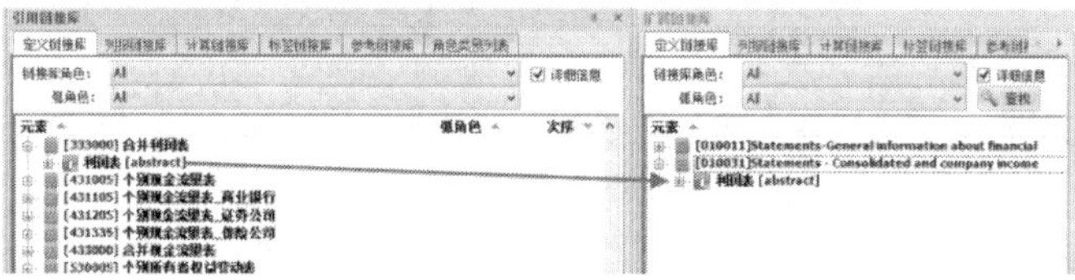

图 6-10　拖动[333000]下的元素到扩展链接库下

在企业扩展链接库编辑区，展开[010031]下的目录树（图 6-11），注意框内的几个元素是 abc 公司不需要的，应将其删除。

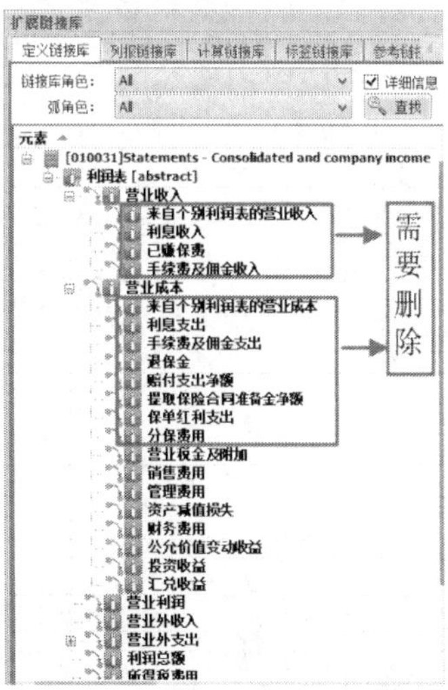

图 6-11　定义链接库目录树展开

在定义链接库下删除元素的方法是：首先用鼠标批量选中要删除的元素（左手按住键盘键“Ctrl”不放，右手用鼠标逐个点击要删除的元素，被选中的元素背景会变为蓝色，然后点击鼠标右键，弹出菜单项，点击删除标签即可。如图 6-12 所示。

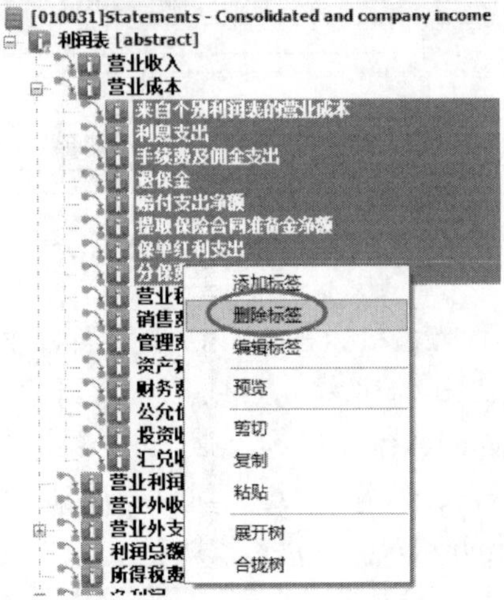

图 6-12　在定义链接库中删除多余元素

在元素编辑区找到元素“主营业务收入”和“其他业务收入”，用鼠标左键点击并按住左键不放，拖动元素到扩展链接库下[010031]下的“营业收入”下，如图 6-13 所示。

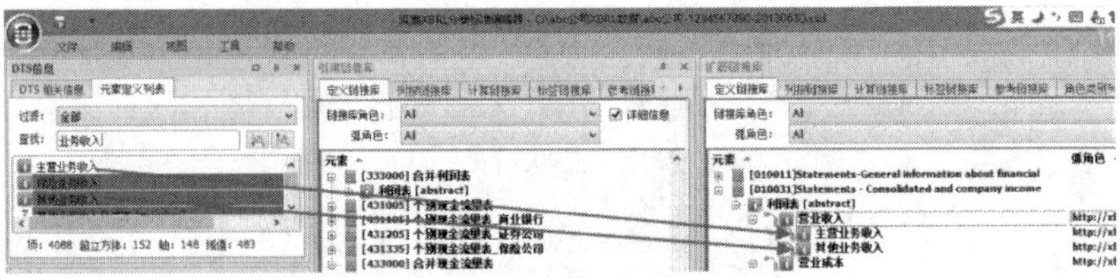

图 6-13　拖动元素到定义链接库示意图 1

用同样的方法，从元素区找到元素“主营业务成本”和“其他业务成本”，拖动到[010031]下的“营业成本”元素下，如图 6-14 所示。

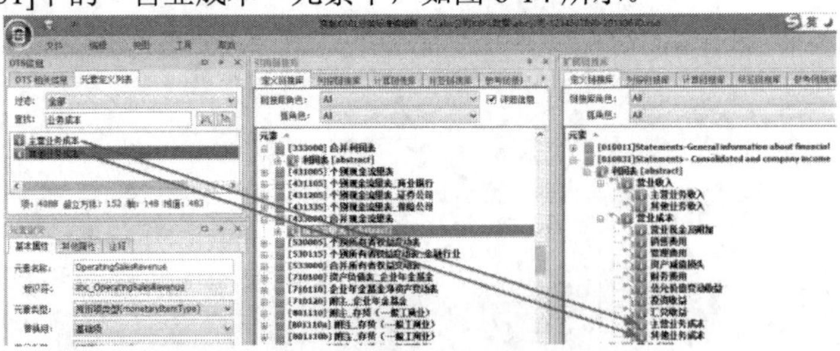

图 6-14　拖动元素到定义链接库示意图 2

abc 公司合并利润表原始报告中，主营业务成本和其他业务成本分别排列在营业成本元素下的第一位和第二位，我们在定义链接库添加的这两个元素，顺序排在了最后两位，为此我们需要通过调整它们的弧序号来改变排列顺序。本案例中，我们需要将主营业务成本元素的弧序号改成 0.5（可以是带小数点的小数），把其他业务支出元素的弧序号改成 0.6。修改弧序号的方法如图 6-15 所示。

图 6-15　定义链接库修改元素弧序号示意图

通过调整，我们得到最终的[010031]的定义链接库结构，展示效果如图 6-16 所示。

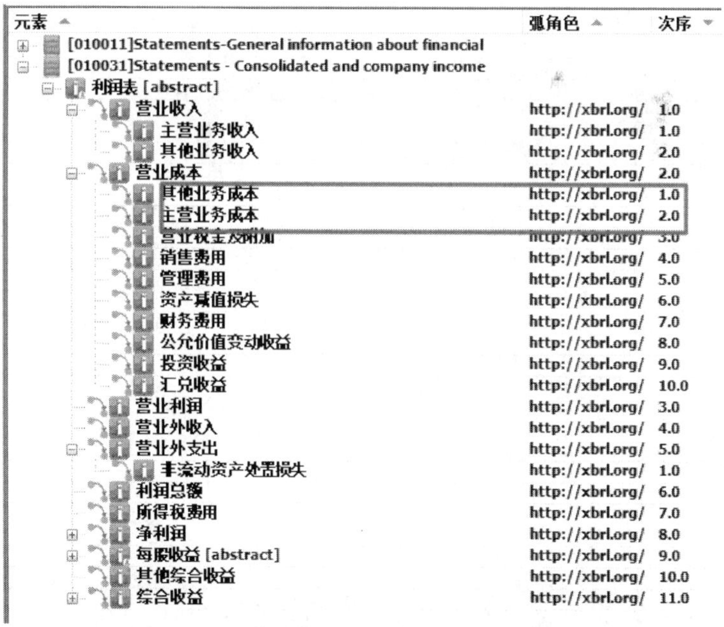

图 6-16　调整后的[010031]定义链接库结构

6.3.4 对[010031]ELR确定列报关系，构建列报链接库结构

我们用前述方法，根据定义链接库复制生成[010031]的列报链接库。对于非维度表而言，列报链接库和定义链接库结构内容完全一致，显示效果和图 6-10 所示一致。

在列报链接库中，设置元素的首选标签。按照前述表 6-5 的标签规划，我们利用工具软件，为几个特殊元素设置规范化的首选标签。例如，我们将元素“投资收益”的首选标签设长标签“投资收益”（损失以“－”号填列），以使该元素能按照原始报告的原样展示元素，符合人们的习惯。设置元素的首选标签的方法（图 6-17）如下：

（1）在定义链接库双击元素“汇兑收益”；

（2）用鼠标点击设置按钮；

（3）进入“弧”设计页面；

（4）点击首选标签设置按钮；

（5）选中首选标签类型为长标签；

（6）在列报链接库中观察到元素“汇兑损益”已经变成了“投资收益”（损失以“－”号填列）。

用同样的方法设置其他几个元素的首选标签，此处从略。

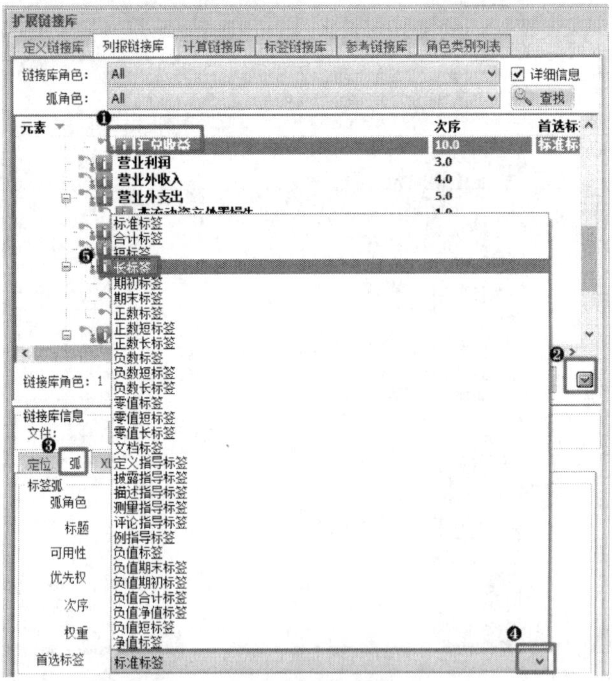

图 6-17　在列报链接库中设置首选标签

设置完首选标签后的定义的列报链接库展示效果如图 6-18 所示，观察几个长标签的显示效果。

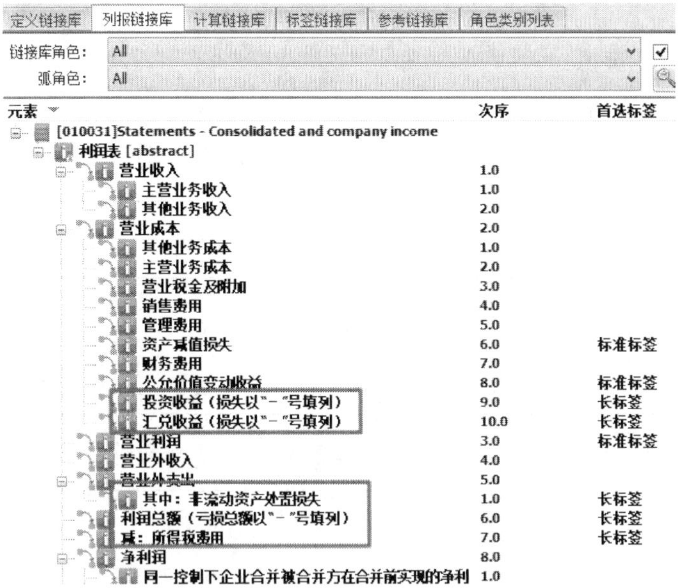

图 6-18　[010031]设置完首选标签后的列报链接库展示

6.3.5　对[010031]ELR确定计算关系，构建计算链接库

abc 公司的合并利润表存在下面几个计算关系。

1. 基本计算关系

营业总收入=主营业务收入+其他业务收入；

营业总成本=主营业务成本+其他业务成本+营业税金及附加+销售费用+管理费用+财务费用+资产减值损失；

营业利润=营业总收入−营业总成本+公允价值变动收益+投资收益；

利润总额=营业利润+营业外收入−营业外支出；

净利润=利润总额−所得税费用；

综合收益总额=净利润+其他综合收益。

具体计算链接库设计如表 6-7 所示。

表 6-7　abc 公司合并利润表 ELR 的计算关系设计 1

层级	元素的计算关系	权重
1	综合收益总额	
2	净利润	1.0

续表

层级	元素的计算关系	权重
3	利润总额	1.0
4	营业利润	1.0
5	营业总收入	1.0
6	主营业务收入	1.0
6	其他业务收入	1.0
5	营业总成本	−1.0
6	主营业务成本	1.0
6	其他业务成本	1.0
6	营业税金及附加	1.0
6	销售费用	1.0
6	管理费用	1.0
6	财务费用	1.0
6	资产减值损失	1.0
5	公允价值变动收益	1.0
5	投资收益	1.0
5	汇兑收益	1.0
4	营业外收入	1.0
4	营业外支出	−1.0
3	所得税费用	−1.0
2	其他综合收益	1.0

2. 需要拆分角色的特殊计算关系

从 abc 公司合并利润表中我们可看到净利润和综合收益总额计算都有两个公式。主要的计算关系除了前述公式列示之外，还有以下两个计算关系。

净利润=归属于母公司所有者的净利润+归属于母公司所有者的净利润+少数股东损益（具体计算关系设计见表 6-8）；

综合收益总额=归属于母公司所有者的综合收益总额+归属于少数股东的综合收益总额（具体计算关系设计见表 6-9）。

表 6-8　abc 公司合并利润表 ELR 计算关系设计 2

层级	元素的计算关系	权重
1	净利润	
2	归属于母公司所有者的净利润	1.0
3	少数股东损益	1.0

表 6-9　abc 公司合并利润表 ELR 计算关系设计 3

层级	元素的计算关系	权重
1	综合收益总额	
2	归属于母公司所有者的综合收益总额	1.0
3	归属于少数股东的综合收益总额	1.0

由于净利润和综合收益总额两个元素分别有两个不同的计算公式，按照编报规则，需要为这两个元素的第二计算公式单独构建不同角色的计算关系。两个特殊计算公式，我们要从主 ELR[010031]下拆分出 ELR[010031a]和 ELR[010031b]分别反映。

3. 利用浪潮 XBRL 工具软件按完成 abc 公司[010031]合并利润表计算链接库的构建

1）ELR 角色拆分

根据前述分析，我们需要从主 ELR[010031]拆分出 ELR[010031a]和 ELR[010031b]，如图 6-19 所示。

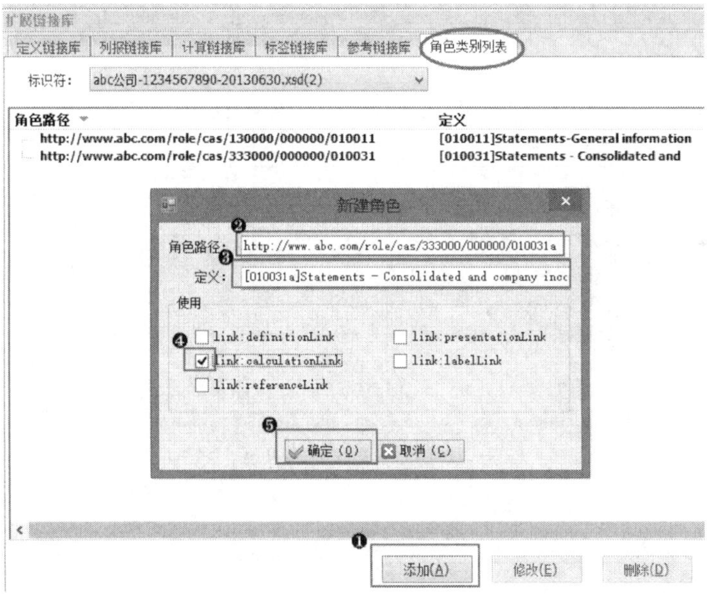

图 6-19　[010031]ELR 拆分 1

注意：[010031a]、[010031b]是[010031]的辅助角色，故其角色路径和定义基本一致，只需要分别在[010031]后边加上字母 a、b 即可；但是[010031a]和[010031b]的作用仅仅是用来存放两个特殊的计算关系的，不会涉及标签、定义和列报关系，因而我们只勾选计算链接库。构建好的两个扩展链接角色如图 6-20 所示。

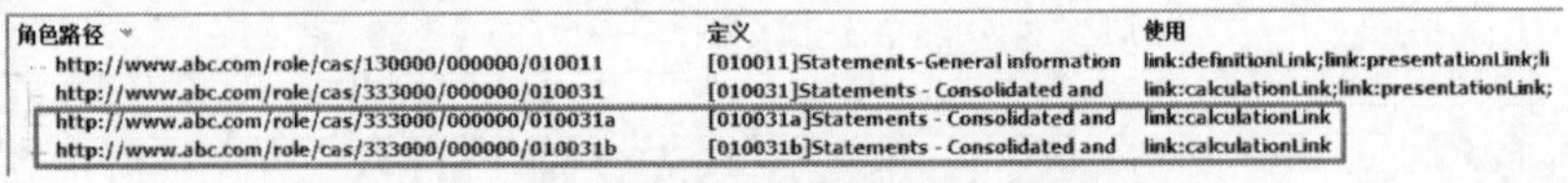

图 6-20　[010031]ELR 拆分 2

2）在扩展分类编辑区的计算链接库内添加[010031]、[010031a]、[010031b]三个角色

3）根据通用分类标准[333000]的计算链接库生成 abc 公司[010031]的计算链接库

打开参照的通用分类标准[333000]的计算链接库并展开目录树，观察发现其计算关系和 abc 公司的基本一致。按住鼠标左键，将[333000]下的综合收益元素及其下属结构整体拖动到[010031]下，并展开目录树（图 6-21），发现框住的元素和 abc 公司不符，同时在营业收入元素下还缺少主营业务收入、其他业务收入；在营业成本元素下还缺少主营业务成本和其他业务成本，需要添加。公允价值变动、投资收益、汇兑损益三个元素的层级不对，它们应该是元素营业利润的下级，而不是营业成本额下级。如图 6-21 所示。

图 6-21　根据[333000]的计算关系生成 abc 公司[010031]的计算关系

4）完善[010031]的计算关系

完善[010031]的计算关系步骤如下：

首先，在[010031]下删除不需要的 12 个元素（方法从略）。

接着，从元素编辑区域查找到“主营业务收入”，拖动到[010031]“营业收入”下。查找到“其他业务收入”，拖动到[010031]“营业收入”下。

查找到“主营业务成本”，拖动到[010031]“营业成本”下，并调整其次序为 0.5，权重设为 1.0。

查找到“其他业务成本”，拖动到[010031]“营业成本”下，并调整其次序为 2.5，权重设为 1.0。

批量选中“营业成本”下的三个元素，将其移动到“营业利润”下，使其变成“营业利润”的下级元素，和“营业成本”同级。调整后的[010031]的计算关系如图 6-22 所示。在计算链接库中移动元素的方法是：选中要移动的元素按住鼠标左键不放，拖动到需要放置的根元素上松开左键，所选元素就会从原来的位置移动到新的父元素下。

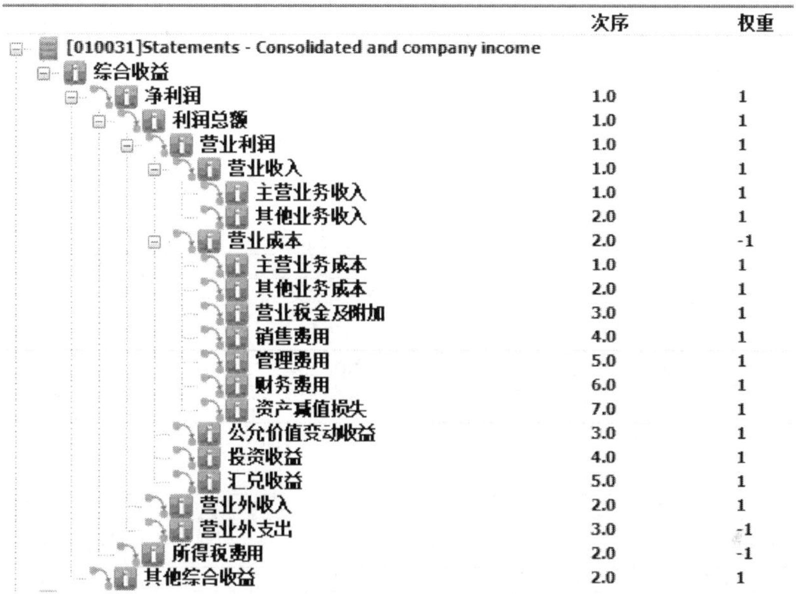

图 6-22　[010031]计算链接库最终结构

5）用类似的方法构建[010031a]（净利润第二种计算关系）**和[010031b]**（综合收益第二种计算关系）（图 6-23）

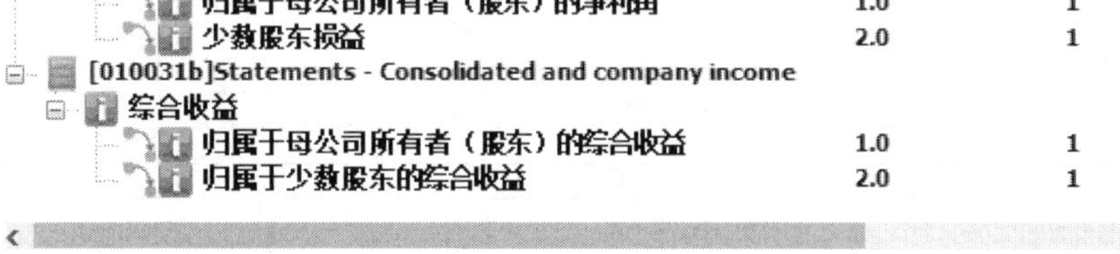

图 6-23　[010031a]和[01003b]计算链接库展示

点击菜单栏的“保存”按钮，至此，我们完成了 abc 公司[010031]合并利润表的计算链接库的构建。

6.4　创建合并利润表 ELR 的实例文档

之前我们已经创建了 abc 公司的实例文档物理文件，并在其中对[0100101]abc 公司基本情况信息进行了赋值。现在我们重新打开 abc 公司的实例文档物理文件并对其赋值。本案例主要涉及定义上下文、定义货币单位、赋予事实值、确定数值型数据精度或小数位等操作。

首先运行浪潮 XBRL 实例文档编辑器，选中 abc 公司的实例文档并打开，步骤如图 6-24 所示。

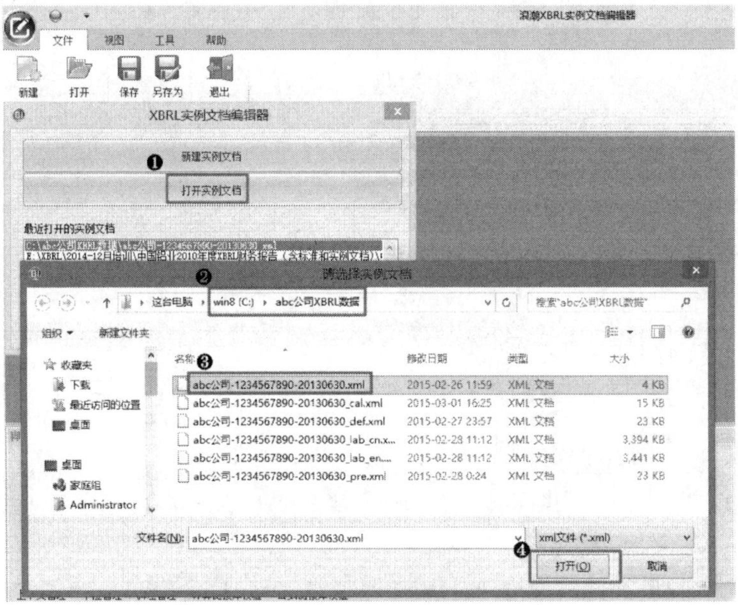

图 6-24　打开已经保存过的实例文档文件

6.4.1　定义上下文

由于之前我们已经对 abc 公司实例文档的[010011]ELR 设置了 FY2013d 和 FY2012d 两个上下文，这两个上下文对于[010031]合并利润表同样适用。因为合并利润表也需要提供 2013 年和 2012 年两个年份的损益数据，属于时期型上下文，我们只需要执行初始化上下文操作就可将 FY2013d 和 FY2012d 引入到[010031]中，而无须新增上下文。以初始化 2013 年上下文为例，如图 6-25 所示。

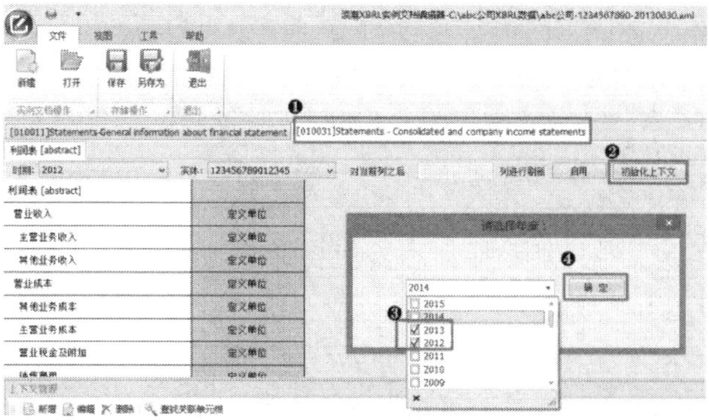

图 6-25　初始化上下文

（1）在实例文档编辑界面选中需要定义上下文的扩展链接角色[010031]；
（2）鼠标点击初始化上下文按钮；
（3）在弹出的年份选择框中同时勾选“2013”和“2012”；
（4）点击“确定”按钮。

6.4.2　货币单位管理

abc 公司合并利润表中的货币单位有两种：第一种是人民币金额，如营业总收入等；第二种是每股金额，如本案例中的基本每股收益、稀释每股收益。因此我们需要为 abc 公司[010031]ELR 规定两种单位。

1. 一般金额 CNY 的定义

一般金额 CNY 的定义见图 6-26。

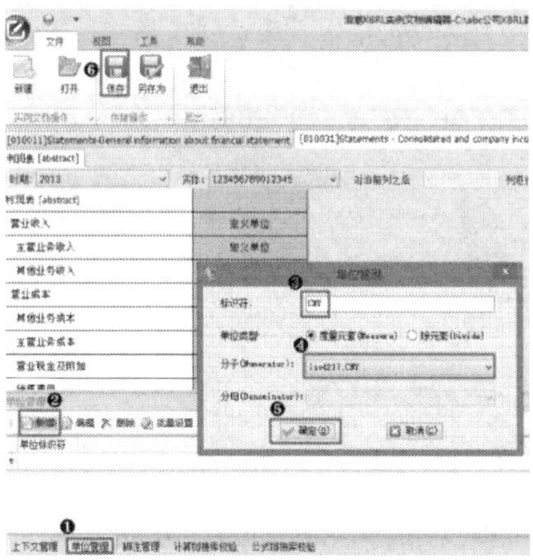

图 6-26　定义货币单位-人民币

（1）在左下方的定义区点击“单位管理”按钮；

（2）点击“新增”按钮；

（3）在单位管理框的单位标识符处输入“CNY”；

（4）在分子选区选择“iso4217：CNY”；

（5）点击“确定”按钮；

（6）点击“保存”按钮。

2. 每股金额型单位定义

每股金额型单位定义的基本步骤大致相同，不同处在于每股人民币型标识符、单位类型、分子、分母和一般金额型要求不同，如图 6-27 所示。

（1）标识符输入“CNYPERSHARE”；

（2）单位类型选择“除元素”；

（3）分子选择“iso4217：CNY”；

（4）分母选择“xbrli：shares”，分子选择“iso4217：CNY”。

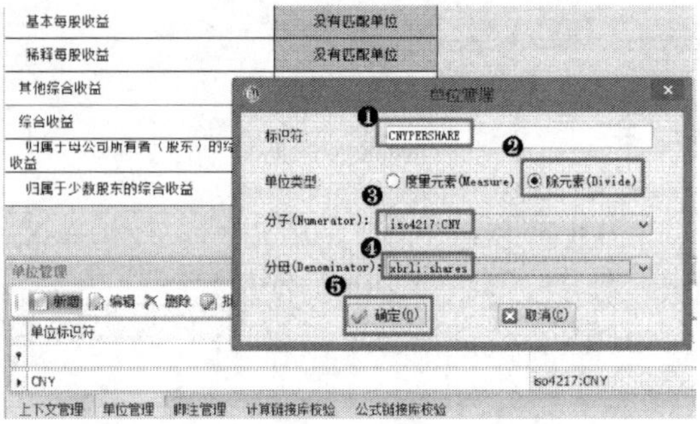

图 6-27　定义单位-每股人民币型

定义好的单位会显示在单位定义列表中区，如图 6-28 所示。定义完所有单位后，就可以对表中空白单元格赋值了。

图 6-28　单位定义展示

注意，此处增加的单位不仅可以用于当前[010031]ELR 中的数据，也可以用于

abc 公司后面其他 ELR 的数据。只要是货币型元素，系统会默认其单位是“CNY”，如果还有货币型元素的单位是外币，还需要定义外币单位并关联指定的元素。如果后边的 ELR 还有每股金额型元素，则系统会默认其单位为“CNYPERSHARE”。

6.4.3　赋予事实值

给元素赋值并不是简单地把表格内空白处填上数字。除了要考虑前述单位信息外还需按照以下顺序操作：时间选择→判断元素属性→录入或者复制数值→指定货币单位→选择精度类型并设置小数位→脚注管理，以下分别述之。

1. 时间选择

按照前述 abc 公司合并利润表的数据，我们可以对逐个元素进行赋值。赋值时需要注意首先要选定年份。利润表是比较报表，本案例中需要填写 2013 年（本期）和 2012 年（上期）两年的数据，一般做法是先输入 2013 年的数据，再输入 2012 年的数据。

2. 判断元素属性

实例文档表中灰色区域对应标题元素，无须赋值；表中绿色区域是之前计算链接库中定义了公式的元素，但是这里也需要人工输入，系统不会按照公式自动填数，公式仅仅起到校验填写数据和计算结果是否一致而已。白色区域需要正常录入数据。如果是企业扩展的元素，并且本期没有数值，需要填入 0。

3. 录入实元素的值

给元素赋值如图 6-29 所示。

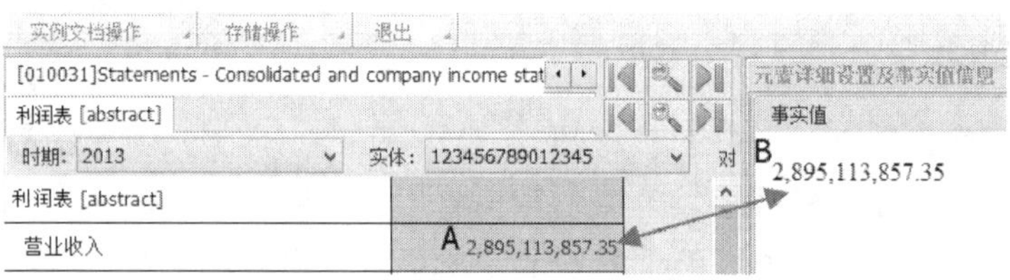

图 6-29　实元素录入数值

例如，录入 2013 年的营业收入 2 895 113 857.35，可以在 A 处的表格内录入，也可以在 B 处的事实值区录入，效果是一样的，建议在 B 处的事实值区录入，数据会自动显示到表中的 A 处。

4. 为录入的事实值指定关联的货币单位

理论上需要给每个数值关联对应的单位，货币型元素的单位会自动和“CNY”

关联，如图 6-30 所示。

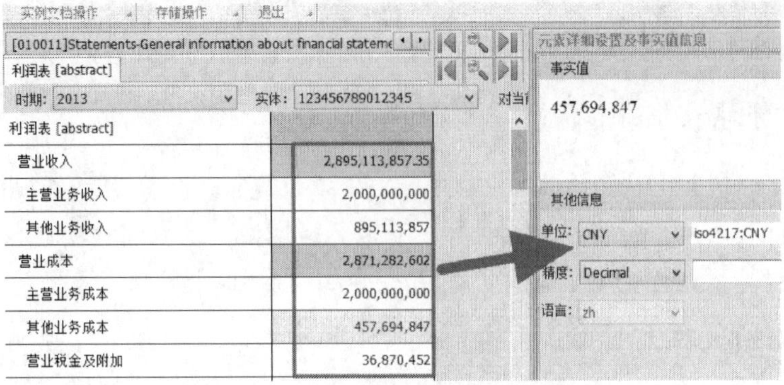

图 6-30　为货币型元素数值指定单位

每股金额型元素的单位需要人工关联到“CNYPERSHARE”，例如，录完“基本每股收益”“0.0311”后需要在右边的单位选项内手动选择“CNYPERSHARE”，如图 6-31 所示。

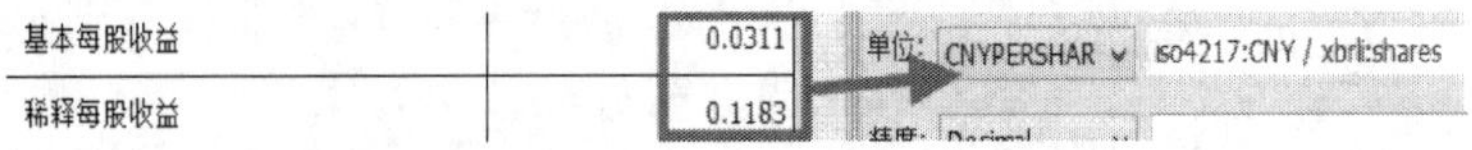

图 6-31　为每股金额型元素指定单位

有时候还需要根据实际情况为每个数值单独关联单位。

5. 精度类型及精度值的定义

本案例中我们还需要对 abc 公司[010031]的货币型数据和每股金额型元素分别设置数据精度类型和小数点后位数。

1）对货币型元素设置小数点后位数

本案例中，对 abc 公司的货币型元素设置精确到小数点后数位，需要选择精度类型为“Decmal”，精确值调为 2，操作方法如图 6-32 所示。

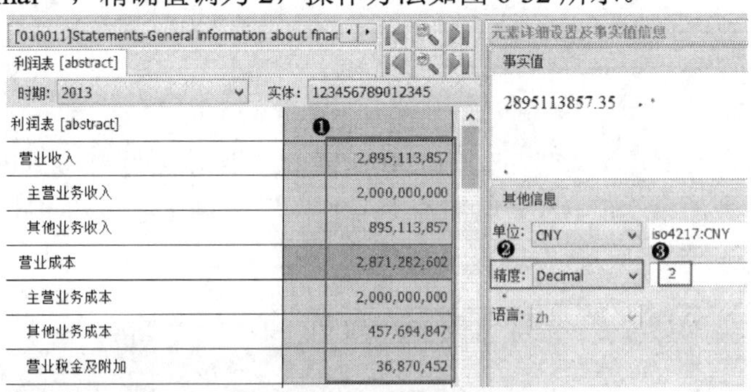

图 6-32　货币型元素设置小数点后位数

（1）在实例文档表格区用鼠标批量选中一组货币型数据（本案例选中从营业收入到营业税金及附加）；

（2）在右侧其他信息设计区选定精度类型为“Decimal”型；

（3）调整精度值为 2（表示精确到小数点后 2 位）。

2）对每股金额型元素设置小数点后位数

本案例中，对 abc 公司的货币型元素设置精确到小数点后位数，需要选择精度类型为“Decmal”，精确值调为 4，如图 6-33 所示。

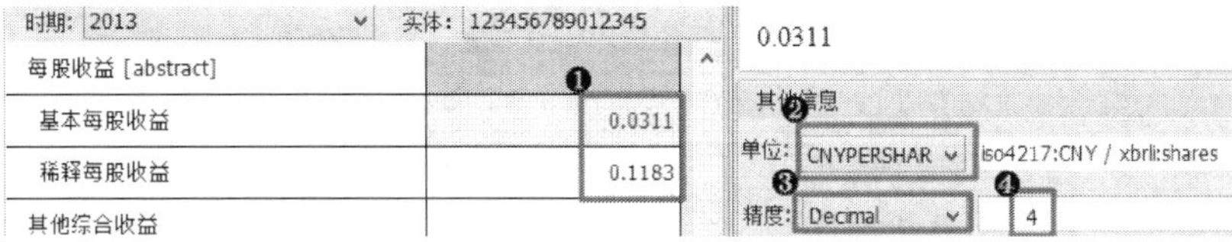

图 6-33　每股金额型元素设置小数点后位数

6. 脚注管理

本案例中，abc 公司合并利润表的表外说明“abc 公司的其他业务收入来源主要有出售材料收入和仓库租赁收入。”是对表内元素“其他业务收入”的补充说明，在 XBRL 财务报告中，我们称其为脚注。

1）在脚注管理区域新增一个脚注（图 6-34）

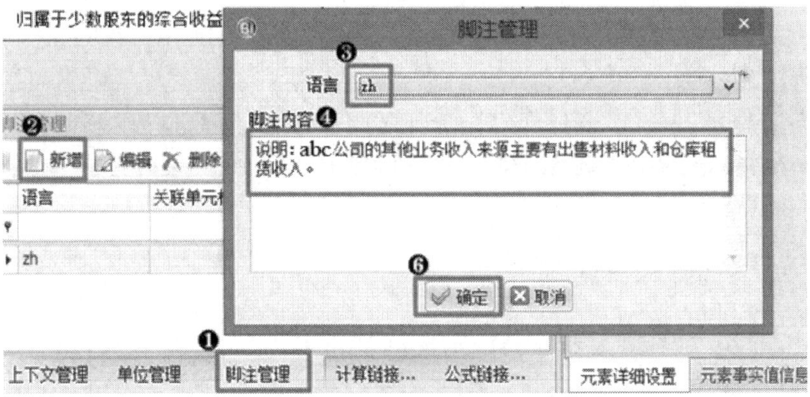

图 6-34　新增脚注

浪潮 XBRL 实例文档编辑器中脚注管理的具体步骤如下。

（1）点击左下定义区的“脚注管理”按钮；

（2）点击脚注管理区的“新增”按钮；

（3）选中脚注语言为“ZH”；

（4）在脚注内容框内输入脚注的具体文本（可用复制粘贴法）；

（5）点击“确定”按钮。

2）将脚注和数据关联（图 6-35）

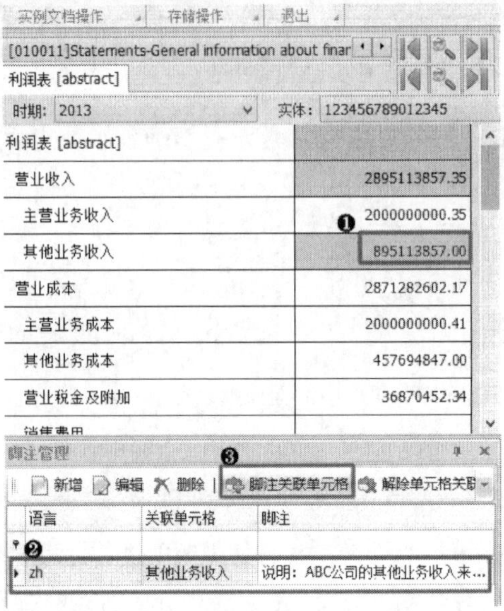

图 6-35　将脚注和数据关联

（1）在实例文档表格内用鼠标选中“其他业务收入”的数值 895 113 857.00；

（2）在左下脚注列表中选中脚注内容；

（3）在脚注工具栏点击“关联脚注”按钮，此时“其他业务收入”的数值为 895 113 857.00。

单元格变成蓝色，同时脚注列表中“关联单元格”列显示“其他业务收入”表明脚注关联成功。如果要取消关联，可在脚注工具栏点击“解除单元格关联”，目标单元格蓝色消失。

6.4.4　重要的补充说明

1. abc 公司合并利润表 2012 年的赋值

在赋值前，先选中年份为 2012 年，重复上述步骤，可完成对 2012 年的赋值工作，此处从略。

2. 母公司个别利润表和合并利润表同时披露的情况

1）ELR 的构建

上述案例中我们只需要披露合并利润表，所以采用了非维度建模。在实际工作中，有些企业需要同时披露合并利润表和母公司个别利润表，此时，我们就需要使用 XBRL 通用维度技术，将母公司个别利润表和合并利润表放入同一个 ELR，采用维度建模方式。切记不要分别构建两个单独的 ELR。建模结构如图 6-36 所示。

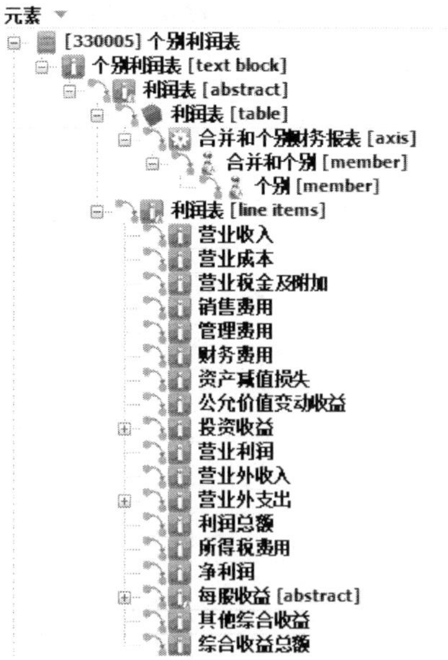

图 6-36　合并利润表和个别利润表同时披露的维度建模结构

2）实例文档赋值时的结构展示

在维度建模结构下，实例文档赋值时的结构展示如图 6-37 所示。

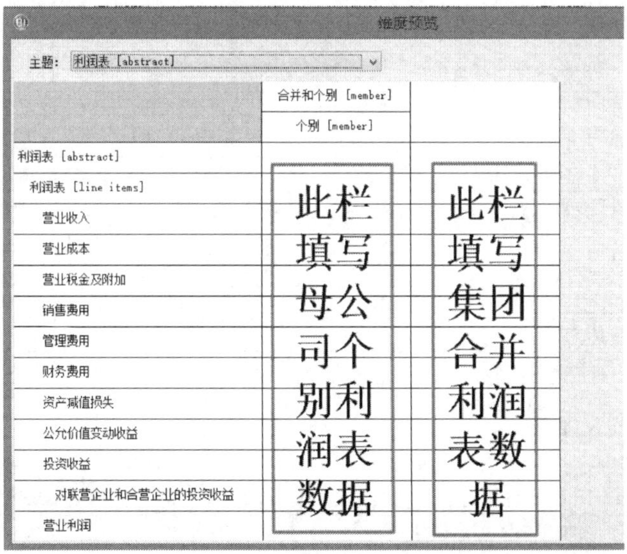

图 6-37　合并利润表和个别利润表同时披露实例文档赋值结构

3. 合并利润表实例文档批量填数的方法

合并利润表实例文档赋予事实值，我们通常使用对每个单元格逐个输入数据的方法，效率低且容易出错。为了高效准确地给实例文档赋予事实值，经过测试，发现在浪潮 XBRL 工具软件中可用以下方法实现从 Word 表中批量复制数据到实例文档表中。但前提条件是确保列报链接库的行次层级和原始报告数据表完全一致。以下给出具体的操作方法。

（1）在 Word 表格中批量选中整列数据（如本期金额）并进行复制。如图 6-38 所示。

项目	本期金额	上期金额
一、营业总收入	2,895,113,857.35	2,641,499,332.29
主营业务收入	2,000,000,000.35	2,000,000,000.29
其他业务收入	895,113,857	641,499,332
二、营业总成本	2,871,282,602.17	2,560,746,631.10
主营业务成本	2,000,000,000.41	2,000,000,000.70
其他业务成本	457,694,847	220,066,415
营业税金及附加	36,870,452.34	24,265,154.62
销售费用	135,056,337.23	116,128,349.20
管理费用	231,498,032.95	189,293,322.58
财务费用	10,779,118.66	9,965,454.68
资产减值损失	-516,186.42	1,027,934.32
加：公允价值变动收益（损失以"－"号填列）	0.00	0.00
投资收益（损失以"－"号填列）	908,624.99	731,521.38
汇兑收益（损失以"－"号填列）	0.00	0.00
三、营业利润（亏损以"－"号填列）	24,739,880.17	81,484,222.57
加：营业外收入	5,348,539.72	631,941.92
减：营业外支出	372,699.12	1,003,085.99
其中：非流动资产处置损失	34,572.28	57,304.48
四、利润总额（亏损总额以"－"号填列）	29,715,720.77	81,113,078.50
减：所得税费用	12,750,123.16	16,694,634.08
五、净利润（净亏损以"－"号填列）	16,965,597.61	64,418,444.42
同一控制下企业合并被合并方在合并前实现的净利润	0.00	0.00
归属于母公司所有者的净利润	10,000,000.00	60,000,000.42
少数股东损益	6,965,597.61	4,418,444
六、每股收益：		
基本每股收益	0.0311	0.1183
稀释每股收益	0.0311	0.1183
七、其他综合收益	0.00	0.00
八、综合收益总额	16,965,597.61	64,418,444.42
归属于母公司所有者的综合收益总额	10,000,000.00	60,000000.42
归属于少数股东的综合收益总额	6,965,597.61	4,418,444

图 6-38　批量填充实例文档步骤 1：从 Word 表复制数据

（2）在需要赋值的实例文档内设置精度和小数位。在实例文档工具内的实例文档表格区，点击第一个需要输入数据的单元格后，设置精度类型和小数位，如图 6-39 所示。

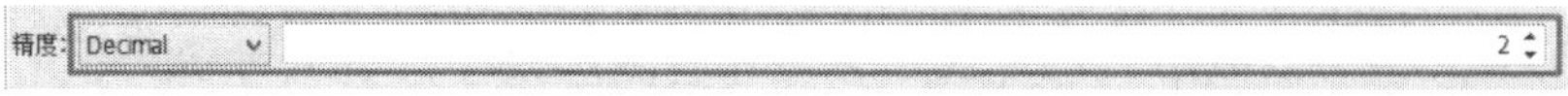

图 6-39　批量填充实例文档步骤 2 在实例文档数据编辑区设置数据精度类型和小数位

（3）在需要赋值的实例文档内粘贴。按下“Ctrl+V”组合键，可将上述已复制的数据整体粘贴到实例文档表格中，然后选择实体“123456789012345”，如图 6-40 所示。

图 6-40　批量填充实例文档步骤 3 在实例文档表格区粘贴数据并选择实体标识符

（4）在实例文档数据区检查修正有问题的数据。

经过前述操作步骤，我们在实例文档中已经看到所有数据，并且格式也符合要求。但是还需要仔细核对修正有无错行漏行。对于普通每股收益和稀释性每股收益由于还需要重新赋值并设置数据精度和小数点后位数。

重复这几步操作，我们就可成功地将 abc 公司 Word 格式原始合并利润表中的数据批量填充到实例文档赋值区。需要说明的是：在不同的工具软件中实现批量填充的方式有所不同，上述操作过程是在浪潮 XBRL 工具软件 6.03 版中测试成功的。在实际工作中，实施人员应该寻求简洁高效的实例文档赋值方法，减轻自己的工作量。

第 7 章　重要的会计政策和会计估计 ELR 构建

7.1　创建重要的会计政策和会计估计扩展链接角色

7.1.1　案例4

abc 公司 2013 年重要会计政策、会计估计情况节选如下。

1. 会计期间

本公司会计年度自公历 1 月 1 日起至 12 月 31 日止。

2. 记账本位币

本公司的记账本位币为人民币。

3. 现金等价物的确定标准

本公司现金等价物是指企业持有的期限短（一般指从购买日起三个月内到期）、流动性强、易于转换为已知金额现金、价值变动风险很小的投资。

4. 同一控制下和非同一控制下企业合并的会计处理方法

（1）同一控制下企业合并，合并方在企业合并中取得的资产和负债，按合并日在被合并方的账面价值计量。合并方取得的净资产账面价值与支付的合并对价的账面价值（或发行股份面值总额）的差额，调整资本公积中的股本溢价，不足冲减的则调整留存收益。合并方为进行企业合并发生的各项直接费用，于发生时计入当期损益。

（2）非同一控制下企业合并的情略从略。

5. 合并财务报表的编制方法

1）合并范围的确定原则

本公司将控制的所有子公司均纳入合并财务报表的合并范围。包括以下四方面。

①母公司为融资、销售商品或提供劳务等特定经营业务的需要直接或间接设

立特殊目的主体。

②母公司具有控制或获得控制特殊目的主体或其资产的决策权。

③母公司通过章程、合同、协议等具有获取特殊目的主体大部分利益的权力。

④母公司通过章程、合同、协议等承担了特殊目的主体的大部分风险。

不能控制的被投资单位不纳入合并财务报表的合并范围。

2）合并的会计方法

合并财务报表以母公司和其子公司的财务报表为基础，按照权益法调整对子公司的长期股权投资后，由母公司编制。对子公司所采用的会计政策或会计期间与母公司不一致的，先按母公司的会计政策或会计期间进行调整，以调整后的子公司表报为编制基础。编制时抵消母公司与子公司、子公司相互之间发生的内部交易对合并财务报表的影响。

……

6. 外币业务

在处理外币交易和对外币财务报表进行折算时，采用交易发生日的中国人民银行公布的当日人民币外汇牌价的中间价将外币金额折算为人民币金额反映；公司发生的外币兑换业务或涉及外币兑换的交易事项，按照交易实际采用的汇率（即银行买入价或卖出价）折算。

在资产负债表日，对外币业务分为外币货币性项目和外币非货币性项目进行会计处理。

……

7. 金融资产和金融负债

1）金融资产和金融负债的分类

金融资产在初始确认时划分为以下 4 类：以公允价值计量且其变动计入当期损益的金融资产（包括交易性金融资产和指定为以公允价值计量且其变动计入当期损益的金融资产）、持有至到期投资、贷款和应收款项、可供出售的金融资产。

2）金融资产和金融负债的确认和计量方法（此处从略）

8. 应收款项

应收款项包括应收账款、其他应收款和预付账款。

1）单项金额重大并单项计提坏账准备的应收款项

（1）单项金额重大的判断依据或金额标准：符合下列条件之一的为单项金额

重大的应收款项：期末余额在 100 万元（含 100 万元，下同）以上的应收款项；期末余额小于 100 万元，大于 50 万元（含 50 万元），且账龄超过 3 年（含 3 年）的应收款项；其他金额虽不重大但本公司根据款项性质特别认定的应收款项。

（2）单项金额重大并单项计提坏账准备的计提方法：在资产负债表日，本公司对单项金额重大的应收款项单独进行减值测试，经测试发生了减值的，按其未来现金流量现值低于其账面价值的差额，确定减值损失，计提坏账准备；对单项测试未减值的应收款项，汇同对单项金额非重大的应收款项，按风险特征在资产负债表日余额的一定比例计算确定减值损失，计提坏账准备。

2）单项金额不重大但按信用风险特征组合后该组合风险的应收账款（此处从略）

9. 存货

存货分为物资采购、原材料、在途商品、库存商品、低值易耗品、库存材料、开发成本、出租开发产品、受托代销商品等。

7.1.2　为重要会计政策、会计估计信息块构建ELR角色

abc 公司 2013 年重要会计政策、会计估计情况内容多，表面看起来结构复杂。经分析，该模块把 abc 公司的各项会计政策、会计估计情况做一个大致的介绍，每项里面分别简单对应政策和估计的确认计量方法、分类等内容。信息表现形式有文本和表格等。

在工具软件的参照区，我们在列报链接库查到通用分类标准中对应的扩展链接角色[830100]重要会计政策和会计估计列报结构如图 7-1 所示。

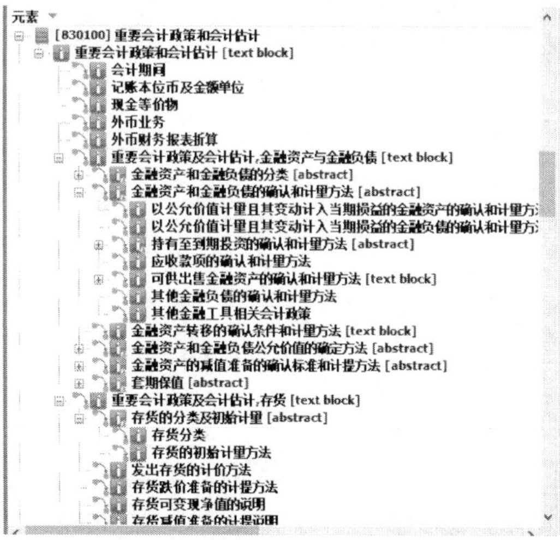

图 7-1　通用分类标准[830100]重要会计政策、会计估计列报结构

经过对比，我们发现 abc 公司重要会计政策、会计估计披露信息的内容结构和通用分类标准中[830100]ELR 下的内容结构基本相同，因此决定对其建模方式遵照通用标准采用非维度结构。二者的差异在于：abc 公司对于“应收款项”是单作为一个大项整体[text block]单独反映，而通用分类标准中[830100]下的“应收款项的确认和计量方法”元素是一个字符串型实元素，是放在“重要会计政策和会计估计”二级子项下的“金融资产和金融负债的确认和计量方法”三级子项下的。这两个元素不是同一个会计概念。

按照编报规则的规定，对于企业的重要会计政策、会计估计信息块的 XBRL 化的 ELR 需要构建两个不同级次的 ELR。首先要构建一个 2 级信息块，将所有的重要会计政策、会计估计信息作为一个整体文本块封装进去，进而还需构建一个 3 级信息块，将每项重要会计政策、会计估计信息单独做一个文本块，统一放置其中。据此我们需要设计两个扩展链接角色，设置要点如表 7-1 所示。

表 7-1　abc 公司重要会计政策、会计估计信息 ELR 构建表

角色路径	角色定义	链接库勾选
http：//www.abc.com/role/cas/830100/000000/020012	[020012] Notes-Significant accounting policies and accounting estimates	标签、定义、列报链接库
http：//www.abc.com/role/cas/830100/000000/020013	[020013] Policies-Significant accounting policies and accounting estimates	标签、定义、列报链接库

[020012]解释：开头的“02”表示会计政策、会计估计信息是 abc 公司第二大类披露项目；中间的“001”表示是第二大类下的第一子类。末尾“2”表示层级是 2，这类角色专门用来封装会计政策、会计估计信息整体。

[020013]前几位解释同前述，末尾“3”表示层级是 3，只有和会计政策、会计估计、会计差错等相关附注的信息才需要构建末位是“3”的三级信息块。

利用浪潮 XBRL 工具软件添加完 2 个 ELR 后的展示效果如图 7-2 所示。

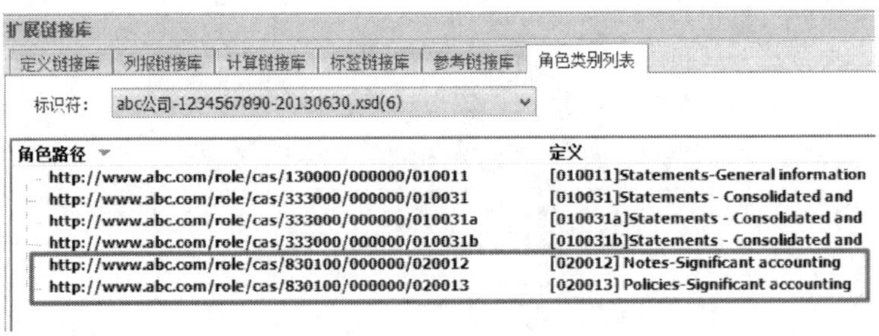

图 7-2　abc 公司会计政策、会计估计信息 ELR 情况

7.2　会计政策和会计估计 ELR 的元素提取与匹配

按照元素提取规则和映射规则，我们将 abc 公司会计政策、会计估计信息元素提取与匹配情况设计成表 7-2 和表 7-3 的形式（表中只列示与节选内容对应的元素信息）。

表 7-2　[020012]ELR 元素映射表

[020012] ELR 提取的元素	是否为虚元素	是否可匹配
重要会计政策和会计估计[abstract]	是	否
重要会计政策和会计估计[text block]	否	是

表 7-3　[020013]ELR 元素映射表

[020013] ELR 提取的元素	是否为虚元素	是否可匹配
重要会计政策和会计估计[abstract]	是	否
重要会计政策和会计估计，会计期间[text block]	否	是
重要会计政策和会计估计，记账本位币[text block]	否	是
重要会计政策和会计估计，企业合并[text block]	否	是
重要会计政策和会计估计，合并财务报表[text block]	否	是
重要会计政策和会计估计，现金及现金等价物[text block]	否	是
重要会计政策和会计估计，外币业务[text block]	否	是
重要会计政策和会计估计，金融资产与金融负债[text block]	否	是
重要会计政策和会计估计，应收款项[text block]	否	否
重要会计政策和会计估计，存货[text block]	否	是
……	……	……

注意：表 7-2 和表 7-3 中的“重要会计政策和会计估计[abstract]”是同一个元素。

说明：根据编报规则第十三条规定“……三级：将会计政策和会计估计附注中的每一项会计政策和会计估计内容用一个单独的文本块元素（标签后缀为[text block]的元素进行整体标记），为了说明三级 ELR 的构建原理，我们不对[020013]下每个“[text block]”再进一步细分，在实际中，企业可根据需要，将各“[text block]”下的内容继续细分下级元素和层级。

7.3 创建会计政策和会计估计 ELR 的扩展分类标准

7.3.1 创建扩展元素

1. 需要扩展元素列表

表 7-2 和表 7-3 中需要创建两个元素：重要会计政策和会计估计[abstract]、重要会计政策和会计估计，应收款项[text block]，其属性及标签情况如表 7-4 所示。

表 7-4 abc 公司重要会计政策和会计估计 ELR 扩展元素表

元素名称	Disclosure OfSignificant Accounting Policies And Accounting Estimates[abstract]	Disclosure Of Significant Accounting Policies And Accounting Estimates Receivables Explanatory
元素类型	字符串型（stringItemType）	文本块（Explanatory ItemType）
替换组	基础项（item）	基础项（item）
期间类型	期间（durationu）	期间（durationu）
余额方向	无	无
抽象元素	是	否
显示空值	是	是
标准中文标签	重要会计政策和会计估计[abstract]	重要会计政策和会计估计，应收款项[text block]
标准英文标签	Disclosure of significant accounting policies and accounting estimates [abstract]	Disclosure Of Significant AccountingPolicies And Accounting Estimates Receivables

2. 利用浪潮 XBRL 工具软件创建上述 2 个扩展元素（操作步骤从略）

7.3.2 确定元素标签，构建标签链接库

经分析，abc 公司[020012]ELR 和[020012]ELR 的元素标签大多都是标准标签，有个别元素需要以长标签形式显示，我们为 abc 公司[020012]ELR 和[020013]ELR 构建的元素标签分别如表 7-5 和表 7-6 所示。

表 7-5 abc 公司[020012]ELR 元素标签设计

元素首选标签展示	标签类型	是否扩建
重要会计政策和会计估计[abstract]	标准标签	否
重要会计政策和会计估计[text block]	标准标签	否

表 7-6　abc 公司 020013ELR 元素标签设计

元素首选标签展示	标签类型	是否扩建
重要会计政策和会计估计[abstract]	标准标签	否
重要会计政策和会计估计，会计期间[text block]	长标签	是
重要会计政策和会计估计，记账本位币[text block]	长标签	是
重要会计政策和会计估计，企业合并[text block]	标准标签	否
重要会计政策和会计估计，合并财务报表[text block]	标准标签	否
重要会计政策和会计估计，现金及现金等价物[text block]	标准标签	否
重要会计政策和会计估计，外币业务[text block]	长标签	是
重要会计政策和会计估计，金融资产与金融负债[text block]	标准标签	否
重要会计政策和会计估计，应收款项[text block]	标准标签	否
重要会计政策和会计估计，存货[text block]	标准标签	否

表 7-5 中重要会计政策和会计估计——会计期间[textblock]、重要会计政策和会计估计——记账本位币[textblock]、重要会计政策和会计估计——会计期间[textblock]等元素需要按长标签展示，我们需要为这些元素扩展长标签。扩展标签需要的要素如表 7-7 所示.

表 7-7　abc 公司标签扩展一览表

<table>
<tr><td rowspan="2">元素：
会计期间
Period covered by financial statements</td><td>中文标签</td><td>重要会计政策和会计估计，会计期间[text block]</td><td rowspan="2">长标签</td></tr>
<tr><td>英文标签</td><td>Disclosure Of Significant AccountingPolicies And Accounting Estimates-Period Covered By Financial Statements[text block]</td></tr>
<tr><td rowspan="2">元素：
记账本位币
Description of presentation currency</td><td>中文标签</td><td>重要会计政策和会计估计，记账本位币[text block]</td><td rowspan="2">长标签</td></tr>
<tr><td>英文标签</td><td>Disclosure Of Significant AccountingPolicies And Accounting Estimates-Description of presentation currency[text block]</td></tr>
<tr><td rowspan="2">元素：
外币业务
Foreign currency transaction</td><td>中文标签</td><td>重要会计政策和会计估计，外币业务[text block]</td><td></td></tr>
<tr><td>英文标签</td><td>Disclosure Of Significant AccountingPolicies And Accounting Estimates-Foreign currency transaction[text block]</td><td>长标签</td></tr>
</table>

7.3.3　利用工具软件给上述元素添加标签角色（操作步骤从略）

7.3.4　对[020012]二级ELR构建链接库结构

[020012]ELR 是二级整体披露信息块，按照国际通用做法，一般不对二级 ELR 构建定义、计算链接库，但必须构建列报链接库。我国在实施 XBRL 初期要求构建定义链接库，但二级 ELR 的定义链接库构建与否，不影响 XBRL 工具的解析。对非维度表而言，定义链接库的层级结构和列报链接库的层级结构是完全一致的，

本案例对[020012]ELR 仅构建列报链接库，步骤如下：

（1）在列报链接库编辑区添加扩展链接角色[020012]；

（2）在元素编辑区查询到元素“重要会计政策和会计估计[abstract]”按照前述方法将其拖动到列报链接库[020012]下；

（3）在元素编辑区查询到元素“重要会计政策和会计估计[text block]”并将其拖动到列报链接库“重要会计政策和会计估计[abstract]”的下面；

（4）保存操作结果。这样就完成了[020012]ELR 的列报链接库的构建。如图 7-3 所示。

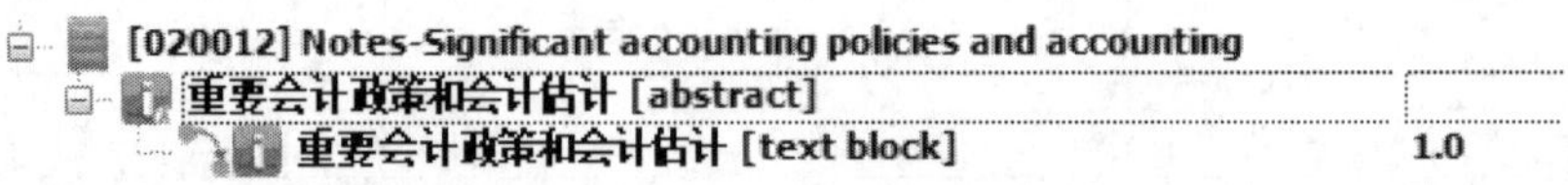

图 7-3　020012 会计政策和会计估计变更整体披露列报结构

二级整体披露列报链接库结构比较简单，一般呈现以下形式：链接角色代码→标题元素 [abstract]→文本块元素[text block]。之后其他附注的二级 ELR 都按照此步骤建立列报链接库即可。

7.3.5　对[020013]三级ELR构建定义链接库结构

对[020013]三级 ELR 构建定义链接库步骤如下：

（1）在定义链接库编辑区点击鼠标右键，添加角色[020013]备用。

（2）在元素编辑区查询到元素“重要会计政策和会计估计[abstract]”按照前述方法将其拖动到列报链接库[020013]下。

（3）在元素编辑区或者参照区的[830100]ELR 的定义链接库中查找并拖动下列 9 个元素到企业[020013]ELR 列报链接库“重要会计政策和会计估计[abstract]”的下面：

元素重要会计政策和会计估计，会计期间[text block]；

重要会计政策和会计估计，记账本位币[text block]；

重要会计政策和会计估计，企业合并[text block]；

重要会计政策和会计估计，合并财务报表[text block]；

重要会计政策和会计估计，现金及现金等价物[text block]；

重要会计政策和会计估计，外币业务[text block]；

重要会计政策和会计估计，金融资产与金融负债[text block]；

重要会计政策和会计估计，应收款项[text block]；

重要会计政策和会计估计，存货[text block]。

（4）保存操作结果。这样就完成了[020013]ELR 的定义链接库的构建

（图 7-4）。

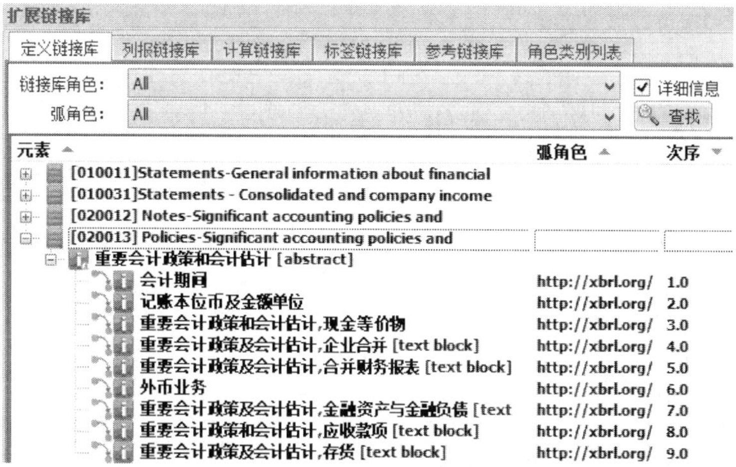

图 7-4　[020013]ELR 会计政策和会计估计定义链接库结构

7.3.6　对[020013]三级ELR确定列报关系构建列报链接库结构

我们用前述方法，根据[020013]定义链接库复制生成[020013]的列报链接库。

在列报链接库中，设置元素的首选标签。按照前述表 7-7 的标签规划，我们还需要利用工具软件，将会计期间、记账本位币、外币业务三个元素首选标签设置为“长标签”，将外币业务元素的首选标签设置为“标准标签”。设置好首选标签后的列报链接库结构达到了视觉上的统一，如图 7-5 所示。

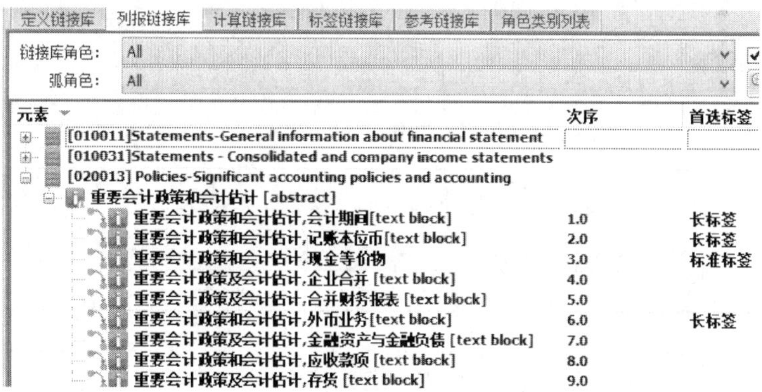

图 7-5　[020013]ELR 会计政策和会计估计列报链接库结构

浪潮 XBRL 工具软件提供了列报链接库和定义链接库相互复制生成的功能。对于本案例而言，我们也可以先构建好列报链接库后复制生成定义链接库。列报链接库要设置首选标签，而定义链接库则不用。

由于本案例各元素间没有计算关系，不涉及计算链接库。至此我们完成了 abc 公司会计政策和会计估计信息块的标准构建。

7.4 创建会计政策和会计估计 ELR 实例文档

为了提高效率，我们可以用辅助粘贴的方法为实力文档批量赋值。打开公司会计政策和会计估计模块的 Word 文档和实例文档备用。接下来我们对[020012]、[020013]两个模块分别赋值。

7.4.1 为[020012]二级ELR赋值

下面为[020012]二级 ELR 赋值，步骤如下：

（1）在 abc 公司会计政策和会计估计模块的 Word 文档中复制全部相关内容（包括文字、表格、数值等）。

（2）在实例文档中选中[020012]模块，选中时期为“2013”，在需要赋值的空白处用鼠标点击。如图 7-6 所示。

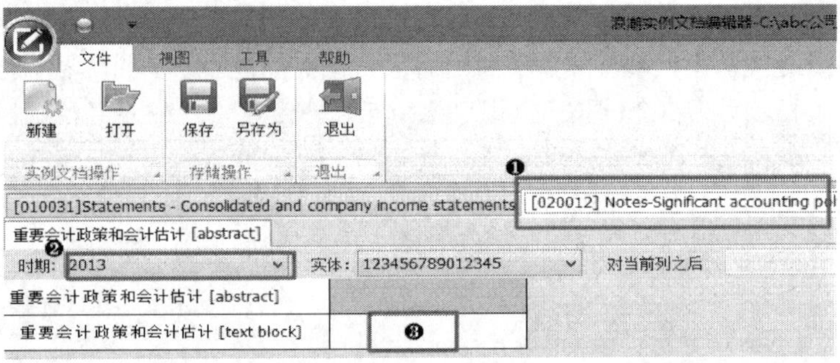

图 7-6 abc 公司会计政策和会计估计文本块元素赋值第二步

（3）在实例文档赋值区依顺序操作，如图 7-7 所示。

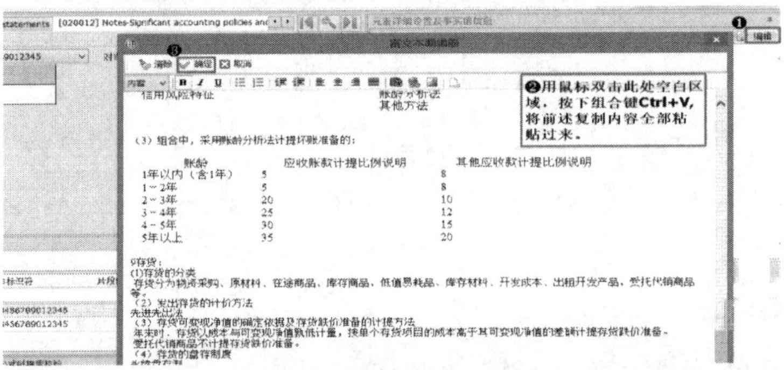

图 7-7 abc 公司会计政策和会计估计文本块元素赋值第三步

（4）在实例文档表格内查看结果并保存。如图 7-8 所示。

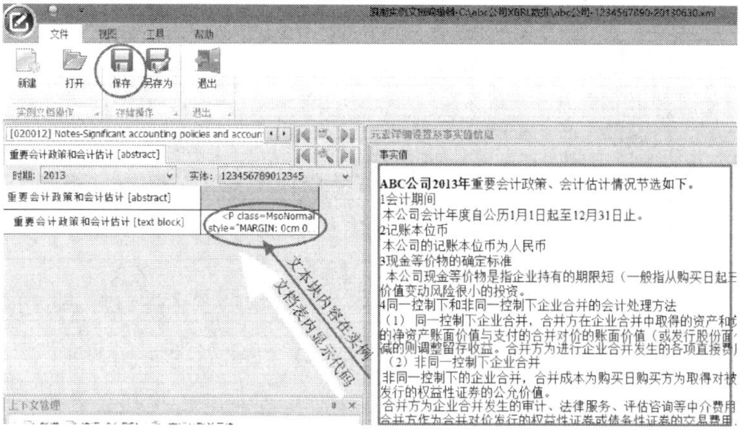

图 7-8　abc 公司会计政策和会计估计文本块元素赋值第四步

7.4.2　为[020013]三级ELR赋值

为[020013]三级 ELR 赋值，需要对其下每个单独的元素进行赋值。例如，我们对[020013]下的第一个元素会计期间赋值，步骤如下：

（1）在 abc 公司会计政策和会计估计模块的 Word 文档中复制子模块会计期间的全部相关内容“本公司会计年度自公历 1 月 1 日起至 12 月 31 日止”。

（2）在实例文档中选中[020013]模块，选中时期为“2013”，在需要赋值的会计期间空栏内用鼠标点击选中赋值单元。

（3）在事实值区 A 处粘贴第一步复制的文本内容，在实例文档目标单元 B 处会同步显示文本内容。如图 7-9 所示。

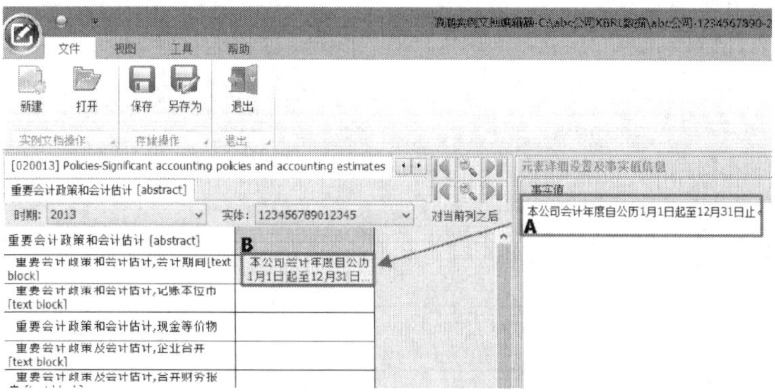

图 7-9　abc 公司会计政策和会计估计字符串元素赋值

注意字符串元素的赋值和文本块元素赋值的区别：字符串元素直接在事实值

区编辑文本；文本块元素要通过图 7-8 所示的文本块编辑器来编辑文本，操作比字符串元素复杂。文本块元素的事实值中可以包含表格和文本等，而字符串型元素的事实值中只能有文本不能有表格。

我们可以用同样的方法为 abc 公司会计政策和会计估计[020013]下的其他元素逐一赋值。此处从略。

本案例建模是根据通用分类标准[830100]重要会计政策、会计估计进行的。ELR 里的内容可以理解为“将 abc 公司所有用到的会计政策和会计估计进行简介，先整块作简介，再分块作简介”。

特别需要注意的是，在通用分类标准中，还有一个“[828700]附注_会计政策、会计估计变更差错更正”的 ELR，其列报链接库结构如图 7-10 所示。

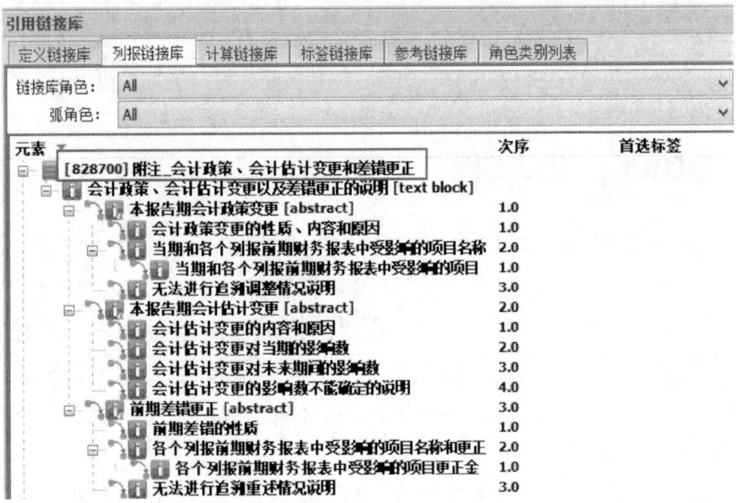

图 7-10　[828700]附注_会计政策、会计估计变更差错更正的 ELR 列报展示

830100 列示企业有哪些会计政策和估计，828700 列示本期发生了改变的会计政策、会计估计和会计差错的性质、原因、内容及影响。两者名称相近，但内容完全不同，在实际中不能混淆。

第 8 章　报表附注__货币资金明细表 ELR 构建

需要一级披露的企业基本信息和四大主表，以及需要二、三级披露的会计政策和会计估计附注，这部分信息对于不同企业来讲差别甚微，基本都可以按照通用分类标准的建模方式和结构完成企业扩展分类标准对应 ELR 的创建。对于除上述信息外其他财务报告附注，不同企业差别较大，因此企业在创建相应 ELR 时必须在参照通用分类标准的建模基础上充分考虑自身个性化的特殊要求，注意 ELR 的扩展、元素的扩展、链接库的扩展。

8.1　创建货币资金 ELR 扩展链接角色

8.1.1　案例5

货币资金附注是企业重要的附注之一，abc 公司的 2013 年报中的附注_货币资金披露格式和内容如表 8-1 所示。

表 8-1　abc 公司附注_货币资金明细表

项目	期末数			期初数		
	外币金额	折算率	人民币金额	外币金额	折算率	人民币金额
库存现金：	—	—	90 000 000.00	—	—	16 776 072.24
民币	—	—	82 183 000.00	—	—	4 750 572.24
港币	10 000 000.00	0.781 7	7 817 000.00	15 000 000.00	0.801 7	12 025 500.00
银行存款：	—	—	288 721 426.52	—	—	388 914 929.73
人民币	—	—	249 636 426.50	—	—	308 744 929.73
港币	50 000 000.00	0.781 7	39 085 000.00	100 000 000.00	0.801 7	80 170 000.00
其他货币资金：	—	—	608 983.24	—	—	80 000 000.00
人民币			608 983.24			308 744 929.73
港币	—	—	—			—
合计	—	—	379 330 409.76	—	—	485 691 001.97

注：其他货币资金系银行承兑汇票保证金存款。

8.1.2　结构映射

在工具软件的参照区，我们在列报链接库查到通用分类标准中对应的扩展链接角色[837200] 附注_货币资金的列报结构展示如图 8-1 所示。

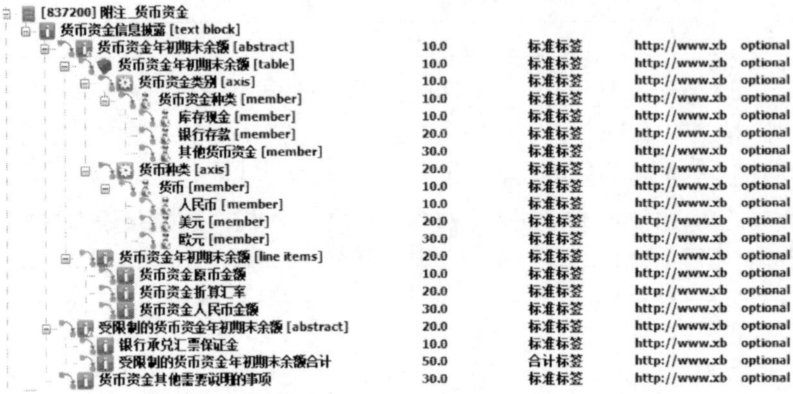

图 8-1　通用分类标准[837200]附注_货币资金列报结构

经过对比，我们发现 abc 公司附注_货币资金明细表披露信息的内容结构和通用分类标准中[837200]ELR 下的内容结构基本相同，因此决定对其建模方式遵照通用标准采用维度结构。按照编报规则的规定，对于企业重要会计政策、会计估计信息之外的附注信息要分别进行二级和四级披露，为此我们需要构建两个不同级次的 ELR。首先要构建一个 2 级信息块，将所有的 ABC 公司附注_货币资金信息作为一个整体文本块封装进去，还需构建一个 4 级信息块，将货币资金明细表中的关键项目以元素形式逐一披露。据此我们按照编报规则对角色路径的规定，预先设置好两个扩展链接角色，如表 8-2 所示。

表 8-2　abc 公司附注_货币资金 ELR 构建表

角色路径	角色定义	链接库勾选
http：//www.abc.com/role/cas/837200/000000/030052	[030052] Notes - Cash at bank and on hand	标签、定义、列报链接库
http：//www.abc.com/role/cas/837200/000000/030054	[030054] Details - Cash at bank and on hand	标签、定义、列报链接库

1. 角色路径的说明

角色路径的前缀“http：//www.abc.com/role/cas/837200/000000”的规则依前所述。

代码[030052]中，前 2 位“03”表示 abc 公司披露的第三类信息（除会计政策、会计估计、会计差错外的其他各种附注）；中间 3 位“005”表示诸多附注中的第 5 个附注；末位“2”代表二级披露，即要以一个文本块整体原样披露。

代码[030054]中的末位“4”表示对附注信息的详细披露（除会计政策、会计估计、会计差错外的其他各种附注逐个元素赋值披露）。

2. 角色定义的说明

角色定义结构必须形如“[角色代码]+引领词+连接符+角色披露内容的英文标签”。

角色代码要求使用半角中括号。

引领词的规定依前所述。本案例中二级附注披露角色的，引领词是“Notes”（各种附注的二级链接角色通用），四级附注披露角色的引领词是“Details”（除会计政策、会计估计、会计差错外的其他各种附注的四级链接角色专用）。

连接符：用短横线“-”，注意连接符前后的两个单词首字母要大写，其他单词首字母不得大写。

角色披露内容的英文标签“Cash at bank and on hand”是货币资金的标准英文，注意不是元素名，所以单词间必须有空格隔开。

3. 角色使用链接库的勾选（同前述）

4. 利用工具软件添加设计好的两个链接角色[030052]和[030053]（图 8-2）

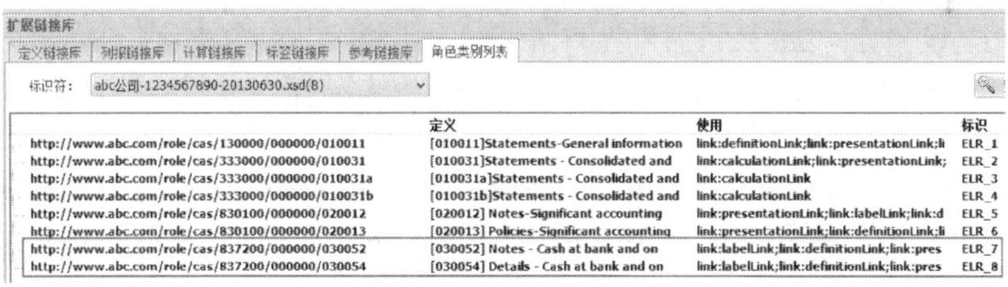

图 8-2　abc 公司附注_货币资金 ELR 构建

8.2　货币资金 ELR 元素提取与匹配

8.2.1　货币资金二级ELR元素映射

按照编报规则二级披露的要求，需要两个元素，上级应是一个[abstract]结尾标题虚元素，下级应是以“[text block]”结尾的文本块元素。而在图 8-1 中看到，通用分类标准[837200]下的二层结构共三个元素：上层是货币资金信息披露 [text block]，下级有三个同级子元素，即货币资金年初期末余额[abstract]、受限制的货币资金年初期末余额 [abstract]、货币资金其他需要说明的事项[abstract]。虽然通用标准中前两个元素和我们[030052]下需要的元素字面意思相近，但是在层级上明显不合。在元素列表区输入关键字“货币资金”，发现一个货币资金[abstract]，这是一个通用标准元素，虽然不在[837200]下，但完全符合我们的要求。这进一步要求我们在遇到几个字面意思相近的元素时，一定要认真区别异同，找到最适合的元素与目标元素匹配。两个元素的具体情况如表 8-3 所示。

表 8-3　[030052]ELR 元素映射表

[030052] ELR 提取的元素	是否为虚元素	是否可匹配
货币资金[abstract]	是	是
货币资金信息披露 [text block]	否	是

8.2.2　货币资金四级ELR元素映射

作为四级披露，首先要求一个[abstract]结尾的标题虚元素作为引领标题，二级 ELR 和四级 ELR 的引领标题元素应当不同。一般而言，企业扩展的四级 ELR 引领标题元素的标准中文标签形式为“XXXX（详细披露）[abstract]”。本案例需要对[0300054]扩展一个引领标题元素“货币资金（详细披露）[abstract]”。

对比通用分类标准[837200]下的元素和 abc 公司货币资金明细表的各项目，发现二者的差异在于：abc 公司的币种有两个即“人民币”和“港币”，而用分类标准中[830100]ELR 下的“货币资金年初期末余额[abstract]”内的币种有三个，分别是“人民币”“美元”和“欧元”，其中“美元”和“欧元”两个元素可以完全匹配。接下来的关键问题在于我们是否需要扩建元素“港币”呢 ？在元素列表区输入关键字“港币”，发现一个“港币项目[membert]”，这是一个通用标准元素，虽然不在[837200]下，但同样符合我们的要求。除引领标题元素外，abc 公司附注_货币资金 ELR 所需的其他元素在通用分类标准里全都有。我们提取出 abc 公司货币资金四级信息 ELR 构建所需元素，如表 8-4 所示。

表 8-4　[030054] ELR 元素映射表

[030054] ELR 提取的元素	是否为虚元素	是否可匹配
货币资金（详细披露）[abstract]	是	是
货币资金年初期末余额[abstract]	是	是
货币资金年初期末余额[table]	是	是

续表

[030054] ELR 提取的元素	是否为虚元素	是否可匹配
货币资金类别[axis]	是	是
货币资金种类[member]	是	是
库存现金[member]	是	是
银行存款[member]	是	是
其他货币资金[member]	是	否
货币种类[axis]	是	是
货币[member]	是	是
人民币[member]	是	是
港币项目[member]	是	是
货币资金年初期末余额[line Item]	是	是
原币金额	否	是
折算汇率	否	是
人民币金额	否	是

一般来说，[member]结尾的域成员元素是需要扩展的，只不过本案例中的港币项目属于常见项目，通用标准将其内置了。如果本案例还有泰铢、马克等非常用的外币，通用标准中没有内置，则需要扩展新元素。

8.3　创建货币资金 ELR 扩展分类标准

8.3.1　创建扩展元素

经前述分析，本案例需要扩展一个四级 ELR 引领标题元素，详细信息如表 8-5 所示。

表 8-5　ELR[030054]元素扩展表

元素类型	类型图标	元素标准中文标签	元素名称
标题		货币资金（详细披露）[abstract]	MonetaryFundsDetailsAbstract

8.3.2　确定元素标签，构建标签链接库

经分析，abc 公司[030052]ELR 和[030054]ELR 的元素展示形式都是标准标签，无须扩展标签，此步省略。

8.3.3 对[030052]ELR构建链接库结构

依前所述，本案例对[030052]ELR 仅构建列报链接库，步骤如下。

（1）在列报链接库编辑区添加扩展链接角色[030052]。

（2）在元素编辑区查询到元素“货币资金[abstract]”按照前述方法将其拖动到列报链接库[030052]下。

（3）在元素编辑区查询到元素“货币资金信息披露 [text block]”并将其拖动到列报链接库“货币资金[abstract]”标题元素的下面。

（4）保存操作结果。这样就完成了[030052]ELR 的列报链接库的构建。结构如图 8-3 所示。

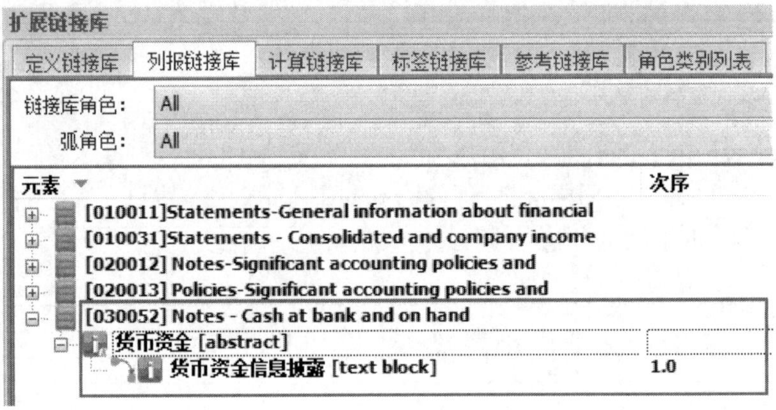

图 8-3　附注_货币资金二级整体披露列报结构

8.3.4 对[030054]ELR构建定义链接库结构

对[030054]ELR 构建定义链接库，步骤如下。

（1）在扩展定义链接库编辑区添加扩展链接角色[030054]ELR。

（2）在元素编辑区查询到元素“货币资金（详细披露）[abstract]”将其拖动到扩展定义列报链接库[030054]下。

（3）将参照区定义链接库的[837200]ELR 的目录树展开，将其下元素“货币资金年初期末余额[abstract]”拖动到扩展定义链接库中[030054]ELR 元素“货币资金[abstract]”的下面，如图 8-4 所示。

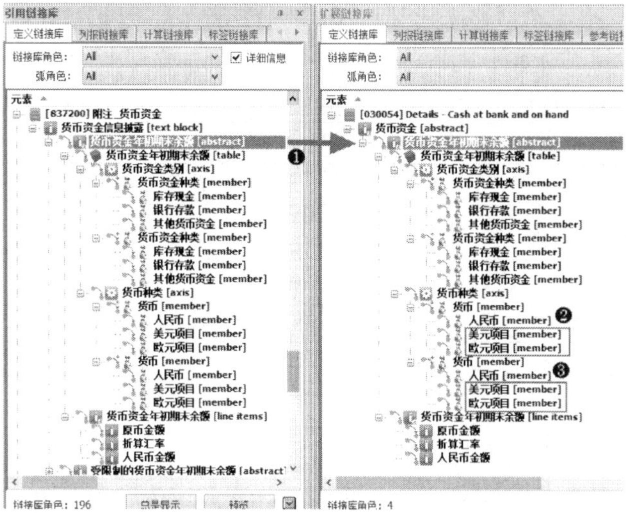

图 8-4　附注_货币资金四级明细披露定义链接库构造一

在图 8-4 所示界面，我们观察到所有后缀为[member]的域成员元素会重复出现两次，这属于正常现象，是维度表定义结构所需要的。删除一个域成员，另一个同名域成员也会随之自动删除。增加一个域成员，系统同时会附带增加一个同名域成员。这是定义链接库编辑元素的特殊之处。

（4）在图 8-4 所示界面下，删除❷和❸处矩形框内的元素“美元项目[member]”和“欧元项目[member]”，因为通用标准中的这两个元素不适用于 abc 公司。

（5）在元素列表区查询到“港币项目[member]”元素并拖动到扩展定义链接库[030054]的“货币[member]”元素下，使其成为“人民币[member]”的同级并列元素，结果见图 8-5 中的 A 处矩形框内的展示效果。

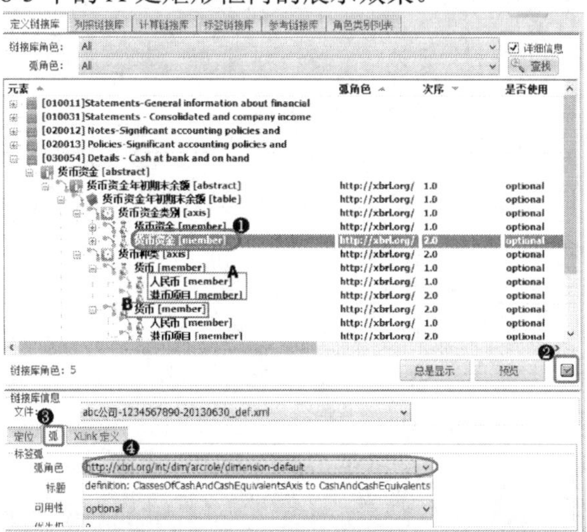

图 8-5　附注_货币资金四级明细披露定义链接库构造二

（6）为第二个上级域成员设置“default”属性。在图 8-5 所示界面下依次执行如下操作：①鼠标双击第二个“货币资金[member]”；②双击“设置”按钮；③点击“弧”按钮，进入弧定义区；④在弧角色编辑区列表内选择默认维度项“dimension-default”。

双击图 8-5 中 B 处“货币[member]”，重复上述步骤，可以继续为此元素设置弧属性为“dimension-default”。至此，我们完成了 abc 公司货币资金 ELR 定义链接库的构建，最终的定义链接库结构展示如图 8-6 所示。

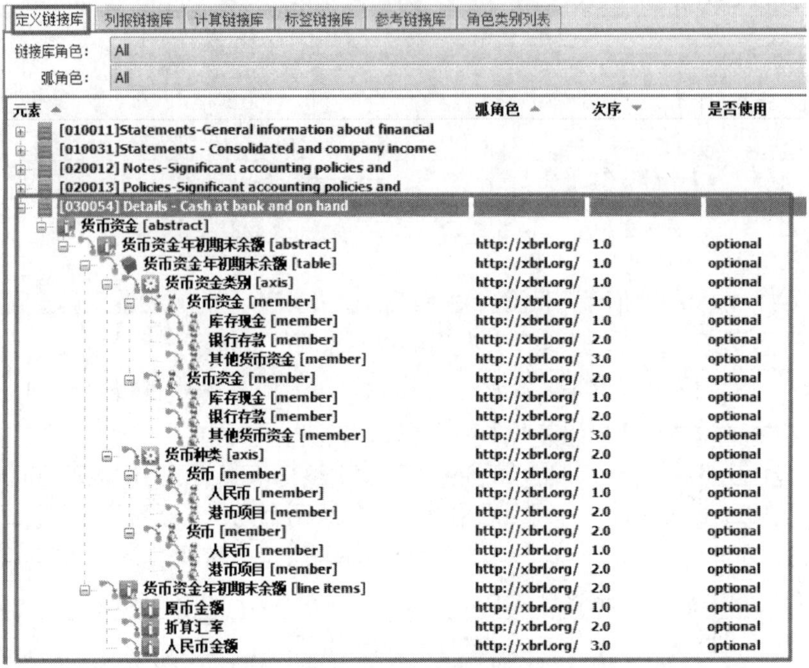

图 8-6　abc 公司附注_货币资金四级明细披露定义链接库最终结构

图 8-6 中所展示的货币资金定义链接库结构是一个典型的维度表，此维度表有两个轴元素，即“货币资金类别[axis]”和“货币种类[axis]”， 每个轴代表一个维度，现实工作中可能会出现多轴维度表，即多于 2 个轴的维度表，其构建方法大致相同。

注意：在维度表定义链接库中设置第二个上级域成员的弧属性为“dimension-default”，是维度建模中必不可少的一个环节，如果遗漏会造成结构性错误。必须对每个轴元素[axis]定义一个上级域成员元素和若干个下级域成员元素。如在图 8-6 中“货币资金类别[axis]”轴元素下的上级域成员元素为“货币资金[member]”，其下有“库存现金[member]”“银行存款[member]”“其他货币资金[member]”三个子域成员元素。

8.3.5　对[030054]ELR构建列报链接库结构

我们用前述方法，根据[030054]定义链接库复制生成[030054]的列报链接库，如图 8-7 所示。

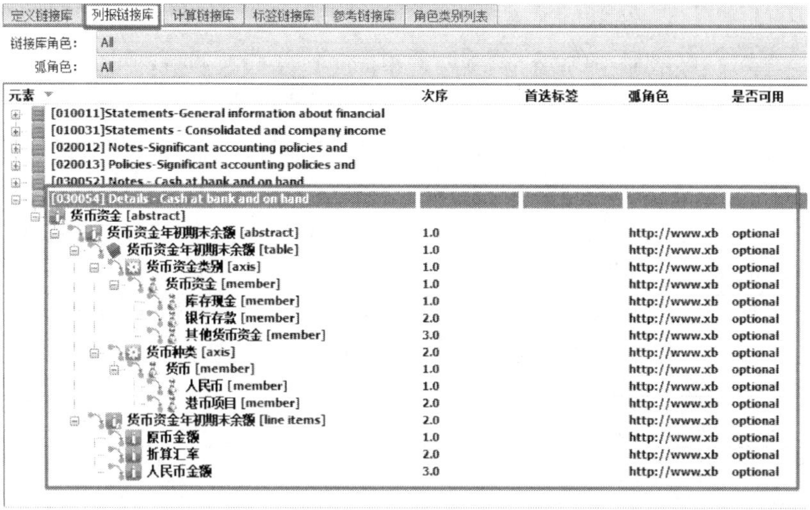

图 8-7　abc 公司附注_货币资金四级明细披露列报链接库最终结构

对比定义链接库（图 8-6）和列报链接库（图 8-7），二者不同之处在于：定义链接库中所有的后缀为[member]的域元素都要出现两次，是定义链接库结构所需。而在列报链接库中，所有的后缀为[member]的域元素仅有 1 个，也无须为其设置“dimension-default”弧属性。

在列报链接库的主要工作是设置元素层级和顺序及每个元素的首选标签，本案例中，列报链接库结构层级与顺序和定义链接库相同，不用设置。另外每个元素的首选标签刚好就是其标准中文标签，故首选标签也无须设置。

8.3.6　对[030054]ELR构建计算链接库

经过分析可以得出，abc 公司附注_货币资金明细表中存在以下计算关系：

货币资金人民币=库存现金人民币+银行存款人民币+其他货币资金人民币；

货币资金总额 =人民币金额+港币折算为人民币的金额。

但这两个计算关系是域成员之间的加和关系，按照编报规则要求，无须在计算链接库中反映。域成员之间的加和关系，工具软件会自动判断校验。

至此我们完成了 abc 公司会计政策和会计估计信息块的标准构建。

8.4　创建货币资金 ELR 实例文档

8.4.1　对[030052]ELR实例文档赋值

保存上述操作结果，重新打开 abc 公司的实例文档及 abc 公司会计附注_货币资金模块的 Word 文档，接下来我们对[030052]ELR 赋值。

（1）在 abc 公司附注_货币资金模块的 Word 文档中复制全部相关内容（包括表头、表体、表后说明）。

（2）在实例文档中选中[030052]模块，选中时期为 “2013”，在需要赋值的空白处用鼠标点击。如图 8-8 所示。

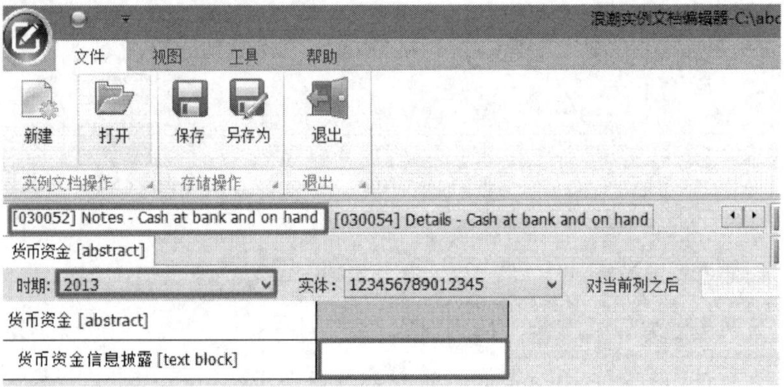

图 8-8　abc 公司附注_货币资金二级披露文本块元素赋值 1

（3）在实例文档赋值区依顺序操作（图 8-9）：①在事实值区电脑机右上角的“编辑”按钮；②在文本块编辑器空白处按组合键“Ctrl+V”粘贴复制好的货币资金明细表全部内容；③点击工具栏“确定”按钮。

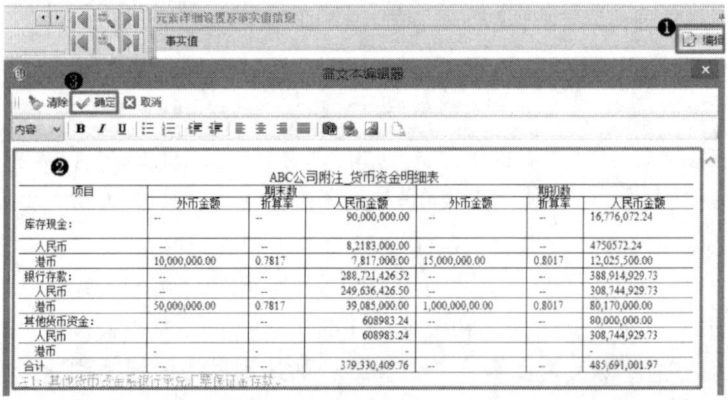

图 8-9　abc 公司附注_货币资金二级披露文本块元素赋值 2

（4）在实例文档表格内查看结果并保存。如图 8-10 所示。

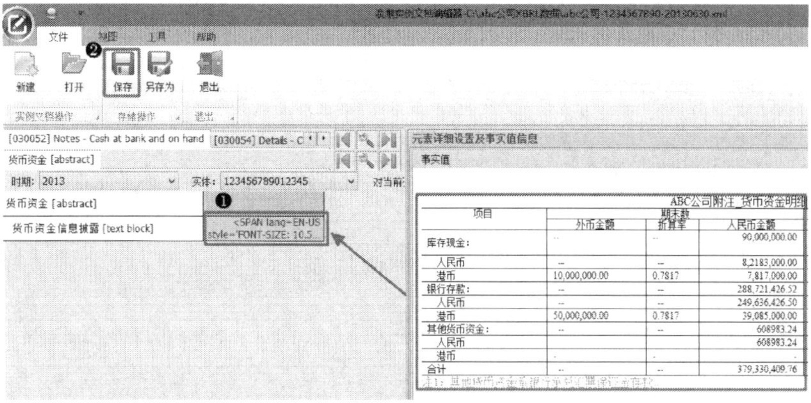

图 8-10　abc 公司附注_货币资金二级披露文本块元素赋值 3

8.4.2　创建货币资金四级ELR实例文档

本案例涉及时点型上下文、维度表的上下文、增加港币单位、设置精度类型及小数点后位数、增加脚注等内容。

1. 上下文定义

1）增加 FY2013e、FY2012e 两个时点型上下文

以增加 FY2013e 为例进行说明，操作步骤如图 8-11 所示。

图 8-11　时点型上下文定义示例

操作说明：

（1）在实例文档主界面左下角定义区点击“上下文管理”按钮，进入上下文管理界面；

（2）点击“新增”按钮，进入添加上下文界面；

（3）输入上下文标识符“FY2013e”；

（4）选择实体标识符“123456789012345”；

（5）选择时期信息为“时点”；

（6）选择时期为“2013 年 12 月 31 日”；

（7）点击“确定”按钮。

依照同样的方法可以创建上下文“FY2012e”。对于非维度表而言，不管有多少个 ELR，其时点上下文和时期上下文是唯一的。本案例 abc 公司所有非维度表共用 4 个上下文：“FY2013d”“FY2013e”“FY2012d”“FY2012e”。

2）利用初始化功能自动完成维度表所需的上下文

前已述及，维度表上下文要求维度表有效区域内每列单元格都对应一个唯一的上下文。维度表上下文可以逐个单元定义，也可利用浪潮 XBRL 工具软件提供的“初始上下文功能”批量完成。如图 8-12 所示。

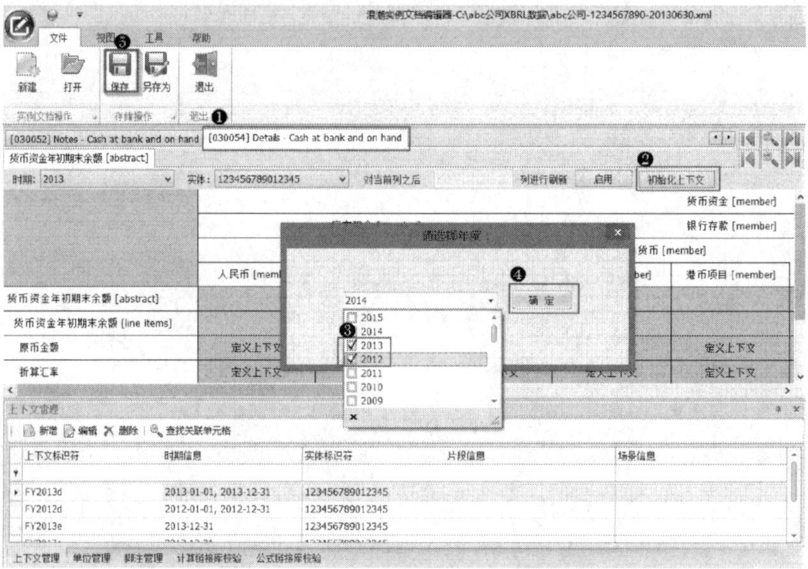

图 8-12　维度表单元格上下文批量定义

（1）在实例文档主界面 ELR 列表区选中[030052]；

（2）点击“初始化上下文”按钮，弹出年度选择界面；

（3）勾选“2013”和“2012”；

（4）点击“确定”按钮，维度表各单元格对应的上下文会自动显示在下一级上下文管理列表中；

（5）保存设置结果。

批量生成的维度表上下文显示如图 8-13 和图 8-14 所示。

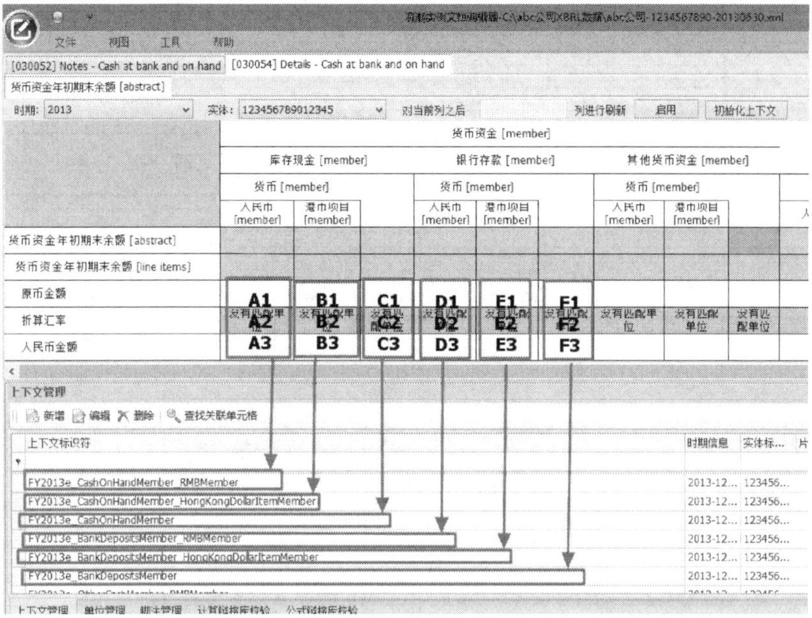

图 8-13　维度表上下文与维度单元格的对应关系 1

3）维度表上下文与维度单元格的对应关系解释

（1）单元格 A1、A2、A3 这一列对应的上下文是 FY2013e_CashOnHandMember_RMBMember，其中单元格 A1、A2 无实际意义无须填数，A3 单元格要填写库存现金中的人民币现金额。

（2）单元格 B1、B2、B3 这一列对应的上下文是 FY2013e_CashOnHandMember_HongKongDollarItemMember，这三个单元格都有实际的会计意义，分别代表本期持有的港币数，期末港币对人民币的汇率及港币现金折算为人民币的数额，均需填数值。如果本期无数，需要填数字“0”。

（3）单元格 C1、C2、C3 这一列对应的上下文是 FY2013e_CashOnHandMember。这一栏单元格 C1、C2 理论上是用来填写小计数的，但是本案例中单元格 C1、C2 的小计数无实际会计含义，无须填数，但单元格 C3 需要填数，从等量关系上看 C3=A3+B3。

（4）单元格 D1、D2、D3 这一列对应的上下文是 2013e_BankDepositsMember_RMBMember，其中单元格 D1、D2 无实际意义无须填数，单元格 D3 要填写银行存款中的人民币金额。

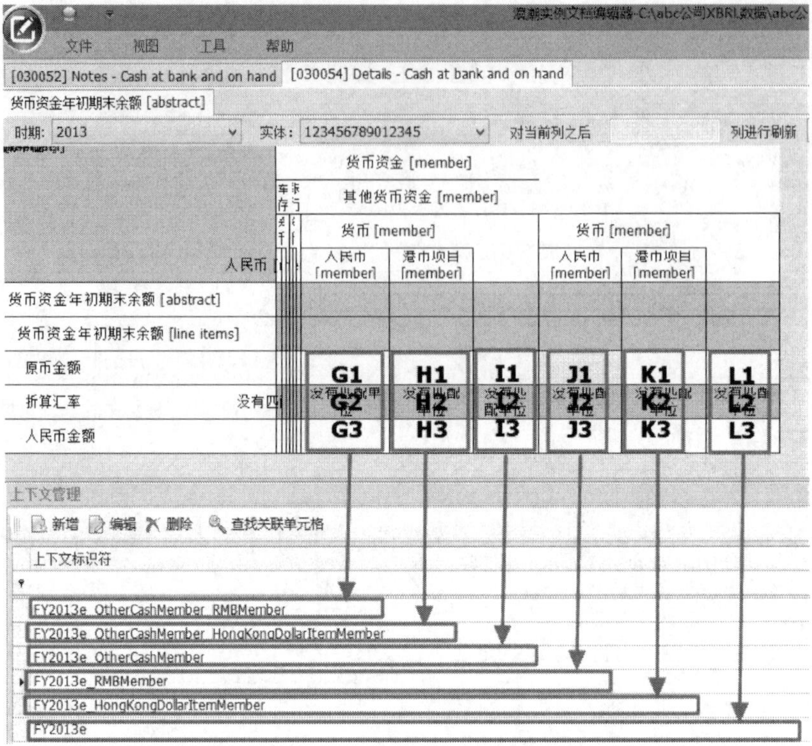

图 8-14　维度表上下文与维度单元格的对应关系 2

（5）单元格 E1、E2、E3 这一列对应的上下文是 FY2013e_BankDepositsMember_HongKongDollarItemMember，这三个单元格都有实际的会计意义，分别代表期末存在银行的港币数、期末港币对人民币的汇率及港币银行存款折算为人民币的数额，均需填数值。如果本期无数，需要填数字“0”。

（6）单元格 F1、F2、F3 这一列对应的上下文是 FY2013e_BankDepositsMember，这一栏理论上是用来填写小计数的，但是本案例中单元格 F1、F2 的小计数无实际会计含义，无须填数值，但 F3 需要填数值，从等量关系上看 F3=F1+F2。

（7）单元格 G1、G2、G3 这一列对应的上下文是 FY2013e_OtherCashMember_RMBMember，其中单元格 G1、G2 无实际意义无须填数，单元格 G3 要填写其他货币资金的人民币金额。

（8）单元格 H1、H2、H3 这一列对应的上下文是 FY2013e_OtherCashMember_HongKongDollarItemMember，这三个单元格都有实际的会计意义，分别代表本期其他货币资金中的港币数，期末港币对人民币的汇率及港币现金折算为人民币的数额，但由于 abc 公司本期其他货币资金只有人民币，没有港币，故单元格 H

1、H2、H3 处都需要填数字“0”。

（9）单元格 I1、I2、I3 这一列对应的上下文是 FY2013e_CashOnHandMember，这一栏理论上是用来填写小计数的，但是本案例中单元格 I1、I2 的小计数无实际会计含义，无须填数，但单元格 I3 需要填数，从等量关系上看 I3=I1。

（10）单元格 J1、J2、J3 这一列对应的上下文是 FY2013e_RMBMember，这一列是维度表结构性需要，无须填数，应该在上下文列表中手动删除这个上下文。

（11）单元格 K1、K2、K3 这一列对应的上下文是 FY2013e_HongKongDollarItemMember，这一列是维度表结构性需要，无须填数，应该在上下文列表中手动删除这个上下文。

（12）单元格 L1、L2、L3 这一列对应的上下文是 FY2013e，这一列是专门用来填写总合计数的，本案例中单元格 L1、L2 和计无实际意义，无须填数字。只有单元格 L3 小计有实际意义，需要填数字。从等量关系上看 L3=C3+F3+I3。

2. 定义单位

abc 公司附注_货币资金中的文档需要三种单位：即人民币对应的单位 CNY、港币对应的单位 HKD、汇率对应的单位 PURE。其中 CNY 在合并利润表实例文档中已经定义过，现在需要增加后边两个单位。

1）增加港币对应的单位 HKD（图 8-15）

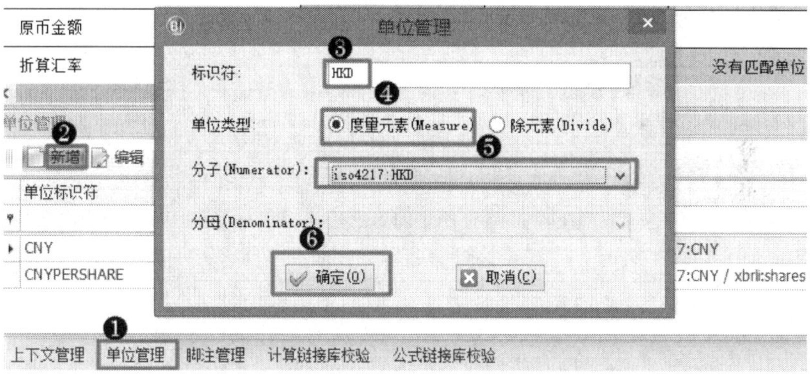

图 8-15　增加货币单位_港币

2）增加汇率对应的单位 PURE

“折算汇率”元素的类型是百分比类型，按要求应该为此类型定义单位为 PURE，如图 8-16 所示。

图 8-16　增加百分比类型数据单位 PURE

3. 为[030054]ELR 实例文档赋值

经过前述上下文定义、单位定义，接下来就应该给实例文档激活的表格（白色区域）赋值。例如，我们要对实例文档中库存现金人民币赋值 82 183 000.00，操作步骤如图 8-17 所示。

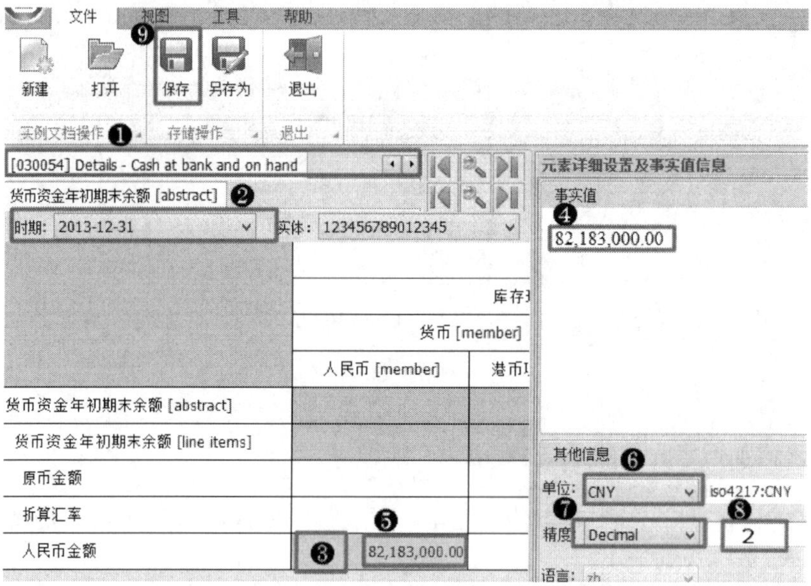

图 8-17　abc 公司附注_货币资金实例文档赋值

（1）在实例文档 ELR 列表中选定[030054];

（2）在左上侧时期列表中选中时期“2013-12-31”；

（3）鼠标点击 A3 所在的空白区域，选中赋值单元格；

（4）在右上侧事实值区输入数值“82 183 000.00”；

（5）在目标格空白处自动显示数值“82 183 000.00”；

（6）选中单位为“CNY”；

（7）选中精度类型为“Decimal”型；

（8）将精度位数调整为“2”；

（9）保存结果。

需要说明的是：维度表结构复杂，赋值时要注意有些无实际会计意义的单元格是不需要赋值的；赋值时遵循从左到右，自上向下的顺序。

依照同样的步骤，对需要赋值的空白单元格逐个赋值，赋值完成后的结果如图 8-18 所示。

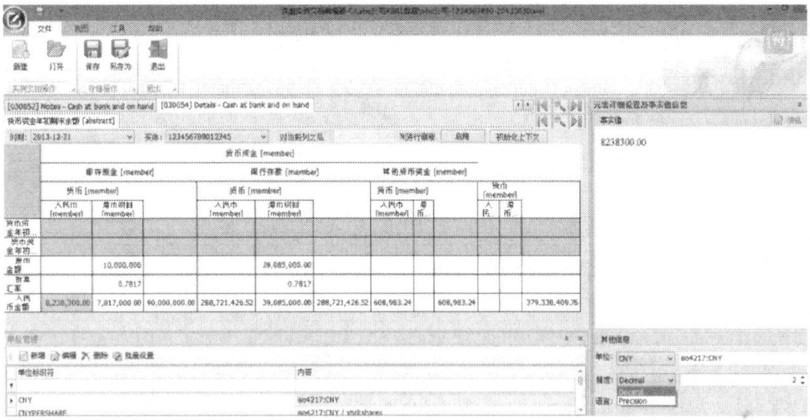

图 8-18　abc 公司货币资金实例文档赋值结果

4. 为[030054]ELR 实例文档建立脚注

abc 公司附注_货币资金明细表（表 8-1）中表末一行“注 1：其他货币资金系银行承兑汇票保证金存款。”是对表中 2013 年其他货币资金 608 983.24 的说明，这在 XBRL 中称为脚注。设置脚注的方法如图 8-19 所示。

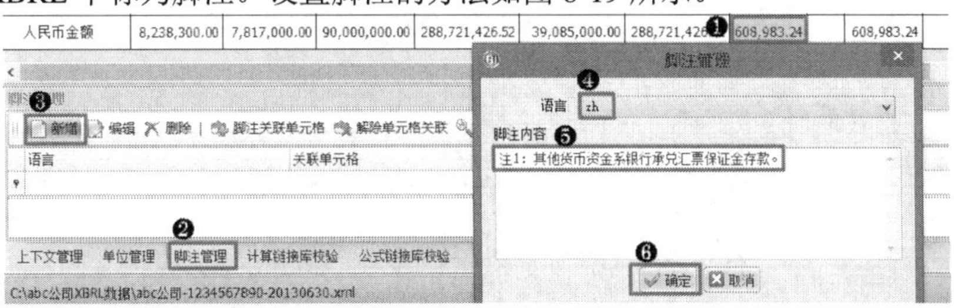

图 8-19　abc 公司货币资金实例文档脚注设置

（1）先选中需要添加脚注的数字单元格；

（2）在左下角的设置面板点击“脚注管理”按钮；

（3）点击“新增”按钮；

（4）选择语言为“zh”；

（5）输入脚注内容：“注 1：其他货币资金系银行承兑汇票保证金存款。”

（6）点击“确定”按钮。

abc 公司的货币资金还需要输入 2012 年的事实值，方法类似，此处从略。

第 9 章　通用分类标准实施中的典型问题分析

对 2014 年广西实施会计准则通用分类标准的 7 家企业进行了 XBRL 数据校验，将校验的错误归纳为 7 大类 34 个子类并分析各类错误的表现形式及产生原因。ELR 类错误有四级标记错、定义命名错、引用错、链接勾选错、拆分错、冗余错、遗漏错；元素类问题有匹配错、借贷方向错、期间错、命名错、冗余错；标签链接库类问题有缺少合计标签、缺少负值标签、缺少期初期末标签、缺少净值标签、标签名称用错、长短标签使用不当、英文标签非首字母大写；定义链接库类问题有维度类型判断错误、ELR 披露不完整、结构元素构建错误；列报链接库类问题有元素适用性错误、首选标签适用不当、上下级次序出错；计算链接库类问题有遗漏计算关系、错误定义公式；实例文档类问题有上下文错误、货币币种定义不当、数据精度使用不当、数值填写错误、脚注使用不当。ELR 类问题、元素匹配问题、定义链接库类问题是影响 XBRL 报告质量核心问题，应当特别予以关注。

9.1　元素使用情况统计分析

我国财政部于 2010 年 10 月 19 日发布了《企业会计准则通用分类标准》，开始在大型国企试点实施 XBRL。广西从 2012 年开始连续三年积极参与 XBRL 试点工作。为了确保实施企业上报的 XBRL 数据的准确性，广西壮族自治区财政厅委托桂林电子科技大学 XBRL 技术团队对 2014 年 7 家实施企业的 XBRL 数据进行了省级校验。通过工具软件和人工校验两种模式，校验出了各种问题并提出了整改意见。这些问题在全国实施 XBRL 的企业中具有典型代表性，下文就这些校验出的典型问题进行统计分析。应企业要求，文中将 7 家实施企业的具体名称分别以公司 1、公司 2、公司 3、公司 4、公司 5、公司 6、公司 7 代替。7 家企业对 XBRL 元素使用情况统计如表 9-1 所示。

表 9-1　7 家企业元素使用情况统计　　（单位：个）

企业名称 元素统计	公司 1	公司 2	公司 3	公司 4	公司 5	公司 6	公司 7	平均
列报链接库元素总数	1 386	1 127	923	1 174	1 422	2 039	1 360	1 345
直接引用元素总数	707	603	498	485	755	1 046	810	701

续表

元素统计 \ 企业名称		公司 1	公司 2	公司 3	公司 4	公司 5	公司 6	公司 7	平均
企业扩展元素	扩展实元素	226	209	136	296	227	257	234	226
	扩展虚元素	453	315	289	393	440	736	316	420
	扩展元素总数	679	524	425	689	667	993	550	646
总体元素扩展比例/%[1]		48.99	46.50	46.05	58.69	46.91	48.70	40.44	48.03
实质性元素扩展比例/%[2]		16.31	18.19	14.73	25.21	15.96	12.60	17.21	16.78

1：总体元素扩展比例=扩展元素总数/列报链接库元素总数。
2：实质性元素扩展比例=扩展实元素/列报链接库元素总数。

其中，7 家企业的 XBRL 格式财务报告中平均使用元素 1347 个，元素平均扩展比例为 48.03%。在企业扩展元素中，大量为组织 XBRL 格式财务报告结构的虚元素，只有一部分是涉及实元素的实质性扩展。本次 7 家实施企业的实质性扩展元素占总元素数的比例平均数为 16.78%，最高为 25.21%，最低为 12.60%。广西北部湾银行由于使用了银行业扩展分类标准，实元素的扩展数量较少，这符合“行业标准越细，企业扩展越少”的规律，具有较强的行业代表性。在国际上，XBRL 格式财务报告的质量通常以使用元素数量来反映。一般来说，使用元素越多，说明扩展分类标准对财务报告的标记越准确详尽。总体来看，本次实施单位标记了大量财务报告主表和附注中的信息，成效较为明显。元素扩展比例则是国际上广泛采用的衡量分类标准质量和可用性的又一重要指标。在使用元素数量合理的基础上，扩展比例越低，证明组织实施的政府或监管部门发布的分类标准质量越高。从实施情况看，广西 7 家企业实元素平均扩展比例为 16.78%，低于 30%的国际水平。这表明，一方面 7 家实施企业较好地掌握了通用分类标准的实质内容并有效开展了实施工作；另一方面，也说明通用分类标准质量较高，既符合企业会计准则和中国国情，也顺应了国际主流 XBRL 技术体系的发展趋势，具有较好的示范效应和应用效果。下文重点分析研究校验中发现的典型问题。

9.2 扩展链接角色类问题分析

可扩展链接角色是一组有财务信息关联关系的财务报告列报事项的集合。企业的 XBRL 财务年报信息基本都是以表格形式展现的，每个表格都构成一个信息块，每个信息块就是一个独立的 ELR，每个 ELR 根据定义关系和计算关系的要求还可能分成几个下级 ELR。ELR 的构建是实施通用分类标准的起点。此类问题数据统计如表 9-2 所示。

表 9-2　扩展链接角色类问题统计表　（单位：个）

校验指标 \ 企业名称		公司 1	公司 2	公司 3	公司 4	公司 5	公司 6	公司 7	合计
扩展链接角色类问题	四级标记问题/项	4	0	0	0	1	0	0	5
	命名问题/项	1	1	1	1	0	0	0	4
	引用问题/项	1	0	0	5	2	3	1	12
	链接勾选问题/项	2	1	0	0	0	0	0	3
	拆分问题/项	1	1	0	2	0	0	0	4
	冗余问题/项	4	8	5	1	1	4	4	27
	遗漏问题/项	7	1	4	6	0	5	0	23

9.2.1　四级标记问题

按照通用分类标准编报规则（以下简称编报规则），在 ELR 末尾的代码要用“1．2．3．4”，其中“1”代表财务报表主表和企业一般信息，“2”代表附注整体标记，“3”代表会计政策和会计估计逐项标记，“4”代表附注的详细标记。每个企业都应该有这四级披露，因此在扩展链接角色类别列表中，检查每个 ELR 的末尾代码，就大致可以看出四级披露是否完整。需要注意的是，只要是和会计政策、会计估计、会计差错相关的披露，一定要有一个上级 2 级整体披露，同时要有一个 3 级分块详细披露。在实务中，3 级披露一般最多只有 2 个 ELR。本次校验共发现此类问题 5 个。最典型的是把会计政策相关的 3 级作为了 4 级处理。

9.2.2　命名问题

ELR 命名实际是图 9-1 中的“2”部分，即角色“定义”，关于角色的定义命名，在编报规则中规定得极为细致。校验中，共发现此类问题 4 项。最典型的有两类：其一，定义中关于英文标签，一般要求首字母大写即可，非首字母不要求大写，但是实施企业多数都对非首字母单词进行了大写；其二，关于附注详细披露、会计政策等，其前缀有特殊要求，实施企业没有完全按照规则进行命名。

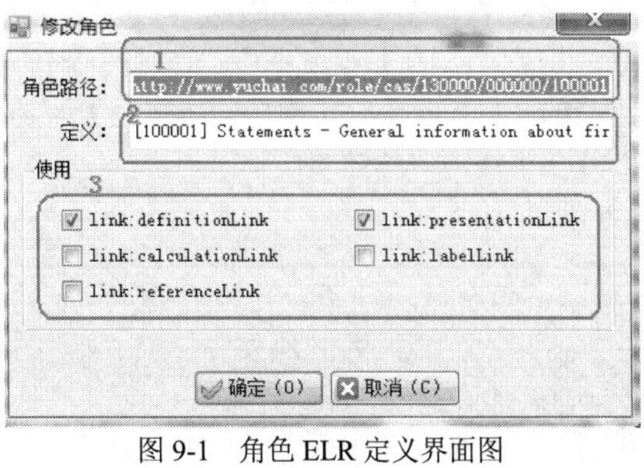

图 9-1　角色 ELR 定义界面图

9.2.3　引用匹配问题

引用实际就是图 9-1 中的“1”部分的[130000]，意指当前 ELR 所参照的通用分类标准的 ELR 代码。例如，企业其他流动资产的 ELR（208082，208084）没有正确匹配通用分类标准的 ELR 代码[830220]，而是错误地引用编码[830200]问题。校验中发现此类问题共计 12 项。这类问题一般是由于实施人员粗心造成的。

9.2.4　链接库勾选问题

勾选就是图 9-1 中的“3”部分。构建 ELR，除了定义、引用，还必须知道未来会在哪几个链接库使用，一般情况下建议勾选定义、列报、计算三项，没有勾选的链接库中今后将不能使用该 ELR。本次校验中发现此类勾选问题共计 3 项。

9.2.5　拆分问题

一个 ELR 如果后来需要在定义链接库中由两个或两个以上的表组成，或者在计算链接库中需要对相同的元素定义两个或两个以上的计算关系，则需要对这个 ELR 拆分，根据规则要求，拆分后的 ELR 代码应该形如“208084a，208084b，208084c，…”。本次校验中发现此类问题 4 项。

9.2.6　冗余问题

冗余是指构建了 ELR，但是在列报、定义、计算链接库中却没有使用，对于这类问题建议删除不使用的 ELR 即可。有的工具软件提供了批量删除功能。本次校验共发现此类问题 27 项。

9.2.7　遗漏问题

遗漏是指未对需要披露的事项构建独立的 ELR。往往表现在实施企业未将原始报表中的一些信息块构建独立的 ELR；也可能是只构建了整体披露的 2 级信息块，未能继续构建对应的 4 级信息块。本次校验发现此类问题共计 23 项。我们建议实施企业对每个 2 级信息块同时构建 4 级信息块。

9.3　元素类问题

元素是 XBRL 的最基本单位，正确地匹配通用标准元素，按需要扩展企业特殊元素，正确定义元素的各种属性，这些是成功实施 XBRL 的基础性工作，也是实施企业容易犯错的关键地方。此类问题数据统计如表 9-3 所示。

表 9-3　元素类问题统计表　（单位：个）

校验指标 \ 企业名称		公司 1	公司 2	公司 3	公司 4	公司 5	公司 6	公司 7	合计
元素类问题	匹配问题	6	14	25	8	17	8	1	79
	借贷问题	1	1	2	7	27	0	5	43
	期间问题	0	1	1	3	0	0	0	5
	命名问题	2	3	6	2	24	3	0	40
	冗余问题	2	6	1	1	6	1	3	20
	类型问题	1	0	0	0	0	0	0	1

9.3.1　元素匹配问题

元素匹配问题有两种，其一，通用分类标准中已经有了相应元素，但实施人员却进行了元素扩展，致使扩展元素数量增加；其二，通用分类标准中有没有对应元素，而实施人员却进行了不当匹配。本次校验中共发现此类问题 79 个，约占企业扩展元素总数的 11.03%。对这类问题，一定要从会计专业角度去判断，把原报表中的事项和通用分类标准中的元素反复对比。一般而言，通用标准中对常见的具有会计含义的元素都已经做了定义，企业应当尽可能地去匹配这些元素。而对于企业个性化需求的少量特殊元素，则需要企业依照规则扩建。

9.3.2　元素借贷属性问题

对于货币类型的实元素而言，其借贷属性和会计含义完全一致，不难辨别！校验中发现这类问题共计 43 项，这很可能是由于在扩展元素时候粗心大意造成的。这类问题修改也比较容易。

9.3.3　元素期间问题

对于构成资产负债表相关的元素都是时点型数据，构成利润表、现金流量表的元素一般都是时期型，对于结构性的虚元素，按照规则都属于时期型。这类问题在校验中只发现了 5 项，一般属于粗心大意造成。好的工具软件会对特定的元素自动设置期间属性。

9.3.4　扩展元素命名问题

对于扩展元素的命名要注意三点。其一，驼峰规则，要求构成元素的几个英文单词连起来，每个单词首字母大写，不能有禁用符号；其二，对于反映会计政策、会计估计、会计差错、附注详细披露、企业一般信息披露的元素命名都有特殊的前缀和后缀要求；其三，结构性元素，如起标题作用的抽象元素，维度表结构需要的表元素、轴元素、域元素、行元素，以及用来进行文本块整体披露的文本块元素，规则中都有其特殊的命名前、后缀要求。本次校验发现元素命名问题共计 40 项。其中第三类问题占绝大部分。好的工具软件会对特殊元素自动设置后缀。

9.3.5　扩展元素冗余问题

企业扩展了元素，但是未在后面的列报链接库中使用，也不会出现在实例文档中，这类元素就是冗余元素。一般是开始理解有误，对能够匹配标准的元素进行了扩展，后面发现可以直接匹配标准中的元素并进行了引用，但又忘记删除前述扩展元素。本次校验共发现此类问题 20 项。借助工具软件可以批量删除冗余元素。

9.3.6　元素数值类型问题

扩展元素时必须为其指定元素数值类型，常见的元素类型如图 9-2 所示。

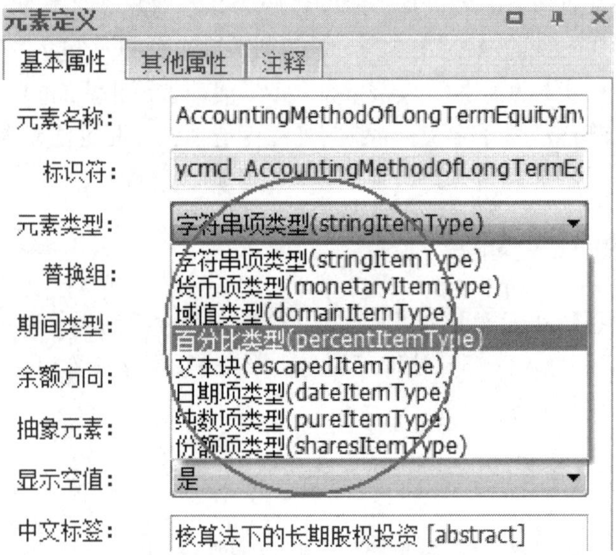

图 9-2　元素类型定义图

元素数值类型主要有图 9-2 中所包含的这些种类。关于会计含义的货币型、百分比型、日期型一般不容易出错。字符串和文本块型的区别在于前者用来存储形如“XXXXXX 说明”这样的少量文字说明信息，可理解为是一个具体的字符串（信息少），而后者用来存储包含大段内容的文本块（信息大），一般用作 2 级信息整体披露。域值类型专用于附表中的域成员元素。纯数项类型主要用于表示利率、百分比等。校验中共发现此类问题 1 项。较去年减少了 10 项，说明在首次实施的企业中更容易出现这类问题。

9.4　标签链接库类问题

标签链接库用来表示元素及其显示名称间的对应关系，标签其实就是元素在不同场合下使用的不同“外衣”，据近三年的实施情况看，标签问题历来是出错最多的地方。在本次校验中共发现标签类问题 249 项。此类问题数据统计如表 9-4 所示。

表 9-4　标签类链接库问题统计表　（单位：个）

校验指标 \ 企业名称		公司 1	公司 2	公司 3	公司 4	公司 5	公司 6	公司 7	合计
标签链接库类问题	缺少合计标签	8	10	3	8	27	5	3	64
	缺少负值标签	6	13	7	10	16	6	8	66
	缺少期初期末标签	3	3	3	1	4	0	0	14
	缺少净值标签	2	2	1	0	0	0	2	7
	标签名称问题	6	5	2	7	28	5	2	55
	长短标签使用问题	0	2	3	0	31	0	2	38
	英文标签非首字母大写	1	0	0	4	0	0	0	5

9.4.1　缺少合计标签

校验中发现此类问题共计 64 项。一般而言，凡是在原始报表信息块中带有“XXXX 合计”“XXXX 小计”字样的事项，在创建扩展元素后，应当在标签链接库中为其创建表述一致的“XXXX 合计”“XXXX 小计”字样的合计标签。在特殊情况下，虽然原始信息中不带“小计”“合计”字样，但根据职业判断属于合计概念的事项，我们也应当为其创建合计标签。需要注意的是合计标签的元素大多会有计算关系。

9.4.2　错误使用负值标签

校验中发现此类问题共计 66 项，数量较多。原因主要有两个，其一，编报规则对负值标签使用条件表述有误，导致实施人员错误的理解；其二，实施人员对负数、负值标签、汉字信息中如“减：XXXXXX”这类元素的认识混乱。笔者认为对于原始报告中的负数，如果明显是借贷属性不同造成的，必须在实例文档中直接输入负数，而不能用负值标签；如果借贷属性相同，只是需要在数字前面显示负号加以强调，则在实例文档中输入正数，在标签链接库增设负值标签，在列报链接库设置其首选标签。

9.4.3　缺少期初期末标签

在企业报表中，有很多“XXXX 期初余额”“XXXX 期末余额”，这是两个不同的数字，如果出现在同一个 ELR 中，初学者往往会判断为两个不同的元素，甚至为其扩建两个不同的元素，分别表示期初数和期末数。其实，不管是期初数，还是期末数，都是同一个元素，其数值的不同是通过不同年份（上下文）来区别的。这就需要为这个元素在标准标签之外创建两个标签，分别是期初标签和期末标签。本次校验中，发现没有创建必要的期初期末标签的问题累计达 14 项，这大大降低了 XBRL 数据的在实例文档的显示效果。

9.4.4　缺少净值标签

会计中的净值常见的有两个：固定资产净值=（原值-折旧）和应收账款净值=（应收账款余额-坏账准备）。在企业的年报数据中，一般会有净值的披露，这就要求我们在标签链接库中为这类元素设置净值标签。校验中发现此类问题共计 7 项，主要是未设置必要的净值标签，在展示的时候用了标准标签。

9.4.5　标签名称问题

校验中发现此类问题共计 55 项。对这类问题主要借助工具软件校验。对于实元素而言，英文标准标签的命名和元素名称大致相同，但是多个单词组合需要在不同单词间用空格加以区别，不能有禁用符号。对于结构性虚元素而言，其英文标签的前、后缀在编报规则中都有严格要求，此次的问题绝大多数都出现在虚元素的标签名问题。可见实施企业对于编报规则关于虚元素的标签命名规范不熟悉。除了要熟知标签的禁用规则外还需特别注意：标签名中可以使用逗号和括号，在英文标签中不能使用冒号；标签中可以使用空格，但是不能出现连续空格。

9.4.6　长短标签使用问题

长标签如“单项金额重大并单项计提坏账准备的应收账款账面余额”，对元素进行扩展时为了准确表达标签含义而不能够省略标签文字时使用，校验中该使用而未使用长标签的问题 20 项。短标签如“应收账款”，在财务报告的上下文中对标签文字进行省略时使用，校验中发现短标签类额问题共计 18 项。

9.4.7　英文标签非首字母大写

按照规则要求，元素的英文标签如果涉及两个以上单词组合构成，只对其第一个单词的首字母使用大写，其他单词的首字母一律小写，不要和元素名称的驼峰命名法（每个单词首字母都要大写）弄混淆了。本次校验发现此类问题 5 项。

9.5　定义链接库类问题

定义链接库用于定义 ELR 的数据结构，特别要定义维度结构。是关系到计算机处理 XBRL 的关键性问题，这类问题对 XBRL 数据的质量至关重要，属于重大的核心问题。本次校验中，共发现定义链接库类问题 75 项。此类问题数据统计如表 9-5 所示。

表 9-5　定义链接库类问题统计表　　（单位：个）

校验指标 \ 企业名称		公司 1	公司 2	公司 3	公司 4	公司 5	公司 6	公司 7	合计
定义链接库类问题	维度判断问题	1	1	4	6	2	1	0	15
	ElR 完整性问题	0	5	9	7	5	2	5	33
	元素构建问题	2	2	4	2	10	5	2	27

9.5.1　维度与非维度建模结构判断问题

本次校验中共发现此类问题 15 项，数量虽然不多，但属于重大的问题。直接影响 XBRL 数据质量。主要表现为把维度结构的定义成了非维度结构；把非维度结构定义成了维度结构。在校验中发现比较容易出错的维度结构的 ELR 常见的有：货币资金明细、存货明细、在建工程明细、短期借款明细、长期借款明细、各种往来类明细、公司个别报表（主表）；非维度结构的 ELR 常见的有：合并报表（4 张主表）应付职工薪酬、营业外收入、营业外支出、资产减值信息披露。要想对 ELR 的维度性有正确的判断，需要扎实的通用分类标准的维度知识；需要有较强的会计职业判断能力；需要对编报规则关于定义链接库的规定做到熟能生巧。有些企业的某项附注信息很简单，只有一个元素，建议在选用维度结构的时候以通用分类标准为准。

校验中发现的典型案例：公司 6 的“应交税费”事项在传统财务报告中披露如表 9-6 所示。

表 9-6　公司 6 应交税费明细表

项目	年初余额	本期应交	本期已交	期末余额
增值税	−365 918 303.14	451 055 181.43	627 227 294.79	−542 090 416.50
营业税	17 415 195.92	167 567 614.75	144 046 540.22	40 936 270.45

续表

项目	年初余额	本期应交	本期已交	期末余额
资源税	5 839 164.68	108 419 887.79	103 741 936.86	10 517 115.61
企业所得税	54 944 453.85	208 616 073.62	187 268 791.21	76 291 736.26
城市维护建设税	4 435 617.30	36 320 100.92	33 702 808.33	7 052 909.89
房产税	79 215.62	28 167 232.10	26 984 096.38	1 262 351.34
土地使用税	−2 152 499.43	40 141 567.50	44 585 261.00	−6 596 192.93
个人所得税	10 664 203.59	129 793 324.07	124 342 017.29	16 115 510.37
教育费附加	4 188 227.94	39 401 230.16	36 976 137.90	6 613 320.20
其他税费	17 150 905.78	271 967 741.08	274 894 758.52	14 223 888.34
合计	−253 353 817.89	1 481 449 953.42	1 603 769 642.50	−375 673 506.97

经分析，表 9-6 以项目类型作为轴，以年初余额、本期应交、本期已交、期末余额作为行项目，由此应构建维度表。但是在通用分类标准中，“应交税费”显示为非维度表，如图 9-3 所示为通用分类标准应交税费非维度表。

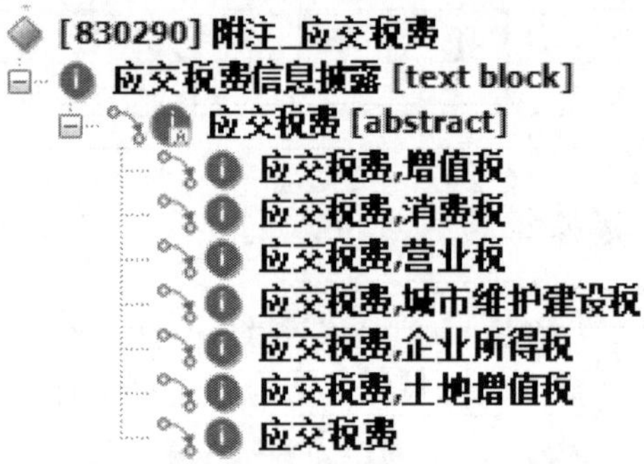

图 9-3　通用分类标准应交税费非维度表

通用分类标准中按照具体税项列示为非维度表，但是没有列示传统表格中表示金额的项目，无法直接引用。公司 6 在创建此 ELR 时，也扩展了表示金额的元素，但依然按照通用分类标准构建非维度表，如图 9-4 所示为企业自定义应交税费元素。

图 9-4　企业自定义应交税费元素

按照上述操作，无法真实反映传统财务报告内容，因此，必须构建维度结构。自行扩展元素“应交税费[table]”—“应交税费项目[axis]”—“应交税费项目[member]”—“增值税[member]”等子域元素。再扩展元素“应交税费金额[line Items]”与“应交税费[table]”同级，最后在“应交税费金额[line items]”下扩展子元素“年初余额”“本期应交”“本期已交”“期末余额”即可完成“应交税费”事项的维度披露，如图 9-5 所示为企业自定义应交税费维度表。

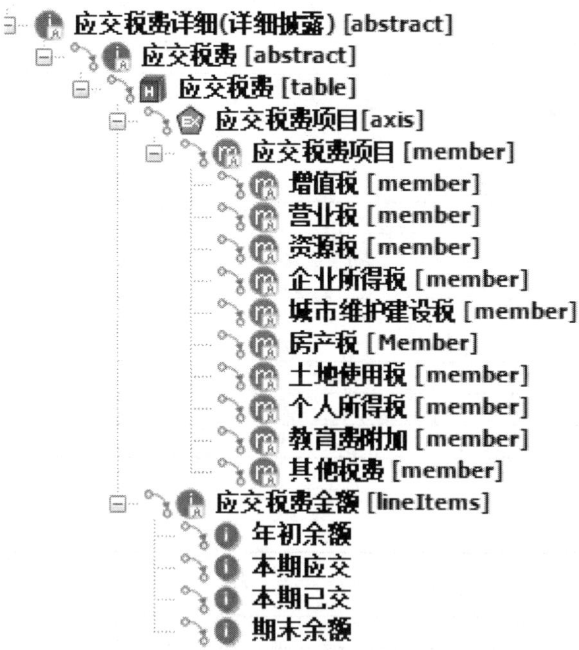

图 9-5　企业自定义应交税费维度表

9.5.2　ElR完整性问题

这里的完整性有三个含义：其一，在同一个维度表中，表、轴、域、行元素要完整；其二，在定义链接库中，按照编报规则既要定义维度表结构也要定义非维度表结构；有的企业在其定义链接库中只定义了维度表结构，所有的非维度表结构都未定义；其三，在定义链接库中，同样要反映四级披露的内容，即在定义链接库中要同时有 1、2、3、4 级 ELR 存在，典型问题是几家企业在定义链接库中只定义了 1 级、3 级和 4 级，没有定义 2 级；本次校验中共发现此类问题 33 项。

9.5.3　元素构建问题

定义链接库中的元素构建校验主要检查：每个 ELR 中的元素组织是否恰当，

有无遗漏元素或者冗余元素，每个元素的层级、先后顺序是否符合原始报表要求；第二个上级域成员属性有没有设置为“default”。本次校验中，共发现此类问题 27 项。这类问题一般比较隐蔽，通过工具软件是校验不出来的，必须人工逐项排查才能发现。

9.6 列报链接库类问题

列报链接库主要起展示作用，提供把 XBRL 数据还原为接近原始报表的样子给信息使用者的功能。实例文档中显示的数据结构都是在列报链接库完成的。本次共发现此类问题共计 86 项。此类问题数据统计如表 9-7 所示。

表 9-7　列报链接库类问题统计表　（单位：个）

校验指标 \ 企业名称		公司 1	公司 2	公司 3	公司 4	公司 5	公司 6	公司 7	合计
列报链接库类问题	元素问题	0	1	3	5	0	2	0	11
	首选标签问题	3	1	15	8	27	7	4	65
	上下级次和顺序问题	3	1	2	1	0	1	2	10

9.6.1　元素问题

这类问题和前述定义链接库的元素构建问题完全相同，不再重复表述。本次校验中共发现此类问题 11 项，典型表现是遗漏元素和冗余元素。

9.6.2　首选标签问题

首选标签就是一个元素在原始报表中的显示形式。前已述及，扩展新元素后，要给新元素定义各种场合下的标签。在列报链接库中，应该为每个 ELR 中的每个元素（特别是实元素）规定好其在未来实例文档中的显示样式，这就要求必须为每个元素从其多个标签中选择一个最能代表其会计含义的标签作为默认标签，以方便对报表原样展示，这项工作就是设置首选标签。如果在标签链接库中定义了合计标签、净值标签、负标签、期初期末标签，那么在列报链接库中就必须选择其中之一作为元素的首选标签。本次校验共发现此类问题计 65 项。

9.6.3　上下级次和顺序问题

同一个 ELR 的列报链接库下的所有元素都有其严格的上下级关系和同级之间

的先后顺序。在工具软件中是通过目录树方式上下拖动方式实现的。操作中有时会把元素的级次拖错，比如该是上层的拖到下层，该是下层的拖到上层。再者，对于复杂的维度表，其结构层次也比较复杂，容易拖错。本次校验中发现此类问题只有 10 项。

9.7　计算链接库类问题

计算链接库用于组织分类标准货币型元素同期数据之间的加减计算关系。其作用是校验后期实例文档中赋值的对应元素数值的准确性。在本次校验中，发现的计算链接库类问题共计 50 项。此类问题数据统计如表 9-8 所示。

表 9-8　计算链接库类问题统计表　（单位：个）

校验指标＼企业名称		公司 1	公司 2	公司 3	公司 4	公司 5	公司 6	公司 7	合计
计算链接库类问题	遗漏计算关系	5	2	24	4	10	3	0	48
	错误定义计算公式	0	0	0	0	1	1	0	2

9.7.1　遗漏计算关系

一些需要计算验证的计算关系没有在计算链接库中定义计算关系，共发现此类问题 48 项。究其原因，大致有两种。其一，对计算链接库的认识不够，不知道哪些项目需要定义计算关系；其二，认为计算关系仅仅起到校验作用，不能够实现自动填数，定义不对容易出错，为了省事干脆不定义。校验中发现有一家实施企业只定义了 4 张主表的计算关系，其他的附注信息计算关系都没有定义。

9.7.2　错误定义计算公式

这类问题的具体表现为：虽然在计算链接库中定义了计算关系，但是把元素的层级、权重弄错，造成公式问题，达不到校验效果。本次校验中发现此类问题两项。

9.8　实例文档类问题

实例文档实质是 XBRL 格式的财务报告，是实施通用分类标准的最终“成果”，本次检验中共发现实例文档类问题共计 196 项。此类问题数据统计如表 9-9 所示。

表 9-9　实例文档类问题统计表　　（单位：个）

校验指标 \ 企业名称		公司 1	公司 2	公司 3	公司 4	公司 5	公司 6	公司 7	合计
实例文档类问题	上下文定义错	1	1	6	1	9	1	1	20
	货币币种错	1	1	0	0	0	0	2	4
	数据精度错	15	2	1	3	4	3	0	28
	数值填写错	18	15	23	13	26	14	6	115
	脚注类错	3	3	7	2	8	4	2	29

9.8.1　上下文定义问题

上下文可以抽象地理解为 Excel 表格中的空白数据“单元格”，在 XBRL 中，要存储元素的事实值，首先要定义好这样的空白“单元格”，之后才能向这些“单元格”录入具体事实值。在校验中发现的典型问题是个别实施企业没有对有些必须披露的内容创建上下文，导致不能在实例文档中输入事实值。本次校验共发现此类问题 20 项。

9.8.2　货币币种设置问题

个别实施企业的财务报告中涉及美元和欧元，应当在实例文档中增添相应币种。操作流程如图 9-6 所示。

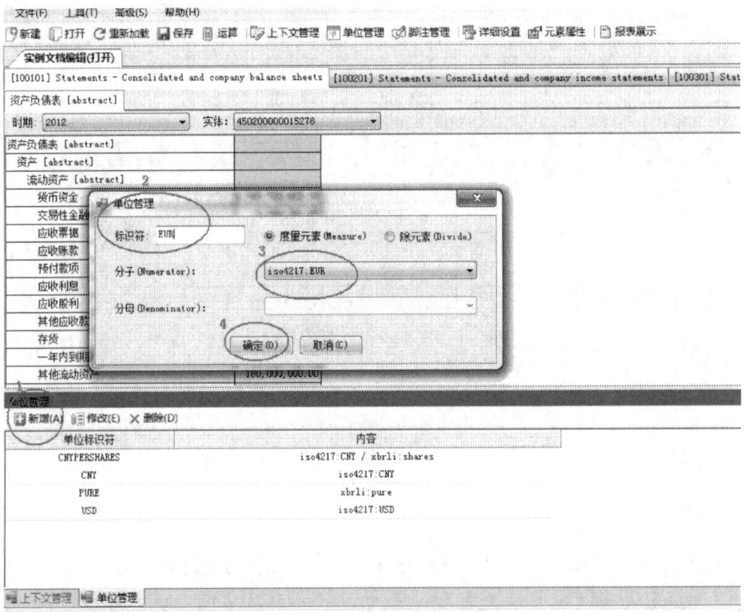

图 9-6　货币币种定义图

图 9-6 中的 1→2→3→4 这个流程基于特定的工具软件，实际操作时以本单位使用的工具软件为准。本次校验发现此类问题共计 4 项。

9.8.3　数据精度设置问题

按照会计惯例，凡是涉及货币金额类的数据应当为其设置数据精度和小数位，应按图 9-7 流程操作。

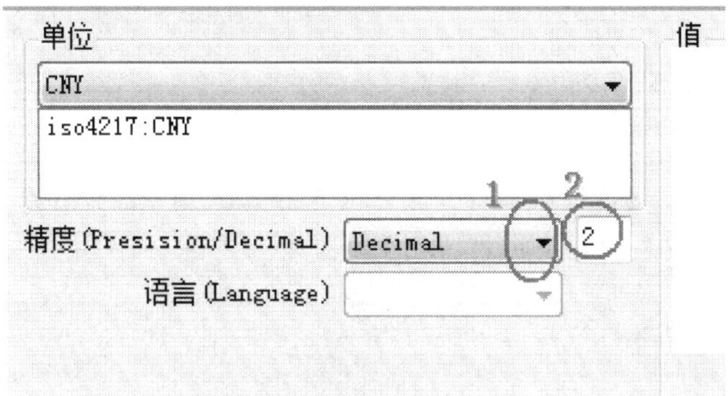

图 9-7　数据精度设置图

有些企业年报数据是以万元为单位，应该用“-4”来设置精度小数位，但是实例文档中没有这样设置。检验中发现此类问题共计 28 项。

9.8.4　数值填写问题

实例文档中数值填写问题细分为三类。第一类，实施企业对于原始报表中有具体事实值的信息块（ELR）设置了列报展示结构，但是在实例文档中却没有反映事实值；第二类，对于没有具体事实值的实元素留空不填；第三类，实例文档中填写的事实值和原始报表中的内容不一致。校验中发现数值填写类问题共计 115 项。

9.8.5　脚注类问题

脚注是对于原始报告信息中某个项目特殊的补充说明，一般表现为表下的一段文本。实例文档中的脚注类问题表现为三种形式。第一种，需要用脚注披露的信息不设脚注不披露；第二种，需要用脚注披露的信息却用了一个字符串型元素来披露；第三类，需要用字符串型元素来披露的信息却用了脚注来披露。校验中发现脚注类问题共计 29 项。

9.9 小　结

上述七大类问题中，每类问题都会对 XBRL 数据质量产生不同的影响。相对而言，对 XBRL 数据质量影响最大的 4 类依次为:

（1）企业构建的 ELR 数量要能全部覆盖需要披露的信息块，这涉及披露的完整性。

（2）实例文档数据填写的准确性和完整性问题，这直接影响到 XBRL 数据的真实性。

（3）元素的扩展匹配适当性问题，这会影响到 XBRL 数据的横向可比性。

（4）ELR 建模方式的正确性特别是维度表的使用，这关系到 XBRL 数据结构的严谨性。

第 10 章　基于广西应用实践的 XBRL 实施问题及对策研究

结合广西实施 XBRL 的实践，通过问卷调查了解企业实施 XBRL 的具体困难，提炼出了在实施中遇到的思想认识、技术人才、工作组织、工具软件、成果校验、分类标准和编报规则等存在的问题；分析了各种问题的产生原因，并针对问题逐一提出了相应对策。

10.1　问卷调查及分析

2010 年 12 月 9 日，财政部发布《关于实施企业会计准则通用分类标准的通知》，开始在上市公司以外的大型国企试点实施 XBRL。受诸多因素影响，我国的 XBRL 工作任重道远，目前尚处于试点应用阶段。广西从 2012 年开始积极参与 XBRL 试点工作，广西壮族自治区财政厅管理部门经过精心组织，最终采用了“N+1”的模式开展 XBRL 工作。“N”代表广西柳州钢铁（集团）公司等参与实施的企业数量；“1”代表被广西财政厅作为 XBRL 技术支持单位的桂林电子科技大学。这种由财政厅统一领导、依托高校技术力量、集中实施校验的工作模式取得了良好的效果。这一模式今后还将不断发展完善，将会在今后 XBRL 推广应用中发挥积极作用。

10.1.1　针对已经实施过企业的调查问卷设计及统计分析

本次参与调研是已经在 2012 年和 2013 年实施过 XBRL 的 8 家企业，分别是：广西柳州钢铁（集团）公司（简称广西柳钢）、柳工机械股份有限公司（简称广西柳工）、南宁百货股份有限公司（简称南宁百货）、广西交通投资集团（简称广西交投）、广西玉柴机器股份有限公司（简称广西玉柴）、桂林国际电缆集团有限公司（简称桂林电缆）、广西投资集团有限公司（简称广西投资）和广西北部湾银行（简称湾行）。

1. 针对已经实施过 XBRL 的企业的调查问卷设计

本次调查主要调查广西 8 家已经实施过 XBRL 的企业的会计人员对于 XBRL

的认知水平、熟悉程度、了解和使用情况，旨在了解已经实施的企业对于 XBRL 的实施效果、实施方式、实施成本、实施时间、实施工具的看法和态度，具体包括 16 个子项（表 10-1）。

表 10-1　已经实施过 XBRL 的企业的调查问卷设计

（1）您认为基于 2012 年度财务报告的 XBRL 实施质量（以财政部公布结果为准）如何？（　）
（2）您认为实施 XBRL 的最大困难是（　）。
（3）您认为 XBRL 未来的完成方式应该是（　）。
（4）您对 XBRL 工作的认识如何？（　）
（5）您认为下列哪种做法会促进贵单位继续坚持 XBRL 工作？（　）
（6）您认为实施 XBRL 的工作量相对于其他会计工作而言（　）。
（7）贵单位实施 XBRL 的人员情况如何？（　）
（8）您认为实施 XBRL 应该采取哪种方式最好？（　）
（9）您认为通用分类标准及其应用指南（　）。
（10）贵单位自实施 XBRL 工作以来总共已投入资金（　）。
（11）您在 2013 年的 XBRL 工作中投入的总时间为（　）。
（12）贵单位对于 XBRL 工作的未来的态度是（　）。
（13）实施 XBRL 需要实施者具有综合技能，您认为最重要的技能应该是（　）。
（14）您对贵单位使用的工具软件的功能质量满意度如何？（　）
（15）您认为贵单位 XBRL 工具软件的价格（或服务费）（　）。
（16）如果桂林电子科技大学选派掌握 XBRL 技能的学生协助你们完成 XBRL 工作，您的态度将是（　）。

2. 针对已经实施过 XBRL 的企业的调查问卷的总体分析

调查结果表明：大多数企业表示需要通过培训学习来继续获取 XBRL 知识。90%的企业希望获得政府的奖励或其他优惠措施。80%的企业希望单位内部能对 XBRL 工作设置固定岗位。参与调查的企业对目前采用的工具软件都只是基本满意。多数企业认为 XBRL 工作强度大，需要投入的人数多，工作时间长，一般都在 30 天以上。超过半数企业表示政府部门的工作组织机制应当调整；所有企业都表示欢迎高校学生协助参与本单位 XBRL 实施。

3. 针对已经实施过 XBRL 的企业的调查问卷的明细分析

将已经实施过 XBRL 的 8 家企业对 16 个子项的分项调查问卷结果进行统计分析后进行综合评价如下。

（1）您认为基于 2012 年度财务报告的 XBRL 实施质量（以财政部公布结果为准）如何？（　）

A．优秀　　B．良好　　C．通过　　D．不知道

此选项主要调研财政部、财政厅是否及时反馈实施效果给已实施企业。结果有 90%的企业选择 D，10%的企业增加了别的选项。这表明财政部、财政厅没有将实施结果进行排名，也没有将实施结果及时通报。建议今后财政部、财政厅应该对实施企业进行打分，并及时公布结果，让企业知道自己的实施质量及排名。根据校验结果，广西 2013 年企业的 XBRL 实施质量情况如图 10-1 所示。

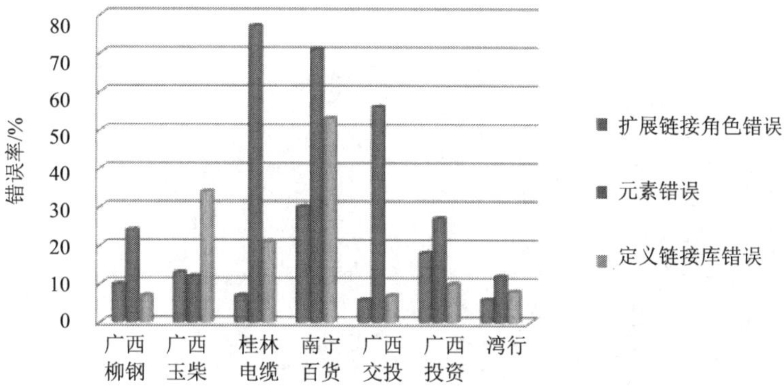

图 10-1　广西 2013 年 XBRL 实施质量对比图

按照核心指标对 7 家企业的校验错误数据对比分析后认为：相对而言本次 7 家企业中实施质量较好的是湾行。

（2）您认为实施 XBRL 的最大困难是（　）。

A．技术人员缺乏　B．时间紧张　C．工具软件不好用　D．领导重视度不够

此项主要调研已实施企业在实施中遇到的最关键的问题。调研结果如图 10-2 所示。

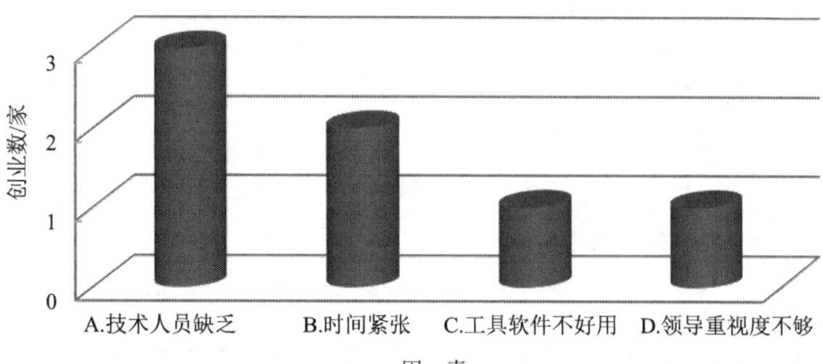

图 10-2　XBRL 实施困难调查图

数据表明，实施人员认为影响实施质量的四大因素中，技术人员缺乏占 50%，时间紧张占 37.5%，工具软件不好用和领导重视度不够共占 12.5%，可见技术和时间是实施企业最关注的两个问题。

（3）您认为 XBRL 未来的完成方式应该是（　）。

A．和现在一样，半人工半自动化

B．有更好用的 XBRL 工具软件自动完成

C．集成在现有的财务软件系统内部自动完成

D．无法预测

此项主要调研已实施企业对未来 XBRL 工作完成方式的预期，调研结果如图 10-3 所示。

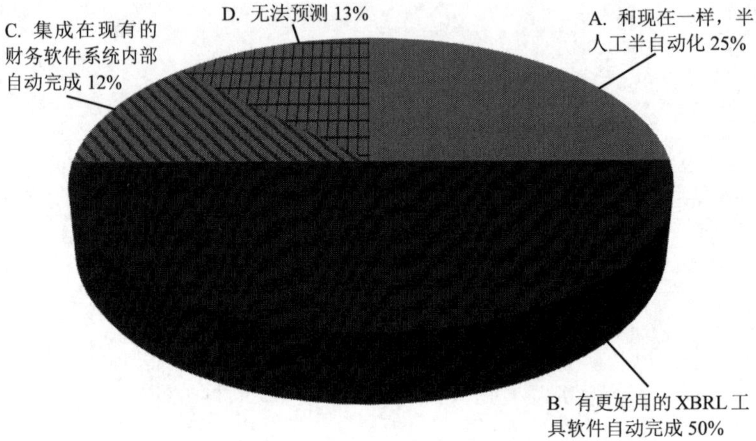

图 10-3　未来 XBRL 完成方式调查图

可见，一半的被调查者认为未来的 XBRL 完成方式应当由更好的工具以自动完成为主。反映了人们对目前的半手工、半人工方式完成方式不太接受。但必须注意，即便是未来有了更好的智能化的工具，一些基本的、基于人工判断的定义还是必不可少的，这类似财务软件中的初始化定义一样，虽然工作量大，但又是后续工作必不可少的一个环节，无法智能化完成。一旦第一次定义好，以后可以多次使用，起到一劳永逸的效果。

（4）您对 XBRL 工作的认识（　）。

A．按照财政部要求上交 XBRL 格式报告，推进年报数据的标准化

B．有利于内部财务数据分析利用

C．从实施的情况看，暂时对企业内部管理没有产生实质性作用

D．现有的 ERP 系统已经完全满足内部管理分析之用，有没有 XBRL 数据无所谓

此选项调研已实施 XBRL 的企业对 XBRL 工作的态度和思想认识水平。调研结果统计如图 10-4 所示。

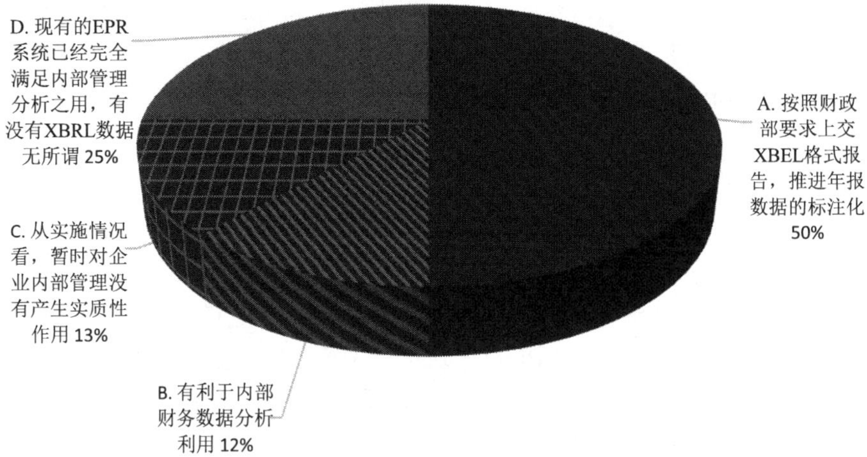

图 10-4　对 XBRL 实施工作认识调查图

结果表明，50%的企业认为应该按照财政部的部署完成；25%的企业认为现有的传统 ERP 软件能够满足内部管理需求，对 XBRL 的需求不旺盛；13%的企业认为 XBRL 暂时对企业内部管理没有产生实质性作用，甚至认为额外增加了工作量；只有 12%的企业认为实施 XBRL 能有利于内部财务分析利用。

（5）您认为下列哪种做法会促进贵单位继续坚持 XBRL 工作？（　）

A．对实施企业、参与实施人员进行适当物质或精神奖励

B．单位内部增加专门的 XBRL 实施人员岗位

C．对实施人员进行系统的 XBRL 知识培训，掌握必备技能

D．会计主管机构制定合理高效的实施机制

此项目主要调查对于已经实施过 XBRL 的 8 家企业而言，今后影响他们继续实施 XBRL 的主要动力所在。调查结果如图 10-5 所示。

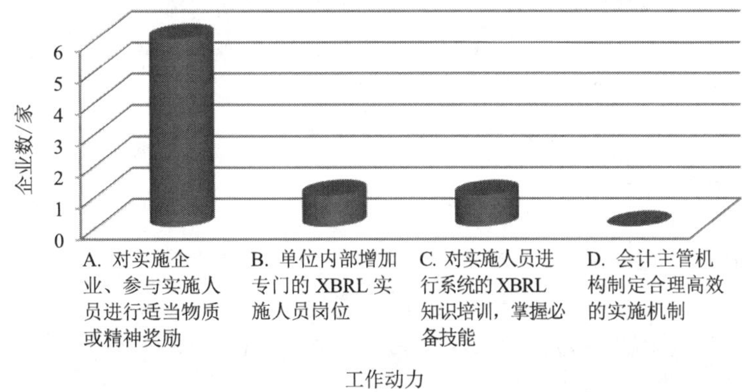

图 10-5　实施企业坚持 XBRL 工作动力调查图

由此可见，参与实施企业和参与实施人员绝大多数表示自己付出的努力需要得到肯定，应该有所回报。因此政府部门或主管机构对于参与实施 XBRL 的企业进行不同形式的精神奖励和物质奖励将是他们继续坚持实施 XBRL 的重要动力。

（6）您认为实施 XBRL 的工作量相对于其他会计工作而言（　）。

A．很大　　B．大　　C．一般　　D．中　　E．小

此项目旨在了解实施人员对于实施 XBRL 工作强度的看法。结果表明参与调研者 100%认为实施 XBRL 相对于普通会计核算工作而言，工作量很大。这进步一迫切要求实施工作的智能化程度必须加大。

（7）贵单位实施 XBRL 的人员情况如何？（　）

A．基本固定　　B．临时安排　　C．依赖软件商　　D．三者皆有

此项目调研实施 XBRL 的企业参与实施工作人员岗位的设置问题。结果如图 10-6 所示。

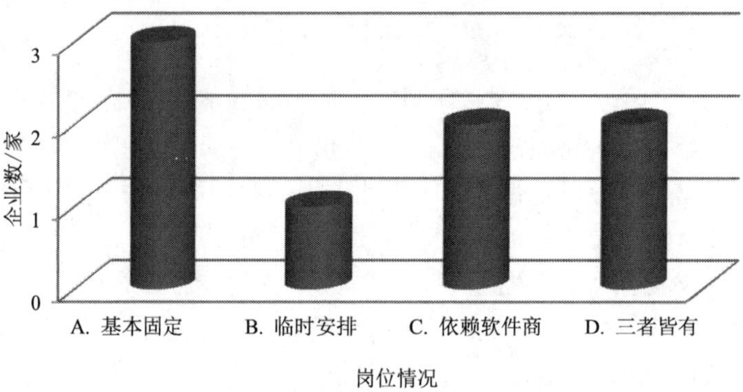

图 10-6　XBRL 实施人员岗位调查图

这表明对于已经实施过 XBRL 的 8 家企业而言，只有 3 家企业在 2012 年和 2013 年实施过程中的实施人员是固定的，有 1 家企业是临时安排；还有 2 家企业主要实施人员完全依赖软件商来完成，另 2 家企业实施人员既有固定人员，也有临时安排人员。从长远看，实施 XBRL 工作最好由固定人员完成，能较好地保证这项工作的持续性和稳定性。

（8）您认为实施 XBRL 应该采取哪种方式最好？（　）

A．本单位实施人员自主完成

B．外包给软件商或会计服务机构

C．各实施单位在统一的时间和地点集中完成

D．财政厅、桂林电子科技大学指派技术人员协助本单位实施

本项目主要调研实施 XBRL 的企业对本单位完成 XBRL 工作的主要实施模式的看法。结果如图 10-7 所示。

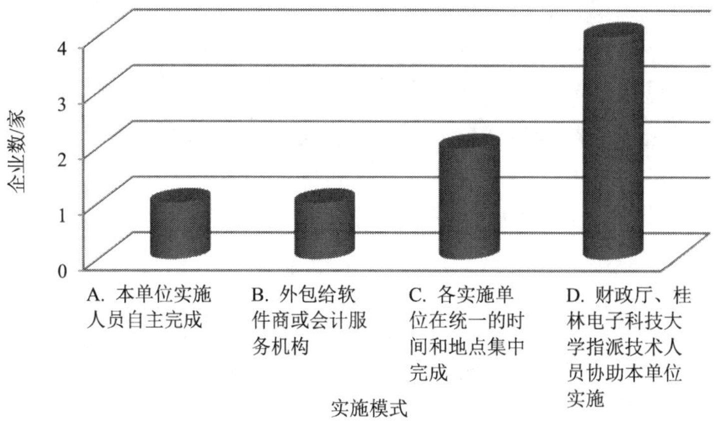

图 10-7　XBRL 实施模式调查图

这表明，大多数实施 XBRL 的企业希望实施工作能够得到财政厅和地方高校的技术支持。极少数企业认为实施工作可以依赖自身力量独立完成。因此，财政厅和桂林电子科技大学在今后的实施工作中应当发挥更大的作用。

（9）您认为通用分类标准及其应用指南（　）。

A．很完善　　B．很不完善　　C．有很多地方需要修改

D．有少量地方需要修改　　E．不清楚需不需要修改

此项目主要调研实施人员对于财政部颁布的通用分类标准及其应用指南的看法，结果绝大多数实施企业选择了“不清楚是否需要修改”，这表明实施人员对于指导实施 XBRL 的基本规范还缺乏足够的认识，需要财政厅在今后进一步普及这方面的知识。

（10）贵单位自实施 XBRL 工作以来总共已投入资金（　）。

A．20 万元以上　　B．15 万到 20 万元　　C．10 万到 15 万元

D．5 万到 10 万元　　E．5 万元以下

此项目调研实施企业实施 XBRL 的投入成本，包括软降成本、人工成本。结果如图 10-8 所示。

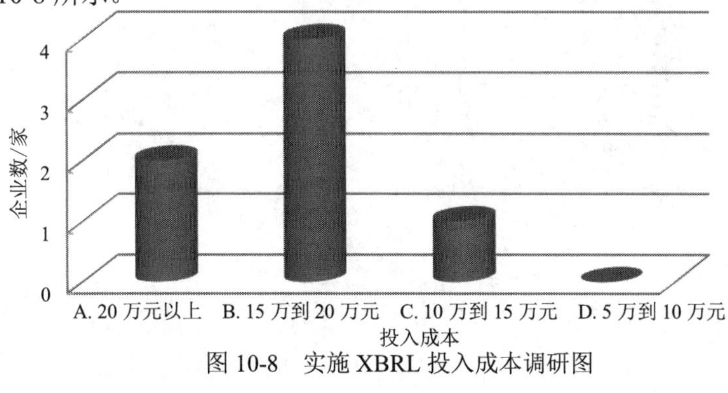

图 10-8　实施 XBRL 投入成本调研图

由此看出，广西已经实施过 XBRL 的 8 家企业中，连续两年投入 10 到 15 万元的企业占到 4 家，甚至有 1 家企业投入成本在 20 万元以上。可见，实施 XBRL 前期的投入成本还是比较高的，但对于其他 ERP 系统的投入而言，这些投入还是较少的。前期的投入主要是软件的成本过高，人工成本投入较少。

（11）您在 2013 年的 XBRL 工作中投入的总时间为（　）。

A．30 天以上　B．20 天到 30 天　C．10 天到 20 天　D．10 天以下

本项目主要调研实施企业的参与实施人员在实施 XBRL 过程中具体的投入时间，结果表明，投入在 30 天以上的企业有 2 家，投入在 20～30 天之间的企业有 3 家，投入 10～20 天之间的企业有 2 家，投入时间只有 10 天以下的企业有 1 家。在近两年智能化水平普遍较低地的情况下，国内实施企业完成整个 XBRL 工作的平均投入时间在 15 天。最快的企业投入只需要 10 天。这表明，广西已经实施企业实施的实施效率还较低，估计是由于工作机制和人员安排不当造成的。今后需要进一步提高实施效率。

（12）贵单位对于 XBRL 工作的未来的态度是（　）。

A．已经认识到 XBRL 工作的重要性，愿意自觉主动继续实施

B．已经了解了 XBRL 工作的方法原理，今后不再实施

C．如果得到外部技术支持，愿意自觉主动继续实施

D．如果有高效精简的实施方式，愿意继续实施

E．根据财政部、财政厅的工作要求而定

本项目调研已经实施过 XBRL 的企业对今后是否会继续实施看法，调查结果如图 10-9 所示。

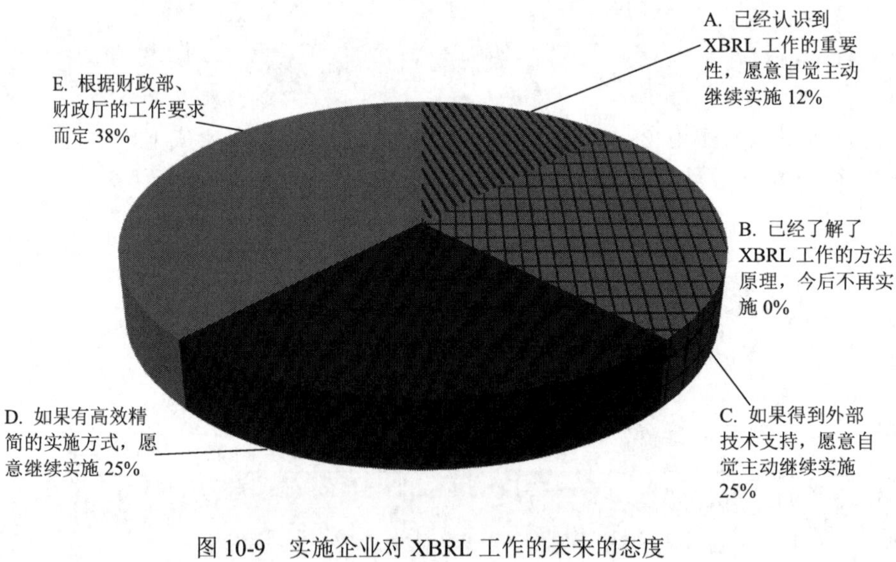

图 10-9　实施企业对 XBRL 工作的未来的态度

数据表明对于已经实施过XBRL的8家企业而言，对于今后是否会继续实施的看法是不统一的。有38%的企业表明会根据财政部、财政厅的工作要求实施，此类企业占大多数，反映出实施者的被动心理。另有25%的企业表明如果有高效的实施方式会继续实施，也有25%的企业希望在获得外部技术支持的条件下愿意主动实施。可喜的是尚未有一家企业表示今后不再实施。说明实施企业有觉悟，但觉悟还不是太高。需要财政部、财政厅加大XBRL的实施意义的宣讲活动，让XBRL真正深入人心，力争变“要我实施”为“我要实施”。

（13）实施XBRL需要实施者具有综合技能，您认为最重要的技能应该是(　)。

A．XBRL原理　　B．财务报告知识

C．财经英语词汇量　　D．工具软件操作技能

此项目调研已经实施XBRL的企业对于影响实施工作的4项技能的认识，调查结果如图10-10所示。比较奇怪的是，大家并没有全部选择A，居然半数企业选择的影响XBRL实施的首要技能是B（财务报告知识），这表明对于已经参与过实施的人员而言，他们并不一致认为XBRL本身的技术有多难，反倒认为是传统财务报告的编制方面有难度，其原因有待进一步调查了解。

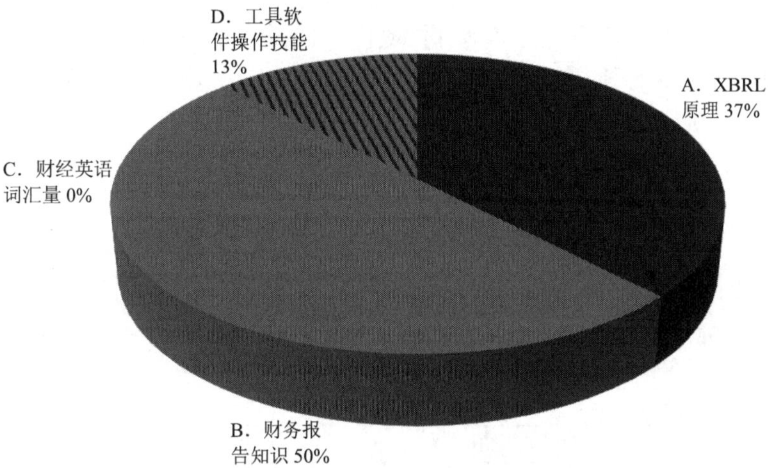

图10-10　XBRL实施需要的重要技能统计图

（14）您对贵单位使用的工具软件的功能质量满意度如何？（　）

A．满意　　B．基本满意　　C．不太满意　　D下次实施打算换软件

此项目旨在调研实施企业对自身使用的实施工具的满意度。目前在广西实施过XBRL的8家企业中，选用的实施软件主要是浪潮、久其、吉贝克、富士通。调查结果几乎是“一边倒”，都认为自己所选用的工具软件达到基本满意的程度，可见上述几款XBRL工具软件质量都还不错，但是还有提升空间。XBRL软件商应当努力提高自身产品的易用度。

（15）您认为贵单位XBRL工具软件的价格（或服务费）（　）。

A. 偏高　　B. 适中　　C. 偏低　　D. 不了解行情，不好评价

此项目旨在调研实施企业对自身使用的实施工具软件价格的满意度。参与调研的 8 家企业一致认为自己所选用的工具软件价格适中。

（16）如果桂林电子科技大学选派掌握 XBRL 技能的学生协助你们完成 XBRL 工作，您的态度将是（　）。

A. 如果是免费服务，热烈欢迎

B. 如果学生的协助工作做得出色，可以考虑支付适当报酬

C. 自己的事自己做，暂时不需要外援

D. 单位给学生提供了实习平台，学生为单位提供技术支持，不存在支付报酬的问题

此项目主要调研实施企业对桂林电子科技电子科技大学掌握 XBRL 技术的本科在校生在协助企业实施 XBRL 过程中是否应该获得一定报酬，调查结果反映出实施企业都普遍愿意学生协助参与，但是都更欢迎免费服务。

10.1.2　区内未实施过XBRL的企业问卷调查及统计分析

本项主要调查未实施企业会计信息化现状、对 XBRL 的认知度、实施的迫切性、年度财务报告编制的规范性、对未来实施 XBRL 最关注的问题等内容。旨在了解尚未实施企业对 XBRL 的认知度及当前会计信息化的现状。

1. 区内未实施过 XBRL 的企业问卷设计

具体的调研项目和前述已实施过 XBRL 的企业的调查问卷不同，主要包括以下 12 子项，如表 10-2 所示。

表 10-2　针对尚未实施过 XBRL 的企业问卷设计

（1）目前您对 XBRL 的认识是（　）。
（2）您愿意通过财政厅组织培训来学习了解 XBRL 知识吗？（　）
（3）如果您是单位财务领导，在财政厅 2014 年的 XBRL 工作部署中，您会（　）。
（4）如果 2014 年要实施 XBRL，您首先考虑的是（　）。
（5）您认为贵单位目前的财务报告格式（如 PDF、HTML、Word、Excel、数据库格式）能否满足本单位财务分析和上报的需要？（　）
（6）您认为传统财务报告的格式和披露内容需要改进的程度是（　）。
（7）您利用 XBRL 格式的财务报告进行财务分析的频率是（　）。
（8）您对 XBRL 信息披露平台有所了解的是（　）。
（9）贵单位的会计年报资料遵循《公开发行证券的公司信息披露编报规则第 15 号——财务报告的一般规定》（证监会公告〔2010〕1 号）的情况是（　）。
（10）贵单位进行财务分析使用的工具主要是（　）。
（11）贵单位进行会计核算使用的 ERP 软件是（　）。
（12）贵单位对现在使用的财务软件满意度是（　）。

2. 调查范围

本次参与调研的尚未实施XBRL的企业总计18家，如表10-3所示。

表10-3 广西XBRL调研（未实施XBRL的企业）

公司全称	公司简称
北海银河产业投资股份有限公司	北海银河
广西北生药业股份有限公司	北生药业
广西皇氏甲天下乳业股份有限公司	皇氏甲天下乳业
桂林旅游股份有限公司	桂林旅游
国海证券股份有限公司	国海证券
柳州两面针股份有限公司	两面针
南方黑芝麻集团股份有限公司	南方黑芝麻
南宁化工股份有限公司	南宁化工
广西桂冠电力股份有限公司	桂冠电力
广西丰林木业集团股份有限公司	丰林木业
北海港股份有限公司	北海港
北海国发海洋生物产业股份有限公司	国发海洋生物
广西河池化工股份有限公司	河池化工
广西五洲交通股份有限公司	五洲交通
桂林莱茵生物科技股份有限公司	莱茵生物
南宁糖业调查问卷	南宁糖业
广西桂东电力股份有限公司	桂东电力
索芙特股份有限公司	索芙特

3. 对未实施过XBRL的企业调查总体分析

通过对18家企业的调研得出：多数企业目前的会计信息化水平处于中级水平，对XBRL的认知度普遍较低；多数企业有参加学习XBRL知识的热情。使用财务分析主要利用Excel和ERP内部工具。有部分企业接触过上交所和深圳证券交易所（以下简称深交所）的XBRL数据平台。

4. 对未实施过XBRL的企业调查明细分析

对该类12项指标的明细分析如下：

（1）目前您对XBRL的认识（ ）。

A．未曾听说，一无所知　　B．听说过一些，但一知半解

C．比较熟悉　　D．和本单位无关，没有关注过

此项目旨在了解未实施过XBRL的企业对于XBRL的了解程度。调研结果如图10-11所示。

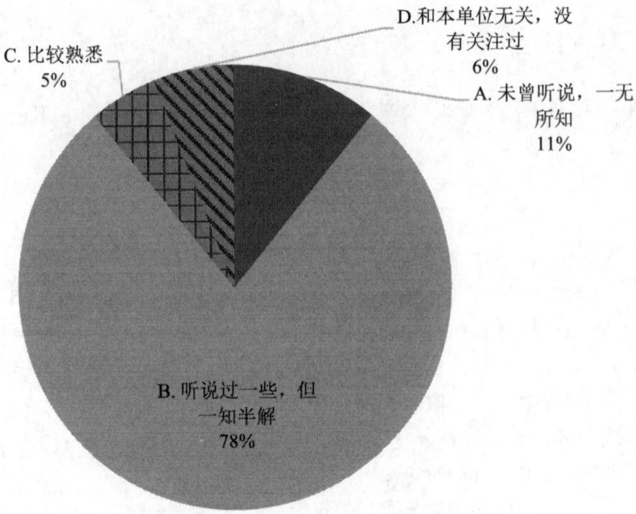

图 10-11　未实施企业对 XBRL 认知调研图

数据显示，在被调研的 18 家企业中，有 78%的企业对 XBRL 知识听说过一些，但一知半解，有 6%的企业居然认为 XBRL 和本单位无关，没有关注过。由此可见，尽快在广西乃至全国有组织地进行 XBRL 基础知识普及势在必行。

（2）您愿意通过财政厅组织培训来学习了解 XBRL 知识吗？（　）

A．愿意　　B．抽不出时间，不愿意

C．听领导的安排　　D．响应财政厅号召，积极学习

此项目旨在了解未实施过 XBRL 的企业人员对于学习 XBRL 的态度。调查结果如图 10-12 所示。

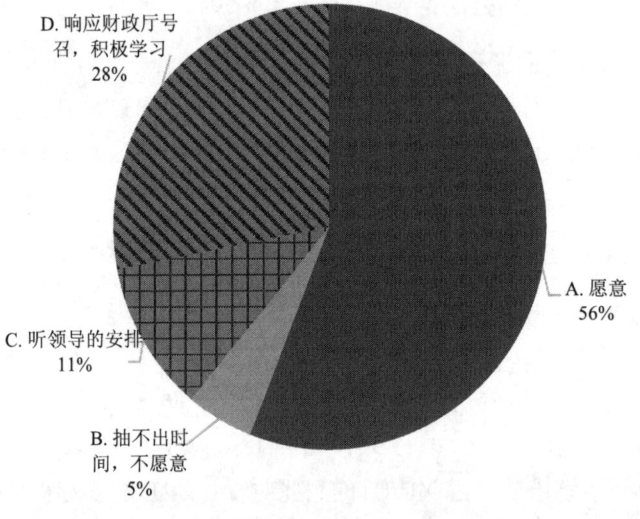

图 10-12　对政府机构组织 XBRL 培训的需求调查图

可见，在被调研的 18 家企业中，有 56%的企业愿意自觉参加财政部或财政厅组织的培训，也有 5%的企业明确表示抽不出时间，不愿意参加培训学习。看来，部分单位会计人员对于 XBRL 的思想觉悟水平还十分低下。推广普及 XBRL 工作任重道远。

（3）如果您是单位财务领导，在 2014 年的 XBRL 工作部署中，您会（　）。

A．主动要求试点实施

B．主动派人员学习 XBRL 知识

C．2014 年暂不考虑，以后再说

D．希望财政部、财政厅和其他机构举办高质量的 XBRL 学习班，之后再考虑实施问题

此项主要调研被调查企业对于 2014 年实施 XBRL 工作的态度，结果如图 10-13 所示。

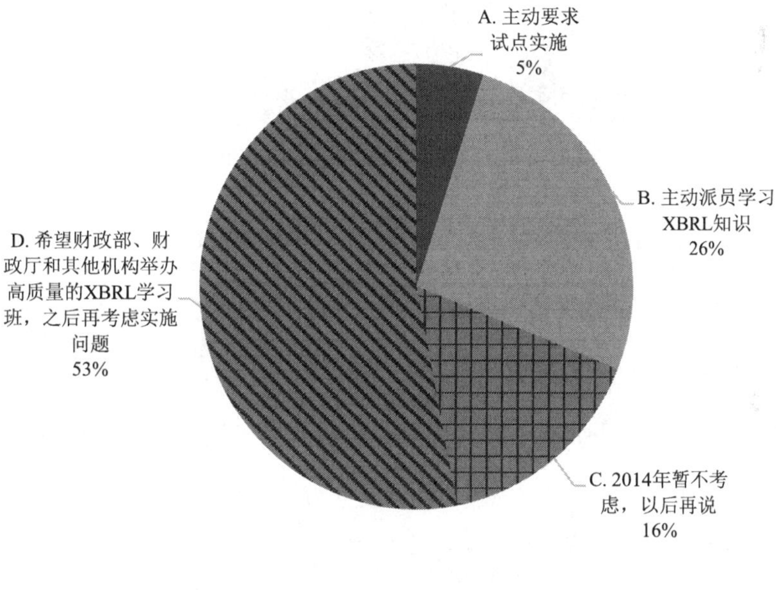

图 10-13　未实施 XBRL 企业参与热情度调查

由调查结果看出，有 53%的企业希望通过系统学习 XBRL 知识后再考虑实施；有 26%的企业表示会主动派人员学习 XBRL 知识；16%的企业表态 2014 年暂不考虑实施；有 5%的企业表态愿意主动实施。虽然愿意主动实施的企业极少，但是也让我们看到了在中国实施 XBRL 的希望，“星星之火、可以燎原”，我们愿意看到有更多的企业能够积极投身到自觉实施 XBRL 的队伍中来。

（4）如果 2014 年要实施 XBRL，您首先考虑的是（　）。

A．实施成本（总共要投入多少钱）

B．实施效益（直接效益和社会效益）

C．实施路线（用什么模式实施）

D．实施风险（实施后如果质量不过关，会给企业带来什么不利影响）

E．其他（请具体注明）

本项调研旨在了解尚未实施 XBRL 的企业对于实施 XBRL 的最大顾虑。结果如图 10-14 所示。

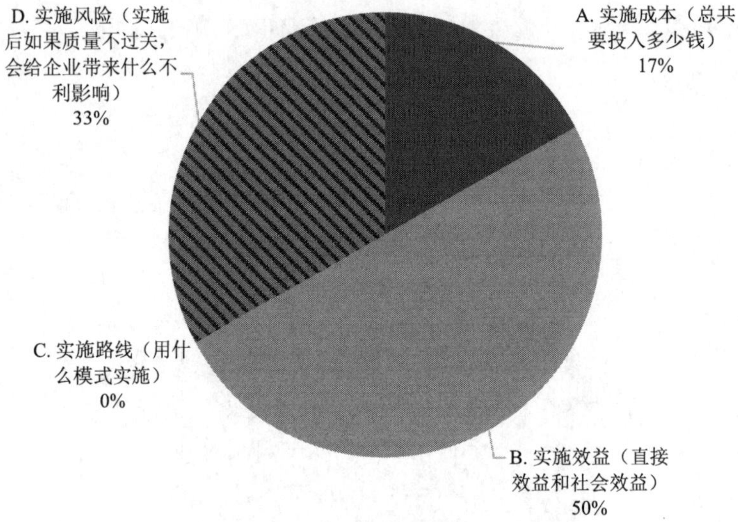

图 10-14　影响预实施 XBRL 企业的主要因素调研

可见，参与调研的半数企业最关心的还是实施 XBRL 能给企业带来的效益问题，效益永远是企业考虑的首选。有 33%的企业考虑的是如果实施质量不合格会给企业带来什么影响，具有风险忧患意识，这需要在实施初级阶段继续推广免责制度，即对实施不合格的企业也不要采取惩罚措施。

（5）您认为贵单位目前的财务报告格式（如 PDF、HTML、Word、Excel、数据库格式）能否满足本单位财务分析和上报的需要？（　）

A．完全满足　　B．基本满足　　C．不能满足

本项旨在了解尚未实施 XBRL 的 18 家企业对传统财务报告格式能否满足本单位财物分析和上报数据的需要，从侧面了解在企业内部实施运用 XBRL 的迫切程度。结果如图 10-15 所示。

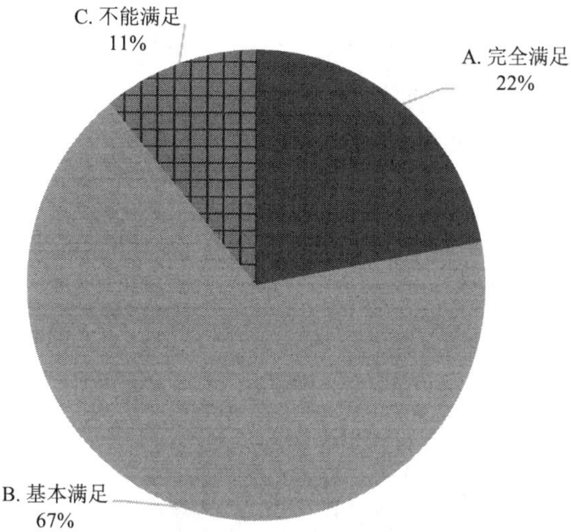

图 10-15　对非 XBRL 财务报告能否满足企业内外需求的调研

此项数据表明，只有 11 %的企业认为传统的财务报告不能满足上报数据和内部分析。这个数据使得 XBRL 在企业内部利用的地位和意义显得略微尴尬，看来国家会计主管机关还有必要继续强化 XBRL 的先进性，以及未来在企业内部数据挖掘利用方面的积极意义。特别是对企业财务领导者进一步普及 XBRL。

（6）您认为传统财务报告的格式和披露内容需要改进的程度是（　）。

A．不用改进　　B．稍加改进　　C．较大改进　　D．彻底变为 XBRL 格式

本项是对上述（5）的补充，旨在进一步了解企业内部使用 XBRL 的可能性。调查结果如图 10-16 所示。

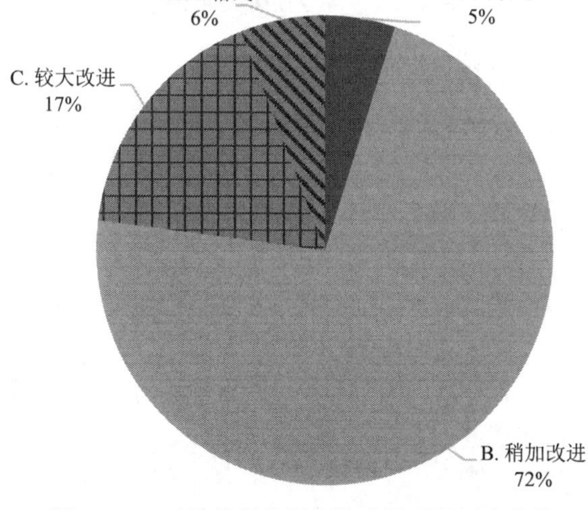

图 10-16　对传统财务报告格式是否需要改进的调研

数据显示，被调查企业普遍认为传统的财务报告格式和内容有待改进，也有 6%的被调查企业认为传统的财务报告格式应该被 XBRL 格式所取代，可见在财务数据标准格式方面，XBRL 有更大的潜在应用空间。

（7）您利用 XBRL 格式的财务报告进行财务分析的频率是（　）。

A．从未使用过　　B．偶尔使用　　C．经常使用

由于上交所和深交所早些年在其网站平台上已经推出了基于 XBRL 数据平台的免费简易财务分析系统，这使企业利用 XBRL 进行数据分析成为可能。本书主要调研尚未实施 XBRL 的企业对于上交所和深交所的 XBRL 数据分析平台有没有使用过。调查结果如图 10-17 所示。

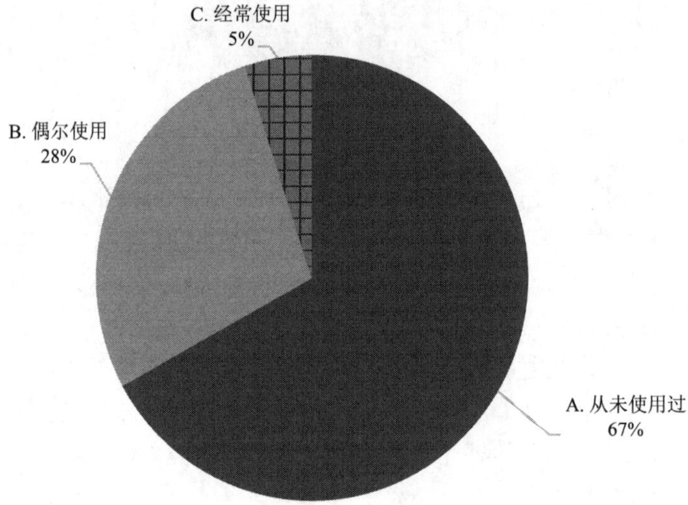

图 10-17　对上交所和深交所 XBRL 平台使用情况的调查

数据显示有 5%的企业曾经使用过深交所和上交所的 XBRL 数据分析功能。有 28%的企业偶尔使用过。这显示 XBRL 的数据分析并不是财政部企业通用分类标准实施后带来的产物。当然也要看到，毕竟有多达 17%的企业从未使用过 XBRL 数据分析功能。进一步彰显 XBRL 在未来数据分析利用方面有极大潜质。

（8）您对 XBRL 信息披露平台有所了解的是（　）。

A．深交所的 XBRL 信息服务平台　　B．上交所的 XBRL 信息服务平台

C．二者兼有　　D．一点不了解

此项是对上述（7）的补充，进一步调查企业之前对上交所和深交所的 XBRL 数据信息服务平台的熟知程度，再次间接调研企业人员对 XBRL 知识的认知度。数据结果如图 10-18 所示。

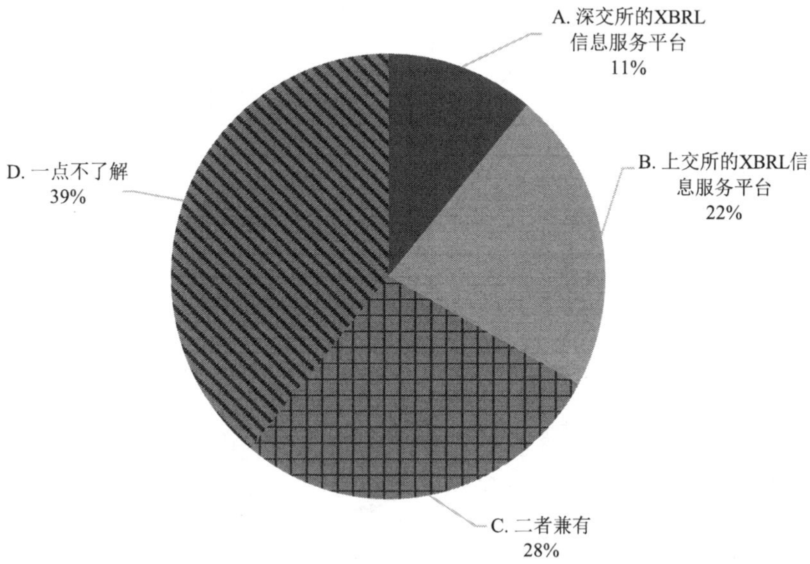

图 10-18 对上交所和深交所 XBRL 了解度调查

可喜的是还是有相当一部分企业会计人员了解深交所和上交所的 XBRL 数据平台。这对今后进一步推广普及 XBRL 有一定帮助。

（9）贵单位的会计年报资料遵循《公开发行证券的公司信息披露编报规则第 15 号——财务报告的一般规定》（证监会公告〔2010〕1 号）的情况是（ ）。

A．完全遵循这个文件

B．按照传统习惯 ，没有考虑过这个文件

C．知道这个文件但是没有严格按照其规定上报年报

D．不知道有这个文件

现实中企业的年报数据在格式、内容、层次结构上大多遵循《公开发行证券的公司信息披露编报规则第 15 号——财务报告的一般规定》，在 2014 年 8 月的广西 8 家实施 XBRL 的企业的区内校验中，发现有企业对这个规定并不熟悉，这必将影响到年报数据的规范性。因而本项调研旨在了解尚未实施企业对这项规定的了解程度。调查结果如图 10-19 所示。

可见在广西被调查的 18 家企业中，有 67%的企业在年报过程中完全执行本规定，这对未来实施 XBRL 有较好的影响。还有另外 33%的企业表态知道这个文件规定，但没有严格执行。这会对未来实施 XBRL 带来一定隐患。

（10）贵单位进行财务分析使用的工具主要是（ ）。

A．Excel B．WPS C．ERP 系统内部自带分析工具 D．其他（请具体列明）

此项主要调研 18 家企业进行财务分析的主要工具。调查结果如图 10-20 所示。

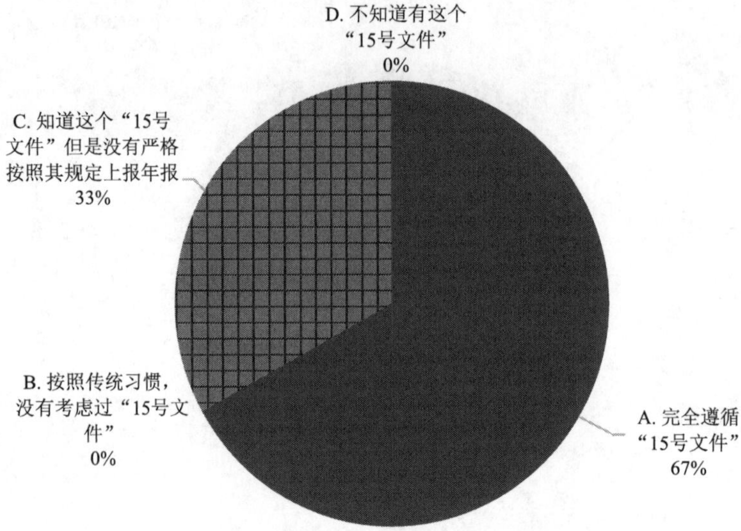

图 10-19　对《公开发行证券的公司信息披露编报规则第 15 号——财务报告的一般规定》的了解度调查

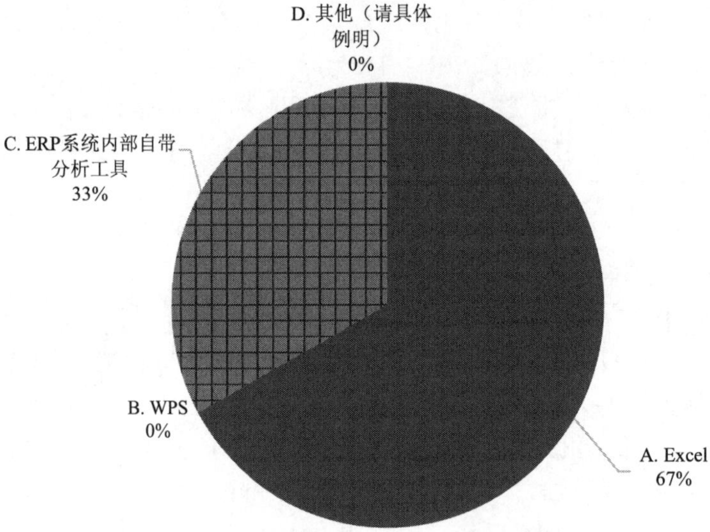

图 10-20　对财务分析工具软件的调查

结果表明，有 67%的企业首选 Excel，可见 Excel 在传统财务分析中的地位依然独占鳌头。另有 33%的企业使用 ERP 内部自带的分析工具，可见，参与调研的企业对 ERP 的利用程度上还不够深入，尚未挖掘 ERP 软件的整体优势。

（11）贵单位进行会计核算使用的 ERP 软件是（　）。

A．用友　　B．金蝶　　C．SAP　　D．其他（请具体列明）

本项调研主要调查 18 家企业进行核算选用的财务软件，顺便了解下广西企业实施 ERP 选用的软件。调查结果如图 10-21 所示。

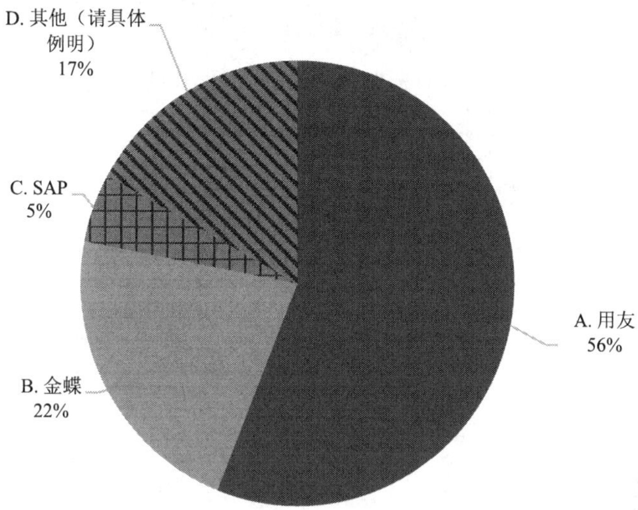

图 10-21　会计信息化软件种类调查

数据显示，在被调查的 18 家企业中，用友和金蝶的用户达到 78%，特别是用友占到 56%的份额。可见国产优秀软件在广西还是有强劲的竞争力，国外 ERP SAP 也占到 5%的市场份额，不可小视。如果用友和金蝶今后能在自己的 ERP 产品内嵌入 XBRL 功能，相信会给企业带来福音。

（12）贵单位对现在使用的财务软件满意度是（　）。

A．很满意　　　　B．基本满意　　C．不太满意　　　　D．希望更换软件

本项调研旨在了解 18 家企业对现有财务软件的满意度。结果如图 10-22 所示。

数据表明有 72%的企业对现有的财务软件表示基本满意，6%的企业表示希望更换现有的财务软件。这一数据间接证明，企业对 XBRL 尚无明显内在需求。

（13）其他辅助调研问答题：①您认为贵单位如果被列为 2014 年 XBRL 实施单位，需要哪方面的帮助和支持？②您认为如何更好实施 XBRL？（可从财政部门、其他主管部门、企业及政策支持等角度回答）

对于这两份问答试卷的回答，参与调研单位综合意见大致如下：

（1）实施 XBRL 应用软件等费用是不小的开支，需要专项资金补助；

（2）实施 XBRL 需要技术人员的大力指导并定期参与相关维护；

（3）实施 XBRL 需要主管部门举办高质量的 XBRL 培训班；

（4）实施 XBRL 需要公司管理层的重视与支持。

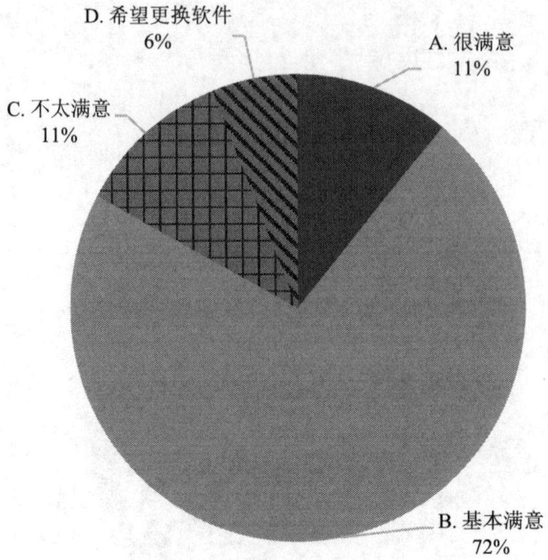

图 10-22 对目前现有财务软件满意度的调查

10.1.3 针对XBRL工具软件商的调查及统计分析

由于 XBRL 工具软件商掌握核心技术，了解国际 XBRL 发展态势，熟悉国家通用分类标准，因此软件商对于 XBRL 实施有更大发言权。因此调研中专门设计了针对软件公司的调查问卷。调研对象主要是近两年在广西参与实施的浪潮软件、久其软件、吉贝克软件。主要调查软件公司对自己产品的功能、市场、价格、对服务客户的合作难点及对国家标准的认知情况。回答问卷比较典型的两家软件公司的问卷调查表分别如表 10-4 和表 10-5 所示。

表 10-4 山东浪潮通用软件有限公司问卷答复

XBRL 工具软件公司名称（全称）	山东浪潮通用软件有限公司
1.贵公司 XBRL 工具软件最新版本和产品特色有哪些？（请尽量填写别家厂商没有的功能）	（1）提供单机版、网络版 XBRL 套件，单机版性能高，网络版实现脱机联机结合，性能高，采用基于互联网的智能客户端，用户交互性强。 （2）BI 分析功能强，可以采用指标、多维分析、移动分析等功能。 （3）针对通用分类标准实施特点，进行了专门的优化。 （4）支持嵌入式应用，提供基于报表的转换接口和直接从业务系统提取数据两种方案，对 ERP 软件熟悉，支持与主流的 ERP 系统对接，自动生成 XBRL 报告。 （5）提供软件培训，实施全方位服务，软件终身授权，免费升级
2.贵公司 XBRL 工具软件在国内累计客户数量有多少	92 家
3.请列举贵公司 XBRL 工具软件国内典型客户的名称。（至少填写 5 家公司）	（1）广西柳州钢铁（集团）公司； （2）广西交通投资集团有限公司； （3）桂林国际电线电缆集团有限责任公司； （4）广西投资集团有限公司； （5）上海电气（集团）总公司；

续表

3.请列举贵公司XBRL工具软件国内典型客户的名称。（至少填写5家公司）	（6）山东潍柴动力股份有限公司； （7）河北开滦煤矿集团； （8）安徽江淮专用汽车有限公司； （9）四川长虹电子集团有限公司； （10）乐山市商业银行股份有限公司； （11）五粮液股份有限公司； （12）云南白药集团股份有限公司； （13）湖北盐业集团有限公司； （14）广州药业股份有限公司； （15）深圳市农产品股份有限公司； （16）浙江浙能兰溪发电有限公司； （17）厦门水务集团； （18）山东高速公路股份有限公司，等等 （排名不分先后）
4.贵公司只向客户出售软件不提供实施服务的价格是多少？（按照每套软件或者每个账号的价格，或者其他出售方式价格）	5万元
5.贵公司承接客户外包价格是多少？（不要软件，只要咨询实施服务）	5万元
6.贵公司向客户提供软件并且负责全部咨询实施的价格是多少？	10万元
7.请列举贵公司在实施XBRL工具软件过程参与的中介合作单位（填写合作的会计事务所或其他中介机构）	天职国际会计师事务所、国富浩华会计师事务所
8.您认为技术人员在与客户单位合作过程中最大的障碍是什么？（比如，双方对通用标准的理解存在偏差，还是对会计报表的理解存在偏差，抑或是其他方面，请具体说明有哪些障碍和偏差）	（1）对会计报告的理解存在偏差，如技术人员对公司会计报告的金额数据借贷属性和会计概念理解错误等。 （2）客户单位会计报告本身有问题，如主表数据与附注合计不一致等。 （3）计算链接库没有按要求定义，少定义或定义错也是障碍之一。
9.您认为实施XBRL的四步法中，哪一步最为关键？客户在这四步中，哪个环节出错的概率最大？	（1）第一步元素梳理最为关键，元素是XBRL报告的基本组成单位，元素的定义决定了后期报告的质量。 （2）实例文档填报出错概率最大，因为数据太多，填报时经常出现数据填写错误等
10.您所了解到的财政部的编报规则和国际上通用的编报规则是否一致？如果不一致，最大的差别在哪里？（您认为财政部的编报规则哪些地方还有待完善，请列举）	财政部的编报规则中对于实元素不可用汉语拼音的编报规则，对于国内报告不适用，因为很多企业的报告中本身带有汉语，无法翻译成英文，要求过于勉强，建议取消
11.贵公司的XBRL校验工具能否对校验出的各类错误出具详尽的整改报告？（类似财政部的工具软件校验报告）	支持最新的编报规则，支持校验报告的导出，方便用户查看，与此同时，开发人员对编报提示内容不断修改，力求为用户提供最清晰、最详尽的报告，方便用户定位修改
12.贵公司的XBRL工具软件在原ERP系统内嵌入方面的研究进展如何？	浪潮已将XBRL技术与传统报表相结合，发布了以XBRL为标准的信息披露报表产品，很好与主流ERP系统集成，目前正在部分央企客户实施

续表

13.贵公司的 XBRL 工具软在客户内部数据挖掘利用方面有无打算？进展如何？	浪潮 XBRL 产品在浪潮 BI 的基础上构建，可作为 BI 数据来源，利用浪潮成熟的 BI 工具、模型进行分析
14.贵公司对如何普及实施 XBRL 有何建议和意见？（可从财政部门、其他主管部门、企业及政策支持等角度，具体填写建议和意见）	（1）开展 XBRL 嵌入式应用试点，与业务系统集成，使 XBRL 报告信息服务于企业，给企业带来价值。 （2）加强培训，让会计人员对 XBRL 报告编制规范有更深入了解，能够自行定义分类标准，填报实例文档，并能够独立修改校验出现的问题。 （3）加强软件公司与会计人员合作，提高报告质量。 （4）加强与高校方面的合作，深入对 XBRL 编制规范和技术进行研究，逐步培养复合型人才。 （5）资金投入，充分发掘 XBRL 给企业带来的好处，让 XBRL 给企业带来利益

表 10-5　北京久其软件股份有限公司问卷答复

XBRL 工具软件公司名称（全称）	北京久其软件股份有限公司
XBRL 工具软件公司网址	无
1.贵公司 XBRL 工具软件最新版本和产品特色有哪些？（请尽量填写别家厂商没有的功能）	特色 1：XBRL 实例文档查询功能 特色 2：XBRL 实例文档合并功能
2.贵公司 XBRL 工具软件在国内累计客户数量有多少家？	20 家
3.请列举贵公司 XBRL 工具软件国内典型客户名称。（至少填写 5 家公司）	（1）国家开发银行 （2）中国航空器材集团公司 （3）鲁信创业投资集团股份有限公司 （4）上海光明食品集团光明食品 （5）福建省能源集团有限责任公司等 （排名不分先后）
4.贵公司只向客户出售软件不提供实施服务的价格是多少？（按照每套软件或者每个账号的价格，或者其他出售方式价格）	5 万元
5.贵公司承接客户外包价格是多少？（不要软件，只要咨询实施服务）	6 万元
6.贵公司向客户提供软件并且负责全部咨询实施的价格是多少？	10 万元
7.请列举贵公司在实施 XBRL 工具软件过程参与的中介合作单位（填写合作的会计事务所或其他中介机构）	普华 德勤
8.您认为技术人员在与客户单位合作过程中最大的障碍是什么（比如，双方对通用标准的理解存在偏差，还是对会计报表的理解存在偏差，抑或是其他方面，请具体说明有哪些障碍和偏差）	对于技术人员来说，最大的障碍是对会计含义的理解和把握，对通用分类标准的认识和解读也有不准确之处
9.您认为实施 XBRL 的四步法中，哪一步最为关键？客户在这四步中，哪个环节出错的概率最大？	我认为第一步非常重要，分析通用分类标准和分析企业财务报告，这是整个实施工作的基础；最容易出问题的是，企业财务报告和通用分类标准映射错误
10.您所了解到的财政部的编报规则和国际上通用的编报规则是否一致？如果不一致，最大的差别在哪里？（您认为财政部的编报规则哪些地方还有待完善，请列举）	国内维度使用 scenario，美国使用 segment

续表

11.贵公司的 XBRL 校验工具能否对校验出的各类错误出具详尽的整改报告？（类似财政部的工具软件校验报告）	可以，但报告及详细错误位置原因等信息有待完善
12.贵公司的 XBRL 工具软件在原 ERP 系统内嵌入方面的研究进展如何？	可以与主要产品进行内嵌，导入导出查看等
13.贵公司的 XBRL 工具软在客户内部数据挖掘利用方面有无打算？进展如何？	（1）通过导入 XBRL 数据至原业务系统进行数据分析 （2）已有单机 XBRL 查询分析工具
14.贵公司对如何普及实施 XBRL 有何建议和意见？（可从财政部门、其他主管部门、企业及政策支持等角度，具体填写建议和意见）	（1）首先，财政部门可以主导从政策上确定 XBRL 上报的重要性，像决算、预算一样，要有强制性 （2）积极实施 XBRL 的企业，可从返税等方面考虑给予一定支持，提高企业实施 XBRL 的积极性 （3）财政部门可联合其他部门，如国资委、证监会等，制定上报 XBRL 数据细则，确定每年上报时间，使之形成常态化

通过对 XBRL 工具软件商的调研表明，大家一致认为实施 XBRL 四步法中的第一步即“元素梳理”至关重要；对于技术人员来说，最大的障碍是对会计含义的理解和把握，对通用分类标准的认识和解读也有不准确之处。软件公司都已经在着手研发基于企业元 ERP 系统的内嵌式工具软件，以及基于企业内部数据分析利用的工具软件；财政部门可以主导从政策上确定 XBRL 上报的重要性，像决算、预算一样，要有强制性，以此来扩大实施范围，降低实施成本。

10.2　XBRL 实施工作存在的主要问题

通过问卷调查结果分析，结合自 2012 年以来实施 XBRL 的具体情况，总结出结果显示出广西乃至国内企业实施 XBRL 过程中存在以下亟待解决的问题。

10.2.1　多数企业会计人员对XBRL缺乏了解

调查表明：85%的实施企业表示提交了基于 XBRL 的年度报表数据，但是不知道这种数据如何打开和使用。80%的企业不知道他们提交的数据今后如何用于内部管理和行业对标分析。有部分企业甚至尖锐地提出，目前实施 XBRL 只有投入，没有产出，长久下去将难以为继。很多人对于 XBRL 意义的认识都只是源自于书本或者报告，并没有实质性地体会到其优越性，包括已经实施了 XBRL 的部分人员也持同样的疑惑。XBRL 的先进性如果得在实践中得不到多数人的认可，那么其推广实施的阻力之大是可想而知的。如何让更多的企业领导、会计核算人员熟悉 XBRL，了解其未来的应用价值，是摆在政府监管部门面前的一个难题。

10.2.2　国内XBRL实施人才严重匮乏

目前国内熟悉 XBRL 原理，能够熟练运用工具软件，按照四步法完成 XBRL 工作的技术人才严重匮乏，这是推广实施 XBRL 的一大瓶颈。

1. 财政部举办的短期培训只能起到应急作用，无法满足企业深层需要

为了推动 XBRL 试点工作，财政部在 2012 年和 2013 年连续举办了两届全国性的 XBRL 知识培训讲座，培训对象主要为 XBRL 试点企业。虽然发挥了一定作用，但是受益人数有限，每期培训时间只有 3 天，参与者无法在短期内获取系统的 XBRL 理论知识和操作技能。

2. XBRL 应用型人才数量缺口严重

个别高校培养了少数 XBRL 理论方向研究生，但这部分人才大多专注于 XBRL 理论的研究。面对全面推进企业实施 XBRL 工作，则缺乏大量的本科层次的 XBRL 应用型人才。从 2012 年开始，广西共有 9 家企业的会计人员、财政部门人员、桂林电子科技大学的教师参与 XBRL 的实施工作，总人数在 30 人左右，远远无法满足全面推广 XBRL 工作的需要。这也折射出全国缺乏应用型人才。

3. XBRL 复合型人才缺乏

目前国内 XBRL 工具软件开发者多为计算机程序员，他们缺乏对财务知识的深刻认识，导致开发出的软件不符合会计人员习惯。同时有一些 XBRL 实施企业在第一年购买了软件公司的技术服务，由这些对财务一知半解的技术员对实施企业进行员工培训，导致了在元素梳理和匹配方面出错的概率极大，大大降低了 XBRL 数据的标准化和可比性。因此，软件公司也急需既懂计算机编程又懂财务知识的复合型人才。

10.2.3　以财政部门为主导的XBRL实施工作组织不尽合理

目前国内的 XBRL 的实施组织基本上采取自上而下的方式。根据 2011 年至 2016 年连续 6 年的实际情况看，一般是财政部在 3 月份印发通知明确实施范围和工作要求。各省财政厅在 4 月初确定参与实施的企业。4、5 月份，财政部举办通用分类标准实施启动工作会和培训班。6、7 月份各企业开始实施。8、9 月份组织企业上报数据并整改。10、11 月份，实施企业根据第二轮校验反馈的问题对其编报的 XBRL 财务报告再次修改。各省财政厅根据财政部要求选拔实施企业，监督企业实施。企业自行购置软件和服务独立实施。这种自上而下的工作组织安排在

XBRL试点初期取得了一定成效，但是也暴露出以下不足之处。

1. 推广普及力度不够，难以发挥规模效应

考虑到XBRL的技术难度和企业实际困难，财政部在实施策略上采取先试点后普及的方案。目前尚处于试点阶段，实施的企业还局限在上市公司、大型央企、地方国企，目前实施总数累计尚不足400家。这在试点初期有一定合理性，但不利于XBRL长期发展规划。实施规模上不去会带来三大问题。其一，对XBRL工具软件需求少，从市场前景考虑，会影响软件商的技术研发投入，导致XBRL软件质量上不去。国内著名的财务软件商用友网络科技股份有限公司和金蝶软件科技有限公司至今还未在XBRL方面有重大举措就是最好的例证；其二，参与实施数量上不去，拥有海量数据的基于XBRL的数据中心建立不起来，就谈不上利用XBRL平台进行数据分析，更无法发挥XBRL的规模效应；其三，实施规模上不去，将会无形中加大实施成本。

2. 任务下达时间不尽合理，造成实施企业仓促上阵

财政部自2012年至2016年的任务安排都是在每年3月份才下达。而实施企业实施XBRL需要资金投入，一般资金预算都是在上年12月份就已完成。这会使实施企业仓促应战，特别是对于对XBRL认知度不高的领导不愿意追加资金用于XBRL工作。在调查中多数企业认为财政部任务下达时间应该提前。

3. 没有建立起有效的奖惩制度，造成实施企业外无压力、内无动力

自2012年至2016年的试点实施中，财政部对于积极自愿实施、实施质量高的企业没有奖励；对于实施效果差的企业也只是责令整改，没有给予适当惩罚。这势必造成实施企业既无动力也无压力，完全是奉命行事，长远来看不利于XBRL的推广实施。

10.2.4 实施企业在工作组织中的问题

1. 全部外包形式弊端多

有部分企业由于技术、时间或者其他原因采取全外包方式实施XBRL，即将所有的实施工作全部外包给中介服务机构或者软件商，价格在5万元左右。这种做法只能起到应急作用，从长远来看，不利于单位内部人员对XBRL技术的掌握，也不利于企业未来内部数据的挖掘利用。

2. 实施人员不固定，缺乏稳定团队

在调查中发现，有些单位的XBRL实施人员不固定。2012年是一批人员，2013

年由于特殊原因更换了人员。前者实施了一年，刚刚积累了工作经验，后面又更换新人。人员的更换造成实施工作发生技术断层。重新培训新人耗时、耗力、耗钱。实施 XBRL 需要长远的战略眼光，应当组建稳定的队伍。目前的试点形式，并不足以让企业为 XBRL 实施专门定岗，企业的 XBRL 实施人员在单位里只能在一段时间内临时抽调，这种非固定角色并不利于企业 XBRL 技术经验的积累，势必对后续实施造成不利影响。

3. 没有对参与实施人员进行适当激励

调查发现，实施 XBRL 至少需要 2 名专职人员，在原有会计核算工作之外，每人至少需要投入 30 个工作日，劳动强度很大。个人投入需要得到精神或者物质奖励，但目前实施企业还没有对参与实施人员进行任何形式的激励措施，基层实施人员积极性不高。调查中，多数参与实施人员希望自己的工作得到单位领导的肯定，希望获得一定的精神奖励或者物质奖励。

10.2.5　XBRL实施软件问题

实施中企业认识到“工具软件不是万能的，但是没有工具软件是万万不能的”。近几年的实施经验证明集扩展分类标准编辑器、实例文档编辑器、校验功能于一身的 XBRL 工具软件在实施中发挥着举足轻重的地位。目前市面上的 XBRL 工具软件主要有：浪潮、久其、吉贝克、NTTD、富士通等。每种软件都有自己比较稳定的客户。在前两年的 XBRL 实施过程中，发挥了积极作用，但是各种工具软件在功能、个性化、服务等方面还存在较多问题。

1. 软件功能尚不完善

目前的软件功能只停留在分类标准编辑、实例文档编辑、数据校验上，完全是为了满足财政部的上报要求。而 XBRL 更加深层的应用应该是企业内部数据挖掘利用方面，目前国内的数款 XBRL 工具还不能提供 XBRL 数据直接还原为原始财务年报数据的功能，实施企业无法直观地看到实施成果。同时目前的工具软件还不具备基于 XBRL 数据的分析功能。这将限制 XBRL 在企业的进一步推广普及。另外，软件在操作界面、易用性等方面也还存在诸多问题。

2. 工具软件智能化程度偏低

目前，会计人员都习惯了财务软件自动生成账簿报表的智能化工作模式。然而目前 XBRL 工具在企业扩展分类标准的建立方面的自动化率不足 50%，在实例文档建立方面的自动化率几乎为零，全部数据基本都是根据实际报表逐个数据录入；在校验方面，只有基层技术规范和编报规则校验可以实现自动化，而对于诸如建模方式、元素的扩展正确性、计算链接库计算关系的定义等很多工作尚无法实现自动化。实施过程中大量的、繁杂的手工操作会使实施人员产生畏难情绪。特别是实例文档数据的录入方式简直就是毫无价值的重复劳动，这和 XBRL 的宗旨“数出一门、高度共享”是格格不入的。

3. 工具软件都是独立于企业原有 ERP 财务软件之外，增加了实施难度和实施成本

实施企业多是信息化基础较好，已经有了比较成熟的 ERP 产品。但是目前的 XBRL 工具却是独立与原有 ERP 系统之外的另一套应用软件。二者缺乏有机的数据联系，实施企业还要另外花钱购置，另外花时间培训学习。这样势必造成时间、资金的浪费，同时带来数据管理的混乱。

10.2.6　通用分类标准编排和编报规则执行中存在的问题

我国通用分类标准的内容和组织架构不利于实施企业直接参照执行，企业在实施过程中需要经过辨析和转换。

1. 实施企业不能直接依据通用分类标准构建自身的扩展分类标准

通用分类标准把所有行业的 ELR 和元素信息都容纳进去，包罗万象。然而实施企业的年报数据的附注部分一般都有较强的行业特点，强调更多的行业个性化内容。企业实施 XBRL 过程中真正用到的 ELR 和元素只是通用分类标准中的一部分。通用标准并不能直接拿来使用，必须借助工具软件进行大量的转换才能变成企业自己的标准。财政部陆续出台了《石油和天然气行业扩展分类标准》《银行业扩展分类标准》，这两个行业标准的内容编排完全符合会计人员习惯，对于行业内企业实施 XBRL 起到了极大的示范参考作用。但是大量的普通工商企业、服务业的行业标准尚未出台。实施企业急需便于操作的行业标准模版。

2. 通用分类标准的 ELR 构建和元素组织及实际操作有很大不同

企业建立扩展分类标准必须进行严格的四级披露，但是通用标准中没有没有二级、三级的披露事项，如果企业按照通用标准的 ELR 和元素去构建自己的分类标准，很容易发生错误。

3. 对于定义链接库而言，通用分类标准和国际流行做法不一致

在国际标准中，定义链接库只要求四级披露，而通用标准中要求既有二级又有四级。实施过程中，技术人员的知识背景不同，产生了对标准的不同理解，导致在定义链接库时出现不同的操作结果。这是由于我国的通用分类标准和国际通用标

准不一致所造成的。

4. 编报规则比较粗略，没有包含全部的标准规范

编报规则是对企业参照通用分类标准构建企业扩展分类标准时的技术要求。但目前的编报规则还不十分成熟，还在处于不断的发展变化中。例如，在编报规则中对于负值标签、首选标签、文档标签的规定不够细致；对于“税项”等特殊披露模块的建模方式没有明确规定。对于特殊符号在元素命名中的使用规则前后有表述不一致的地方。这些都有待进一步修订。

10.3　解决 XBRL 实施问题的对策

前述六大问题的存在，严重制约着我国 XBRL 的进一步发展。根据广西的应用实践加之对不同企业的调查研究，经过研究团队的论证，提出以下对策。

10.3.1　多管其下，解决思想认识问题

1. 政府监管部门应继续组织高水平的宣讲活动，帮助企业解决思想认识问题

只有对 XBRL 的认知度提高了，解决了实施者的思想问题，才能使其行动上积极主动。因此，建议财政部、财政厅牵头举办高质量的 XBRL 宣讲活动，要求企业领导、财务主管必须参与。“一把手”重视了，后面的工作才能顺利开展。一定要通过实际案例让企业切实感受到实施 XBRL 能带来的直接好处而不能只停留在简单的说教层面。

2. 大型会计事务所应当具有高度的职业敏感，主动介入 XBRL 事业

广大会计事务所应该高瞻远瞩，未雨绸缪，瞅准市场，今后在 XBRL 中介服务、数据质量把关验收、开展 XBRL 年报审计方面一定会大有作为。事务所的参与要靠政府引导和自身重视。

3. 加强舆论引导，深入开展应用层面的学术研究

高校教师、政府会计管理者、软件商、实施企业应当从实际应用中寻找问题，解决问题，提高自身理论水平，推广经验，掀起学习 XBRL 的高潮，使得 XBRL 技术深入人心，以使更多的财务工作者熟知。

10.3.2 多种措施齐头并进，突破实施人才瓶颈

1. 短期应急型人才的解决措施

XBRL 试点工作由于时间紧、任务重，需要动手能力强的应急型人才。财政部在 2012 年、2013 年举办两期培训班发了积极作用，未来几年应当将这项工作作为一种常规性工作继续开展。同时，各省（自治区、直辖市）财政厅也应当发挥积极作用，打造平台，联合高校和软件供应商，自主开展基于省级的 XBRL 知识培训班，让更多的会计人员参与学习。

2. 复合型系统人才的解决措施

从长远来看，实施 XBRL 是一项系统工程。需要高水平的复合型人才，要求具备财务报告知识、XBRL 知识、工具软件操作知识、熟练的财经术语汉英翻译知识。这种复合型人才的培养不是通过短期培训能解决的，必须依赖高等院校将其纳入正规的培养体系。财经类院校应当以此为契机，抓住机遇，调整专业培养计划革新课程体系，将 XBRL 理论与实践技能纳入财务类专业的教学内容中。如果有条件，甚至可以考虑开设 XBRL 的专业方向，专业课程的设置可以兼顾企业实施、软件开发、事务所中介服务；如果条件允许，也可以开展多方共建的订单式人才培养，只有如此才能为国家今后普及 XBRL 做好人才铺垫。

桂林电子科技大学作为广西会计人才小高地的建设载体、广西 XBRL 实施的技术支持、咨询服务和培训基地，目前在 XBRL 人才培养方面正在进行有益的探索。2013 年，桂林电子科技大学从会计和财务管理专业大三学生中选拔了 36 名同学，组成了首届 XBRL 培训班。经过艰苦学习和严格考核，最终有 31 名学生顺利结业，并参与了广西 2012 年度 XBRL 财务报告校验工作，发挥了积极作用。这是一次非常有意义的尝试。

3. 其他途径

试点企业在实施过程中，派出专门人员，在软件服务商技术人员的带领下全程参与了整个实施过程，积累了较为丰富的经验，可以担当起导师角色，教会新人实施技能，在今后的继续实施中可以发发挥更大作用。

10.3.3 XBRL实施工作组织问题的解决措施

针对前述工作组织问题，财政部、财政厅、实施企业都应该积极主动，改进各自的工作思路和工作方式。

1. 财政部的应对措施

财政部是推进 XBRL 工作的最高领导机构。高层决策的导向直接决定 XBRL 发展规模和速度。根据国情，财政部除了在前述知识宣讲和人才培训方面继续发挥重大作用外，还可从以下几个方面采取措施，推进 XBRL 工作。具体可从以下几方面着手。

1）适度加大推广普及力度发挥规模效应

在调查中发现，多数企业在回答是否实施 XBRL 时表示要根据财政部和财政厅的要求来决定。由于目前我国的 XBRL 正处于试点应用阶段，这项工作增加了企业工作量却没有为其带来基于 XBRL 的内部数据分析和同行对标分析的好处，他们投入较多产出甚微。故企业并无内在实施动力，长此以往，可能产生抵制心理。根据目前情况看，要靠企业自觉自愿执行尚有不小难度。从国外的应用实践来看，有部分国家的 XBRL 工作推广也是依靠政府职能强力推行的。因此财政部可以充分发挥政府部门的权威性，适度加大推广力度，制定未来 5 年 XBRL 推广实施的日程表。让企业看到政府的决心，也就会坚定自身必须实施的信念。同时也会给软件商带来信心，加大软件研发力度。

2）改进工作任务安排时间表，让实施企业有更充分的时间完成任务

建议将次年的 XBRL 任务下达时间提早到本年第四季度，让实施企业将实施经费纳入下年度预算。培训时间可以提前至第一季度。规定企业上交数据的时间为 8 月份，验收整改时间为 9 月份，最后结束总结时间定在 10 月份。

3）建立有效奖惩机制

对自愿实施企业和实施质量高的企业给予相应的奖励。经调查发现，多数企业提出财政部可以考虑以政策优惠、税收优惠、科技项目资金倾斜、免费或者优先获取 XBEL 数据库使用权等方式进行激励。同时，对那些已经被纳入实施计划，但是在实施中推三阻四、完成质量低下的企业给予一定的处罚。让实施企业既有动力又有压力，势必会更加重视实施工作。

4）组建并完善基于 XBRL 标准的数据交流应用平台

实施 XBRL 的最终目的不是让企业提交扩展分类标准和实例文档，也不是只为政府监管部门提供标准格式的年报数据。最高目标还应该是“取之于民，用之于民”，即企业提交的 XBRL 数据最终纳入统一的交流平台后，可以在企业进行行业对标分析中发挥其优越性。到那时企业才能真正享受到实施 XBRL 带来的成果。

5）适当缩减初次实施企业的上报内容

建议上市公司和大型国有企业必须上报四大主表和全部附注的 XBRL 数据。而其他企业在初次实施中只需报送四大主表和几个重要附注的 XBRL 数据，其他附注数据无须报送。因为对于信息使用利用而言，四大主表和特殊附注的利用率远远大于其他普通附注资料。同时四大主表格式统一规范，实施企业完全可以参照通用分类标准的 ELR、元素、链接库构建自身的扩展分类标准，无须扩展，出错概率低。这样大大降低了初次实施 XBRL 的工作量，提升了实施 XBRL 的经验技能，为后续年份提供完整 XBRL 数据奠定了基础。

6）继续出台其他行业的扩展分类标准，不断完善编报规则

应用实践证明，XBRL 行业标准更加符合会计人员习惯，实施起来可参照度高，出错率少。我国普通工商企业、服务业数量众多，建议财政部出台与之对应的行业分类标准。继续修订完善编报规则，使其能在企业实施过程中发挥示范引导作用。建议修改编报规则中的不适合的部分条款，根据近几年实施中遇到的典型问题、易犯的错误，对编报规则进行补充完善。

2. 地方财政部门的对策

根据调查，企业实施 XBRL 最关注的三个问题概括起来就是人才、资金、组织。各省（自治区、直辖市）财政厅、财政局应充分发挥组织职能，完善工作部署，帮助实施企业解决实际困难。以下内容以广西为例。

1）以高等院校技术中心为依托，加大省级 XBRL 知识培训力度

首先，成立专家人才库，人才库成员由在 2012 年和 2013 年实施过程中涌现的积极分子业务骨干担任。在今后的推广培训过程中充分发挥业务骨干的作用，在今后的培训和教学实施过程中进行技术指导。其次，自治区财政厅和桂林电子科技大学应签署长期人才培训合同。每年进行 2 次培训，每次 15 天时间，每次 50 人。争取在 2015 年能对 50%的会计人员进行 XBRL 知识普及。对参与人员发放结业证书。计划在 5 年内培养技术骨干 500 人次。内容以 XBRL 基本原理和实际操作为重点。在培训中要求会计“十百千”人才必须参加高级研修班。再次，将 XBRL 知识纳入会计及继续教育的学习范围；最后组织区内所有财经类院校的会计、财务专业学生参加 XBRL 专业知识大赛，加大对 XBRL 宣传推广力度。

2）依据通用标准和编报规则组织研发企业 XBRL 实施模版

通用标准是个高层的技术标准。在实施中不允许直接套用，从扩展链接角色到各种链接库都需要自行定义。但企业的年报信息基本都是按照《公开发行证券的公司信息披露编报规则第 15 号——财务报告的一般规定》的规定进行编制的，具有高度的共性。为了提高效率，我们可以设置一套标准模板。实施企业按照模板进行操作，可以提高效率，节省时间。整个实施工作量只有原来的三分之一，并且可以将错误减少到最低幅度。如此一来，将大大减少重复劳动，提高工作效率。

3）创新机制，采用灵活手段为实施企业提供资金支持

实施 XBRL 要投入 10 万元左右的资金。调查表明多数企业希望在实施中得到财政资助。建议企业联合高校，积极申报 XBRL 科技科研攻关项目。财政厅对这些项目审批应适当倾斜。

在 2012 年的实施过程中，浙江省财政厅就出资金帮助企业购置软件，这一做法得到了财政部的赞扬。我们应该提早做好组织宣传工作，鼓励企业和桂林电子科技大学及软件厂商，共同申报项目。财政厅做好项目的组织申请及资金划拨。

项目经费可以解决企业部分资金问题。桂林电子科技大学技术人员可以解决实施中的大部分难题。桂林电子科技大学商学院已经培养了一定数量的可以操作 XBRL 学生，他们可以充分发挥作用。建议对每个实施企业，指派 3 名学生参与实施的全程，可以协助企业做好元素梳理、实例文档录入、校验错误等工作，这将大大降低实施工作量。

引进激励机制，对那些自愿参与、完成工作效率高、完成质量好的企业，在年终给予物质或精神激励。

4）适当增加计划外实施 XBRL 的企业数量

可以将实施企业分为两类，第一类企业实施 XBRL 结果要向财政部负责，我们称其为“计划内实施企业”，这类企业的数量严格按照财政要求执行，一般选择信息化基础好的上市公司和地方性大型国企，具体实施方式由企业自主决定。第二类企业实施 XBRL 的结果只对财政厅负责，不妨称其为“计划外实施企业”，这类企业的选择一般采取自愿原则，可以要求那些受财政厅资助的、具有会计“十百千”拔尖人才、全国会计领军人才所在的企业的单位。计划外实施企业的 XBRL 数据只需通过省级校验即可，其工作组织安排可由财政厅统一部署。在人员培训、实施方式、软件购置上由财政厅统一规划，统一领导。双轨制可以带来两个好处：其一，可以扩大实施企业数量；其二，通过对计划内和计划外企业不同实施机制的对比寻求成本低、效率高的实施模式，为今后的推广实施提供依据。

5）统一部署，集中实施

由于企业的年报数据需要在次年五月份报出。建议实施时间应该从六月份开始，集中一个月时间完成。如果我们的技术准备提前做好，在一个月时间里，完全可以提供高质量的信息上报。在实施过程中，元素梳理工作量大，占用时间较长，可以不需要专门的工具软件。但是必须要有熟练掌握会计报表知识及 XBRL 基础原理。这项工作可以在六月份之前完成，可由桂林电子科技大学的学生提前帮助企业完成。

对于比较复杂的计算链接库、定义链接库、列报链接库等内容，应该集中实施。最好在六月底由各企业指派参与人员集中到桂林电子科技大学，在有关技术人员的指导下，共同完成比较复杂的链接库定义工作。这样做的好处是把优秀的人力资源集中在一起对于一些比较复杂的问题大家可以共同协商共同讨论，找出最优答案，减少出错概率，完成优质上报。比较出真知，讨论出真知，这样有助于大家对相关知识的了解，领悟和掌握。实践经验证明，XBRL 工作在初级阶段是需要团队作战的。

财政厅应该可以早于财政部提前制定本省的实施规划的时间，组织安排提前做好调度避免忙乱赶进度。对于实施方式，可以做好指导性计划避免企业盲目操作，避免资源浪费。对于计划内的初次实施的企业实施过程分成四个阶段：第一阶段，组织实施企业进行技能培训；第二阶段，企业进行元素梳理；第三阶段，集中统一实施；第四阶段，进行组织验收整改；第五阶段，上报财政部。在每个阶段都应加强监管，不能放之任之。

10.3.4　实施企业在工作组织中的问题对策

实施企业是最基层的 XBRL 工作者，主要的实施工作最终还是要靠企业人员完成的。为此，实施企业应该做到以下几点。

1. 企业领导应加强认识，要认识到实施 XBRL 的长远利益

虽然在实施 XBRL 的初级阶段，企业暂时还看不到实施效益，但是每个领导都应高瞻远瞩，从长远观点来看待 XBRL 工作。积极主动派员工参与培训学习，掌握 XBRL 知识，为财务人员创造实施条件。

2. 设置实施专岗，落实目标责任

实施企业接到实施任务后应当成立实施小组，选派组长，组建实施参与人员。一般至少 3 人以上，人员组成应当包括：财务年报编报人员、信息管理人员、外语人才。由于工作强度大、工作内容新，一般建议 30 岁以下人员组成实施小组。还要注意，实施人员应当适当固定下来，做到定岗定员，因为实施工作是一项长久的事业，应当有支稳定的队伍。

3. 采取“自主实施+外部服务”实施模式

实施 XBRL 的模式目前主要有三种：模式一为自主实施+外部服务；模式二为完全外包给软件商或事务所；模式三为完全依靠企业自身力量完成。时间证明，现阶段最好的实施模式应该是第一种。模式二完全外包方式仅仅是为了满足上报要求，不能锻炼内部人才。模式三对于多数企业而言时机尚不成熟。

4. 主动联系高校，联合申报会计信息化项目，力争获得厅级科技项目资金支持

高校一般技术力量雄厚，研究经验丰富，他们也有着和企业合作的良好愿望。通过校企合作，一方面，可以提升本企业信息化水平；另一方面，校企合作申报科技项目的成功率会大于企业单独申报的成功率。

5. 对参与实施人员进行适当激励

XBRL 毕竟是一项新技术，实施人员要攻克难关掌握新技术，要承担超过常规工作几倍的工作量，要承受来自各方的压力。因此，实施工作结束后，企业应当给予实施主要人员一定奖励。在调查中也发现，90%以上的实施人员表示应该获得精神奖励或者物质奖励。他们付出辛苦的汗水，理应收获一份回报。

10.3.5　XBRL工具软件商应采取的对策

针对前述 XBRL 工具软件的问题，建议软件商在改进软件功能、提高智能化能力、融入原有 ERP 集成软件等方面采取相应对策。

1. 完善软件功能，推出 XBRL 数据分析软件

尽早推出基于 XBRL 的年报数据浏览工具，让实施企业可以直观地将 XBRL 数据还原为原始报表样式。增强研发力度，尽快开发出基于该技术的财务分析利用工具，让企业亲自试用，从使用过程中感受 XBRL 技术的优越性，找到优于传统 ERP 软件其他格式分析的优越性，增强企业的内部需求动因。同时提供免费试用软件，提供使用说明书。提供模拟案例，便于让企业会计人员能够自学。建议工具软件在扩展分类标准编辑器和实例文档编辑器中增加对可扩展链接角色的中文标签，原有的代码+英文标签模式给实施人员带来极度不便。建议编辑器可同时打开多个不同的分类标准，便于比较学习。

2. 不断提高智能化程度

改进软件智能化水平，特别是实例文档的数据应该能够实现外部导入；加强智

能报错，将各种错误扼杀在创建初期，减轻实施后期的校验工作量。

3. 加大内嵌式研发力度，将 XBRL 编报集成到原有 ERP 系统

如果能采取有效的改进措施，将 XBRL 的生成工作直接嵌入到原有的 ERP 系统中，自动生成基于 XBRL 标准的年报实例文档，或者能够将企业的财务数据直接导入企业实例文档中，这是多数实施企业的共同心声。建议用友和金蝶两大财务软件供应商充分利用客户资源，在其原有 ERP 财务软件基础上推出自动化程度高的 XBRL 升级产品。

4. 尽快推出免费试用版 XBRL 工具，提供说明书，让企业了解自己的产品

建议 XBRL 工具软件商以大局为重，提供免费试用版的实施工具，同时编制详尽的试用说明，向企业投放。这对企业和软件公司都有好处。企业免费获得了试用版工具软件，可以提早投入学习，软件商也宣传了自己的产品，甚至会将试用者发展为今后的客户。软件商为了保护自己的合法权益，对试用版软件可以通过试用次数限制或者通过 ELR 构建数量和元素的扩建数量进行限制，后者更加灵活。

10.3.6　校验问题对策

1. 转变校验机制，推广省级校验模式

现有的校验主要由财政部负责。校验分为机器校验和人工校验。机器校验由校验平台自动完成。人工校验由财政部从全国范围内抽调专家集中完成，取得了较好效果。但是随着试点企业的增多，校验数据的增大，财政部毕竟精力有限，因此建议财政部适度放权，将人工校验权下放到省级。在此方面，财政部和广西已经做了试点尝试，广西 2013 年 7 家实施企业的 XBRL 数据委托桂林电子科技大学进行了省级校验，取得了较好效果。

2. 编制基于行业标准的校验规则和校验模板

建议针对不同行业特点编制校验规则，形成标准的校验模板。根据每年校验中发现的新问题，不断完善校验规则，充实校验模板。今后的校验工作严格按照校验模板操作可以适度提高校验质量，降低校验工作强度。桂林电子科技大学在 2013 年 8 月的校验中，由专业教师根据财政部以往的校验经验，提前编制了详尽的校验技术手册和针对每个企业的校验报告，在校验中起到了事半功倍的效果。

3. 变革人工校验机制

前已述及，由于人工校验对校验人员的职业判断依赖度高，如果仅仅依赖一个人的校验判断，可能得到错误的校验结论。因此，对于重要的 ELR 的校验采取双人制可以较好地避免差错。为了减轻校验工作量，建议采取抽样校验。按照会计重要性原则，从 200 个 ELR 中遴选出真正对信息使用者有重要意义的一些 ELR 进行详细重点校验。对于其他 ELR 可采取普通校验。这样可以大大降低校验工作。当然，如果人力资源充足，还可采取完全校验。今后高校学生的参与，使得完全校验有了足够的人力保证。广西 2013 年的省级校验中，由桂林电子科技大学抽调专业学生，按照 4 个人负责一家企业，实现了全部校验。

4. 每个实施步骤都应该进行早期校验

工具软件提供了适时校验功能。校验工作不一定非要所有工作都做完了再进行整体校验。比较好的做法是，每做完一个 ELR 的元素扩展和链接库定义后都应及时校验一次。同样，在实例文档编辑中，每处理完一个 ELR 的实例文档都应进行一次校验。如此可以及时发现问题并立即整改。

5. 不断探索校验新方法完善校验工作

由于校验工作涉及 XBRL 数据质量，意义重大。建议技术人员不断探索新方法，提高工作效率和校验质量。为此建议各省级财政厅以各省的会计人才小高地或其他科研机构为平台，立项一批 XBRL 人工校验方面的课题，通过课题专项研究，制定更加科学的 XBRL 人工校验流程、校验方法、校验重点、校验案例。为企业、会计师事务所、财政部门等主体实施人工校验提供技术保障。

10.3.7 总结

实施 XBRL 任重道远，它是一项庞大的系统工程。在实施中，财政部、财政厅、财政局应发挥领导作用，完善工作机制，提供制度保障，适当提供必要的资金支持，对实施企业、实施个人给予适度激励；尽快建立并完善 XBRL 数据平台，以便让企业尽快享受到 XBRL 数据带来的好处；进一步完善编报规则，继续出台普通工商企业的行业分类标准。

各开设财务专业的高校应当及时将 XBRL 人才培养纳入日程，紧密配合地方政府，做好长期、短期、应急性人才培训工作。

各地会计师事务所应当紧密跟进，拓展业务领域，积极参与到 XBRL 中介服务和后续的校验审计工作。

软件供应商应当抓住机遇，加大研发力度，不断完善产品功能，提高智能化水平，尽快推出嵌入式软件产品和基于 XBRL 数据的财务分析工具。

已经实施 XBRL 的企业应当再接再厉，不断总结实施经验，积极主动参与到今后的继续实施，提升自身会计信息化水平。尚未实施 XBRL 的企业应当积极参加培训学习，认知 XBRL，做好实施准备。

各财务研究机构应加大 XBRL 技术的研究力度，通过发表论文、申报项目、参与实施等方式掀起第二轮 XBRL 研究热潮，让更多的有志之士加入到 XBRL 事业中来。

我们有理由相信，XBRL 的春天即将到来！

参考文献

财政部会计司编写组，2012. 企业会计准则通用分类标准讲解[M]. 北京：中国财政经济出版社.

蔡炯，田翠香，2012. 试论 XBRL 与我国高校会计人才培养[J]. 商业会计，(16)：117-119.

查尔斯·霍夫曼，2008. 财政部会计准则委员会组织翻译. XBRL 在财务报告中的应用（IFRS 和 US GAAP 版）[M]. 北京：中国财政经济出版社.

胡波，郭双，2013. 我国沪深交易所 XBRL 项目现状调研[J]. 财会月刊，(21)：39-41.

李佳骥，2009. 基于 XBRL 的网络财务报告信息平台研究[D]. 长沙：长沙理工大学.

李九斤，2009. 基于事项会计理论的 XBRL 网络财务报告模式研究[D]. 大庆：大庆石油学院.

李梦，2012. 基于 XBRL 的网络财务报告在我国的应用研究[D]. 沈阳：沈阳大学.

路媛媛，2013. 沪深交易所 XBRL 平台的建设与完善[J]. 财会月刊，(5)：70-71.

骆伟琼，李一硕，2012. 东方航空：XBRL 成为内外部财务报告综合展示平台[N]. 中国会计报，2012-11-02(007).

吕志明，2011. XBRL 财务报告研究[D]. 天津：天津财经大学.

聂萍，周戴，2011. 基于 XBRL 环境网络财务报告网页呈现质量实证研究[J]. 会计研究，(4)：8-14.

吴力佳，旷凌云，马国伟，2013. XBRL 在上市公司的信息化应用分析——以证券交易所信息化平台为例[J]. 职教与经济研究，(4)：23-27.

吴力佳，旷凌云，马国伟，2013. XBRL 在上市公司信息化应用分析——以证券交易所信息化平台为例[J]. 当代经济，(24)：145-147.

邢婧，2014. 基于 XBRL 的网络财务报告应用问题研究[D]. 太原：山西财经大学.

张超，2013. ERP 系统内外信息共享平台构建——以日本华歌尔公司 XBRL GL 应用为[J]. 财会月刊，(9)：86-88.

中华人民共和国财政部，2010. 企业会计准则通用分类标准 2010[M]. 北京：中国财政经济出版社.

Hao L，Zhang J H，Fang J，2014. Does voluntary adoption of XBRL reduce cost of equity capital[J]. International Journal of Accounting and Information Management，22(2)：86-102.

Liu C H，Yao L J，Sia C L，et al.，2014. The impact of early XBRL adoption on analysts' forecast accuracy-empirical evidence from China[J]. Electronic Markets，24(1)：47-55.

Prichard J J，Roohani S，2004. Development of a Prototype public file repository for XBRL documents：Challenges and opportunities[J]. International Journal of Digital Accounting

Research，4(7)：57-59.

Valentinetti D，Rea M，2013. XBRL for financial reporting：Evidence on Italian GAAP versus IFRS[J]. Accounting Perspectives，12(3)：237-259.